JUNIOR

READING TUTOR

주니어 리딩튜터

4

LEVEL

주니어 리딩튜터 Level 4

지은이	NE능률 영어교육연구소
선임연구원	김지현
연구원	조은영 김하나 강하영
영문교열	Nathaniel Galletta　August Niederhaus　Patrick Ferraro
디자인	송현아 오솔길
내지 일러스트	김기환 김윤희 노종남 이남구 이혜헌 조예슬 토끼도둑 하선경
맥편집	김선희
영업	한기영 이경구 박인규 정철교 김남준 이우현
마케팅	박혜선 남경진 이지원 김여진

Photo Credits　Shutter Stock

Wikimedia Commons

NE능률이
미래를
창조합니다.

건강한 배움의 고객가치를 제공하겠다는 꿈을 실현하기 위해
40년이 넘는 시간 동안 열심히 달려왔습니다.

앞으로도 끊임없는 연구와 노력을 통해
당연한 것을 멈추지 않고

고객, 기업, 직원 모두가 함께 성장하는 NE능률이 되겠습니다.

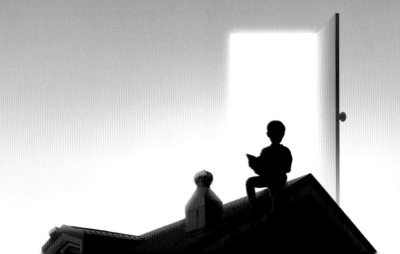

〈주니어 리딩튜터〉 시리즈는 오랜 시간 동안 여러분의 사랑을 받아온 중학 독해 전문서입니다. **독해가 즐거워지는 놀라운 경험**을 선사해 드리고자 거듭 변화해 온, 〈주니어 리딩튜터〉 시리즈가 더욱 새롭게 탄생했어요. 다채로운 소재로 흥미를 끄는 지문들을 읽다 보면 어느새 즐거운 독해가 만드는 실력의 차이를 실감하게 될 거예요.

새로워진 〈주니어 리딩튜터〉 시리즈, 무엇이 달라졌을까요?

체계적인 학습을 위한 시리즈 구성 및 난이도

110-130 words
500L-700L

120-140 words
600L-800L

130-150 words
700L-900L

140-160 words
800L-1000L

– 대상: 초등 고학년~중3
– 단어 수와 렉사일(Lexile) 지수를 기반으로 개발되어, 더욱 객관적으로 난이도를 비교·선택하실 수 있습니다.

독해 실력을 향상하는 〈주니어 리딩튜터〉만의 특징

– 학생들이 호기심을 가지고 접근할 수 있는 소재를 선정하였습니다.
– 이해력을 높여 독해가 쉬워지도록 Knowledge Bank 코너를 강화했습니다.
– 실질적인 실력 향상을 뒷받침하는 내신 서술형 문제를 더 많이 수록하였습니다.

독해 실력이 올라가는
효과적인 학습법

① Think

주제와 관련된 짧은 질문에 답하고 삽화, 사진을
보며 읽게 될 지문 내용을 추측해 보세요.

② Reading

재미있고 상식을 쌓을 수 있는 지문을 읽어
보세요. 처음에는 모르는 단어가 있어도 그냥 쭉
읽어 보고, 다음엔 꼼꼼히 해석하며 읽어 보세요.

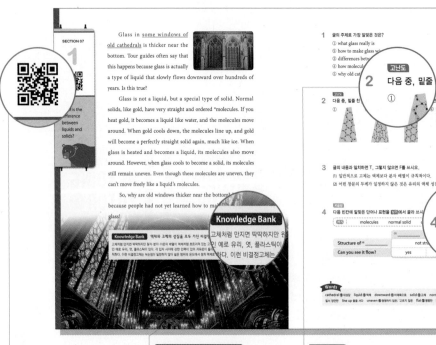

● QR코드

지문을 읽기 전에 녹음
파일을 듣고, 내용을 미리
파악해 보세요. 또, 학습 후
녹음 파일을 들으면서
복습할 수도 있어요.

● Knowledge Bank

지문 이해를 돕는 배경지식을
읽어 보세요. 지문이 이해가
안 될 때, 내용을 더 깊이 알고
싶을 때 큰 도움이 될 거예요.

● 고난도

조금 어렵지만 풀고 나면
독해력이 한층 더 상승하는
것을 느낄 수 있어.
한번에 풀 수 없으면,
지문을 한 번 더 읽어 보세요.

● 서술형

서술형 문제로 독해력을
높이는 동시에
학교 내신 서술형 문제에도
대비할 수 있어요.

실력 업그레이드
English Only

각 섹션마다 4개의 지문 중 마지막 지문은
문제가 영어로만 제시되어 있어요.
처음에는 어려울 수도 있지만, 영어 실력
향상에 도움이 될 거예요.
차근차근 해석하며 문제를 풀어 보세요.

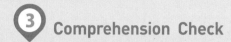

③ Comprehension Check

최신 학습 경향을 반영한 다양한
문제를 풀어 보세요. 대의 파악부터
세부 정보파악, 서술형 문제까지 정답을
보지 않고 스스로 푸는 것이 중요해요.

④ Review Test

단어와 숙어 문제를 풀어 보세요.
다양한 문제로 단어 및 숙어의 뜻과
쓰임새를 더 잘 이해할 수 있어요.

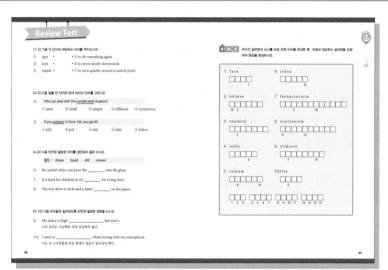

Review Test

영영 뜻풀이, 유의어·반의어·파생어,
영작 등 단어와 숙어를 완벽하게 익힐 수
있는 문제들로 구성했습니다.
또한 퍼즐을 풀면서 재미있고 쉽게
기억할 수 있어요.

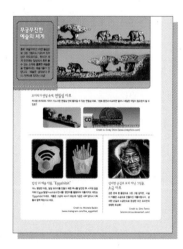

재미있는 읽을거리
본문에 미처 담지 못한 재미있는
읽을거리가 있어요.
잠시 쉬어가며 가볍게 읽기만 해도
상식이 풍부해집니다.

저절로 공부가 되는 정답 및 해설
정답의 이유를 알려주는 문제 해설,
빠르게 해석할 수 있는 방법을 보여주는
직독직해, 한눈에 보는 본문 해석,
해석이 안 되는 부분이 없도록 도와주는
구문 해설로 알차게 구성했습니다.

휴대용 어휘 암기장
본문에 나온 단어와 숙어를
한눈에 볼 수 있도록 정리했습니다.
간단한 확인 문제도 있으니,
가지고 다니며 암기하고 확인해 볼
수 있어요.

CONTENTS

Imagine eating delicious food and getting paid for it. That's the job of a professional food taster.

It might seem like the perfect career, but it's not as easy as it sounds. Tasters don't only check the taste of food—they must also pay attention to its appearance and *odor. Also, they can't eat as much as they want. Usually, they take a small bite and spit it back out!

In the past, being a food taster was actually dangerous. Roman emperors used slaves as food tasters. They had to eat and check if the food had been poisoned! Even today, a leader may hire people to check if food is safe to eat. What makes them different from past food tasters is that these people analyze food scientifically rather than taste it themselves.

Does it still sound like the perfect job? _____, you must have strong senses and be able to describe smells and tastes in great detail. Good luck!

*odor 냄새

1 글의 제목으로 가장 알맞은 것은?

① The Best Career for Big Eaters
② Unusual Jobs Throughout History
③ The Reality of Being a Food Taster
④ An Emperor Poisoned by His Food
⑤ Why Food Tasters Use Their Noses

2 글의 빈칸에 들어갈 말로 가장 알맞은 것은?

① To get hired
② To quit the job
③ To taste the food
④ To make sure the food is safe
⑤ To analyze the food scientifically

3 음식감정사에 관한 글의 내용과 일치하지 <u>않는</u> 것은?

① 음식을 먹는 것에 대해 보수를 받는다.
② 음식의 향과 외관도 자세히 살핀다.
③ 많은 양을 먹고 포만감을 평가한다.
④ 로마 시대에도 있던 직업이다.
⑤ 현대에는 과학적인 분석 방법도 사용한다.

[서술형]

4 과거에 음식감정사가 위험한 직업이었던 이유를 우리말로 쓰시오.

____

Words

professional [형] 전문적인 career [명] 직업 pay attention to ~에 주목하다 appearance [명] 외양 bite [명] 물기; *한 입 spit out 내뱉다 emperor [명] 황제 slave [명] 노예 poison [동] 독을 넣다, 독살하다 hire [동] 고용하다 analyze [동] 분석하다 scientifically [부] 과학적으로 sense [명] 감각 describe [동] 묘사하다 in detail 상세하게 [문제] unusual [형] 특이한 reality [명] 현실 quit [동] 그만두다

Eating less is good for your health. It is a simple way to lose weight, it reduces the risk of many diseases, and it can help you live longer. However, trying to eat less can be stressful. So here are _____.

First, use dishes that are small and blue. (①) Small dishes are helpful because they fool your brain—everything looks bigger on a small dish! (②) In an experiment, researchers found that people ate 33% less when they were in a blue room. (③) Second, you should light vanilla candles whenever you are hungry, since the sweet smell of vanilla calms the part of your brain that makes you want to eat. (④) Finally, try to eat in a relaxing environment. (⑤) Having dinner with soft lighting and with soft music playing will make you eat more slowly, and people who eat slowly generally eat less.

1 글의 빈칸에 들어갈 말로 가장 알맞은 것은?

① some simple ways to make yourself a small eater
② the biggest problems caused by not eating enough
③ three common reasons why people can't lose weight
④ several tips for making your meals fun and enjoyable
⑤ a few ways food can have a good effect on your mood

[고난도]

2 다음 문장이 들어갈 위치로 가장 알맞은 곳은?

> Also, the color blue can reduce your appetite.

① ② ③ ④ ⑤

3 다음 중, 글의 내용을 생활에 잘못 적용한 학생으로 바르게 짝지어진 것은?

> • 세정: 나는 점심을 먹을 때 파란 그릇을 사용해.
> • 민현: 나는 음식을 큰 그릇에 담아서 먹어.
> • 예린: 나는 배고플 때 바닐라 향이 나는 음식을 생각해.
> • 수호: 나는 식사할 때 부드러운 음악을 틀어 둬.

① 세정, 민현 ② 민현, 예린 ③ 예린, 수호
④ 세정, 예린 ⑤ 민현, 수호

[서술형]

4 글의 밑줄 친 문장의 3가지 이유를 우리말로 쓰시오.

____

____

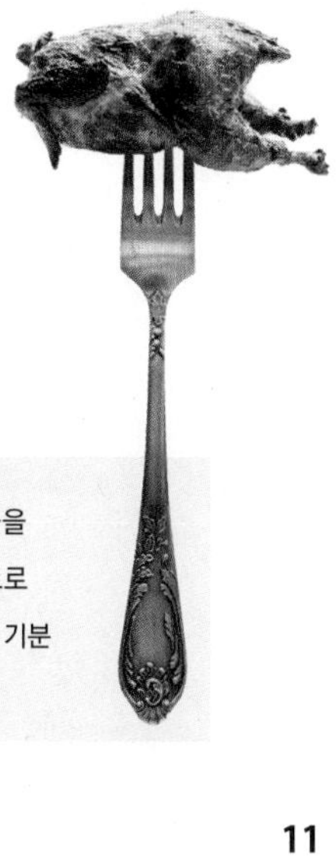

Words

lose weight 살을 빼다 reduce [동] 줄이다 fool [동] 속이다 experiment [명] 실험 researcher [명] 연구원 light [동] 불을 켜다[붙이다] (lighting [명] 조명) calm [동] 진정시키다 relaxing [형] 마음을 느긋하게 해 주는, 편안한 generally [부] 일반적으로 [문제] tip [명] (뾰족한) 끝; *조언 meal [명] 식사 enjoyable [형] 즐거운 have an effect on ~에 영향을 미치다 mood [명] 기분 appetite [명] 식욕

Imagine your teacher gives you homework about *vegetarianism. You could research the topic on the Internet or visit a library to find information. But there's a better way. Why not talk directly to a vegetarian at a human library?

Human libraries, sometimes referred to as "living libraries," give people the chance to learn about topics from living experts. Each expert is called a "human book." People who visit human libraries to learn are called "readers." Readers can "borrow" human books and have conversations with them.

The purpose of human libraries is to help people learn from one another through direct communication. Human books can share their real life experiences with their own voices, and readers can ask any specific questions they have. Also, human

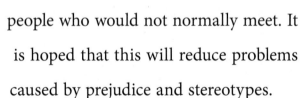

libraries encourage _____ between people who would not normally meet. It is hoped that this will reduce problems caused by prejudice and stereotypes.

What kind of book would you like to borrow from a human library?

*vegetarianism 채식주의 (vegetarian 채식주의자)

1 인간 도서관의 목적으로 가장 알맞은 것은?

① 전 세계 사람들이 소통하는 것
② 타인과 대화함으로써 배우는 것
③ 과제를 위한 정보를 제공하는 것
④ 편견과 고정 관념을 깨닫게 하는 것
⑤ 다방면의 전문가가 되도록 도와주는 것

2 글에서 인간 도서관에 관해 언급되지 <u>않은</u> 것은?

① 위치   ② 다른 이름   ③ 독자
④ 이용 방법   ⑤ 기대 효과

고난도

3 글의 빈칸에 들어갈 말로 가장 알맞은 것은?

① trust   ② support   ③ concern
④ understanding   ⑤ positive thinking

서술형

4 다음 빈칸에 알맞은 단어를 글에서 찾아 쓰시오.

> In human libraries, human books _____ their experiences with readers who want to learn about specific topics. People believe these libraries can _____ conflicts caused by misunderstandings of certain people or things.

Could Wi-Fi really be spread all over the world by balloons? Google has been working on <u>this idea</u> with its "Project Loon." Project Loon's balloons operate like wireless stations, and together they become a "network in the sky." This network works with ground stations to give Internet access to anyone using Google's special antenna. So even people in remote areas can access the Internet. Also, the balloons are made from cheap materials and are powered by the sun and wind. _____(A)_____, they could lower the cost of providing Internet access to poor areas.

Balloons have been successfully launched in Peru, Puerto Rico, and several other places. However, not all of the news has been positive. Some devices crashed in remote parts of Columbia and Brazil. _____(B)_____, in places like Sri Lanka, Google does not have legal permission to send out its signal. Spreading Wi-Fi all over the world _____(C)_____.

1 Which is the best choice for the blanks (A) and (B)?

	(A)		(B)
①	Meanwhile	······	However
②	For instance	······	In addition
③	For instance	······	However
④	In other words	······	Therefore
⑤	In other words	······	In addition

2 Which is the best choice for the blank (C)?

① is surely not easy

② became a necessity

③ should not be permitted

④ is exactly what Google wants

⑤ has been considered a success

3 Write T if the statement about Project Loon is true or F if it is false.

(1) To use its network, people must use a special antenna. _____

(2) It costs a lot because it uses solar power. _____

서술형

4 What does the underlined <u>this idea</u> mean in the passage? Write it in English.

_____

Words

work on ~에 공을 들이다   operate ⑤작동하다   wireless ⑥무선의   station ⑨역; *기지(국)   access ⑨접근; *접속 ⑤접근하다;
*접속하다   remote ⑥외딴   power ⑤동력을 공급하다, 작동시키다 ⑨동력, 에너지   lower ⑤낮추다   cost ⑨비용 ⑤비용이 들다
successfully ⑨성공적으로 (success ⑨성공; *성공작)   launch ⑤발사하다, 진수시키다   crash ⑤충돌하다; *추락하다   legal ⑨
합법적인   permission ⑨승인, 허락 (⑤permit)   [문제] necessity ⑨필요(성); *불가피한 일   consider ⑤숙고하다; *여기다

Review Test

[1-3] 다음 각 단어에 해당하는 의미를 짝지으시오.

1 legal •   • ⓐ allowed by law

2 direct •   • ⓑ far away from places where most people live

3 remote •   • ⓒ without anyone or anything else between two people or things

[4-5] 주어진 두 단어와 같은 관계가 되도록 빈칸에 알맞은 단어를 쓰시오.

4 enjoy : enjoyable = relax : _____

5 light : lighting = permit : _____

[6-8] 다음 빈칸에 알맞은 단어를 (보기)에서 골라 쓰시오.

(보기) | lower   access   crash   encourage

6 You can _____ the Internet from the room for free.

7 The seller agreed to _____ the price for some products.

8 The poster was made to _____ students to join the club.

[9-10] 다음 우리말과 일치하도록 빈칸에 알맞은 표현을 쓰시오.

9 Please _____ _____ _____ what I'm saying.
제가 하고 있는 말에 주목해 주십시오.

10 Can you tell me what happened _____ _____?
무슨 일이 있었는지 내게 상세하게 이야기해 줄 수 있니?

16

A B C 주어진 우리말 뜻에 해당하는 단어를 찾으시오.

a	c	s	t	o	n	l	m	u	s	t	m	l
x	s	e	l	l	o	r	e	s	t	e	s	t
l	p	u	r	p	o	s	e	i	c	s	o	m
e	e	l	e	c	t	o	n	x	n	o	k	p
l	c	e	c	i	l	m	z	e	p	s	j	o
s	i	c	s	l	l	b	o	r	a	e	e	t
o	f	g	l	l	a	u	n	c	h	s	r	o
n	i	e	h	e	n	e	s	a	t	o	e	t
s	c	o	s	t	a	l	l	l	m	o	d	u
a	t	l	i	t	l	e	l	m	a	d	u	e
k	n	i	t	e	y	e	s	o	r	e	c	t
n	g	o	r	g	z	e	s	t	e	r	e	o
p	h	c	a	r	e	e	r	q	u	e	s	j

❶ 전문가　　　　　❻ 불을 켜다[붙이다]

❷ 줄이다　　　　　❼ 진정시키다

❸ 목적　　　　　　❽ 구체적인; 특정한

❹ 분석하다　　　　❾ 비용; 비용이 들다

❺ 직업　　　　　　❿ 발사하다, 진수시키다

Who made my clothes?
지금 여러분이 입은 옷은 어떻게 만들어졌을까요?

2013년 어느 날, 방글라데시의 한 의류 공장에서 화재가 발생해 일하던 천여 명의 노동자가 모두 사망하는 참극이 벌어졌다. 비영리 단체 패션 레볼루션(Fashion Revolution)은 이 열악한 현실에 문제 의식을 갖고 사람들의 인식을 개선할 캠페인을 기획했다.

장소는 베를린의 한 광장. 한복판에 티셔츠를 2유로에 파는 자판기를 두자 곧 사람들이 몰려 들었다. 이 자판기에 돈을 넣고 사이즈를 선택하면 화면에 장시간 노동과 저임금에 시달리는 의류 공장 노동자의 현실이 소개된다. 영상 말미에는 '아직도 티셔츠를 2유로에 사고 싶으십니까?'라는 문구가 뜨고 셔츠를 살 것인지 기부할 것인지를 묻는다. 우리가 싼값에 사 입는 티셔츠가 사실은 누군가의 희생으로 만들어진다는 사실을 깨닫게 된 사람들은 대부분 기꺼이 기부를 선택했다. 이후 이 실험 과정을 담은 동영상이 화제가 되면서 의류 공장 노동자의 현실이 세계적인 관심을 받았다.

Only for Children
꽃으로도 때리지 말라

스페인의 아동 보호 단체인 아나 재단(Anar Foundation)은 세계 아동 학대 예방의 날(11월 19일)을 맞아 특별한 광고판을 고안했다. 이 단체는 아동이 가해자인 어른과 함께 있을 때 도움을 청하기 어렵다는 점에 주목했고, 특수 인쇄 기술을 이용해 광고가 어린이의 눈높이에서는 다르게 보이도록 만들었다. 이 광고판을 어른의 눈높이에서 보면 평범한 아이의 얼굴로 보이지만, 어린이의 눈높이에서는 얼굴에 멍이 들고 입술이 터진 아이가 보이며 '누군가 너를 때린다면 전화해. 우리가 도와줄게.'라는 문구가 나타난다. 상단에는 '때로 아동 학대는 피해를 당하는 어린이에게만 보입니다.'라는 문구가 아동 학대 근절을 위한 사회 구성원의 적극적인 관심을 촉구한다.

SECTION

—

02

_

Environment

—

—

The "Keeling Curve" is a graph that shows the changes in the level of CO_2 in the air over time in a particular place. It was named after the scientist Charles Keeling, who actually measured the change every day for 47 years. <u>This continuous measurement took place at Mauna Loa in Hawaii.</u> Being far away from human activity, this location was ideal for collecting clean air.

Interestingly, the higher the curve goes, the _____ the weather becomes. This is because CO_2 is highly related to climate change. Let's look at the example of typhoons. (A) This increases the amount of water *vapor in the air. (B) If CO_2 levels in the air increase, temperatures and sea levels around the globe rise. (C) All those water **molecules rub together and create energy. Typhoons absorb this energy and become stronger and more dangerous than before. In other words, an increase of CO_2 can endanger people's lives by causing violent weather events.

*vapor 증기   **molecule 분자

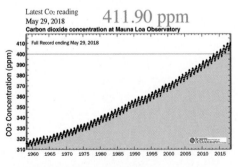

▲ 마우나로아에서 1958년부터 측정한 CO_2 추이

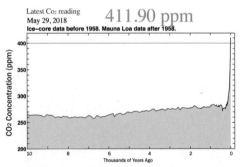

▲ 빙하핵(ice-core)으로 측정한 만년 전부터의 CO_2 추이

Knowledge Bank 킬링 곡선(Keeling Curve)

Charles Keeling은 대기 중 CO_2 농도를 매일 측정한 끝에, 그것이 지속적으로 증가하고 있다는 중요한 사실을 발견했다. 킬링 곡선에 의하면 1958년에는 315ppm이던 CO_2 농도가 2018년에는 410ppm을 넘어 약 30%나 증가했다는 것을 알 수 있다. 그는 2005년 사망할 때까지 측정을 멈추지 않았고, 현재는 그의 아들 Ralph Keeling이 미국 정부 부처, 에너지 기업 등의 도움을 받아 그 일을 계속 하고 있다. 공식 사이트 https://scripps.ucsd.edu/programs/keelingcurve/에 들어가면, 가장 최근 측정된 이산화탄소 농도를 볼 수 있다.

1 글의 주제로 가장 알맞은 것은?

① 태풍의 형성 과정과 CO_2 농도
② 킬링 곡선의 유래와 작성 원리
③ 과학자 Charles Keeling의 연구 성과
④ 킬링 곡선이 보여주는 대기 중 수증기 분포
⑤ 킬링 곡선으로 보는 CO_2와 기상의 상관 관계

2 글의 빈칸에 들어갈 말로 가장 알맞은 것은?

① hotter ② milder ③ colder
④ more stable ⑤ more severe

[고난도]

3 문장 (A)~(C)를 글의 흐름에 알맞게 배열한 것은?

① (A) – (B) – (C) ② (B) – (A) – (C) ③ (B) – (C) – (A)
④ (C) – (A) – (B) ⑤ (C) – (B) – (A)

[서술형]

4 글의 밑줄 친 문장의 이유를 글에서 찾아 우리말로 쓰시오.

____

____

Words

curve [명] 곡선 particular [형] 특정한 be named after ~의 이름을 따서 (이름) 지어지다 measure [동] 측정하다 ([명] measurement) continuous [형] 지속적인 take place 일어나다 location [명] 장소 ideal [형] 이상적인, 가장 알맞은 highly [부] 매우, 상당히 be related to ~와 관련이 있다 typhoon [명] 태풍 increase [동] 증가시키다[하다] [명] 증가 the amount of ~의 양 globe [명] 지구 rise [동] 오르다, 올라가다 rub [동] 문지르다; *맞비벼지다 absorb [동] 흡수하다 endanger [동] 위태롭게 만들다 violent [형] 난폭한; *극심한 [문제] stable [형] 안정적인 severe [형] 극심한

Think!
How much weight can you lift?

California's Death Valley National Park is home to the "sailing stones," large rocks that actually move across the mud. For decades, the rocks were a mystery because they weigh up to 318 kg. Moreover, no one had ever seen them (A) ⃞ move / stay ⃞, but they left clear tracks in the mud. Finally, a team of scientists decided to *investigate. Using GPS, cameras, and weather data, they found that the movement is caused by a (B) ⃞ combination / separation ⃞ of rain, ice, sun, and wind. First, rain creates a shallow pond. At night, the water at the surface of the pond freezes, and the ice surrounds the rocks. During the day, however, the ice starts to melt, breaking up into large sheets that push against the rocks. Of course, this alone isn't enough to move the rocks. When wind speeds reach about 11 km/h, the force of the ice and wind together causes the rocks to move at speeds up to five meters per minute. The mystery was (C) ⃞ kept / solved ⃞!

*investigate 조사하다

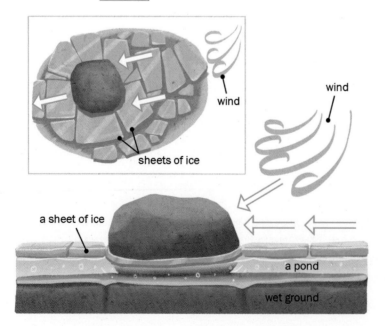

wind

wind

sheets of ice

a sheet of ice

a pond

wet ground

1 글의 제목으로 가장 알맞은 것은?

① A Trip to Death Valley
② Key Elements in Stones
③ The Natural Forces That Move Rocks
④ How Ancient People Built Stone Cities
⑤ Measuring the Weather with Technology

[고난도]

2 (A), (B), (C)의 각 네모 안에서 문맥에 맞는 단어로 가장 적절한 것은?

	(A)		(B)		(C)
①	move	······	combination	······	kept
②	move	······	separation	······	kept
③	move	······	combination	······	solved
④	stay	······	separation	······	kept
⑤	stay	······	combination	······	solved

3 글에서 sailing stones의 생성 조건으로 언급된 것은?

① 강우량　② 온도　③ 풍속
④ 얼음의 두께　⑤ 일조 시간

[서술형]

4 다음 빈칸에 알맞은 단어를 [보기]에서 골라 쓰시오.

[보기] | push　melt　make　freeze　break

Elements	What They Do
rain	(1) ____________(e)s a shallow pond
sun	(2) ____________(e)s the ice and (3) ____________(e)s it into pieces
wind and ice	(4) ____________ against the rocks

Words

sail [동] 항해하다; *미끄러지듯 나아가다　decade [명] 10년　weigh [동] 무게가 ~이다　up to ~까지　GPS(Global Positioning System) 위성항법장치, 전 지구 위치 파악 시스템　combination [명] 결합　separation [명] 분리, 구분　shallow [형] 얕은　surface [명] 표면　freeze [동] 얼다　surround [동] 둘러싸다　melt [동] 녹다, 녹이다　break up into ~로 부서지다　sheet [명] 시트, 판, 장　reach [동] 도착하다; *(어떤 상태나 결과에) 이르다[도달하다]　[문제] element [명] 요소, 성분　ancient [형] 고대의

Snow isn't always white. A type of ⓐ <u>mysterious pink snow</u>, known as "watermelon snow," has been found in various places around the world, including the Rocky Mountains, the Himalayas, the Arctic, and Antarctica. For thousands of years, people were unable to explain ⓑ <u>it</u>. Finally, a scientist discovered its cause—tiny reddish *algae. These algae tend to bloom in conditions that include freezing temperatures and the presence of water. For this reason, watermelon snow occurs in **mountain ranges and other places where ***glaciers exist. When the sun begins to melt ⓒ <u>snow</u> in early spring, the algae begin to bloom rapidly in snow. This colors the snow pink. Pink snow may be pretty, but it actually causes a serious problem. Watermelon snow's pinkish color makes ⓓ <u>it</u> absorb more sunlight, which speeds up the melting process of glaciers. Considering that the rapid melting of glaciers threatens life on Earth, ⓔ <u>it</u> is definitely not our friend!

*algae 말, 조류(물속에 사는 하등식물)　**mountain range 산맥　***glacier 빙하

Knowledge Bank 수박 눈이 빛을 더 많이 흡수하는 이유

물질의 색은 그것이 어떤 색의 빛을 반사하느냐에 따라 달라진다. 예를 들어, 붉게 보이는 물질은 붉은 빛을 반사하는 것으로, 물질이 모든 빛을 흡수하면 검게, 모든 빛을 반사하면 하얗게 보인다. 따라서 분홍 빛을 반사하는 수박 눈은 모든 빛을 반사하는 흰 눈에 비해 빛을 더 많이 흡수한다.

1 글의 제목으로 가장 알맞은 것은?

① Watermelon Snow: Pretty but Problematic
② The Benefits of a World Without Any Snow
③ Protecting Glaciers with Tiny Reddish Algae
④ Turning Snow All the Colors of the Rainbow
⑤ Is It Possible to Grow Watermelons in the Arctic?

2 글의 밑줄 친 ⓐ~ⓔ 중, 가리키는 대상이 나머지 넷과 다른 것은?

① ⓐ   ② ⓑ   ③ ⓒ   ④ ⓓ   ⑤ ⓔ

3 글을 읽고 수박 눈에 관해 답할 수 없는 질문은?

① Where has it been found?
② Why does it occur in places where glaciers exist?
③ What makes it pink?
④ What color does it turn after it melts?
⑤ What does it cause?

서술형

4 다음 빈칸에 알맞은 단어를 글에서 찾아 쓰시오.

> Watermelon snow is pink because it has tiny pinkish _____
> in it. By absorbing more sunlight, it makes _____ melt faster.

Words

including 젠 ~를 포함하여   the Arctic 북극 (지방)   Antarctica 몡 남극 대륙   reddish 혱 불그스름한   tend to-v ~하는 경향이 있다
bloom 통 [식물·꽃이] 나타나다[피다]   condition 몡 상태; *pl. 환경   freezing 혱 영하의   presence 몡 있음, 존재   occur 통 일어나다,
발생하다   exist 통 존재하다   rapidly 몦 급속하게, 빨리 (혱 rapid)   color 통 물들이다   pinkish 혱 분홍빛을 띤   speed up 속도를
높이다   threaten 통 위협하다   definitely 몦 분명(히)   [문제] problematic 혱 문제가 있는   benefit 몡 장점   turn 통 돌리다[돌다];
*변하게 하다[변하다]

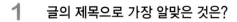

25

Have you ever seen tiny objects floating in a sunbeam? They are often pieces of dust and other material produced when coal and oil are burned. They cause air pollution and increase the risk of many diseases. However, they also cause another problem—they make the earth darker. This is known as *global dimming.

(A) This is because these tiny objects in the air absorb some of the sun's energy and reflect **solar radiation back into space. (B) Studies have shown that the earth currently receives about 10% less sunlight than it did 50 years ago. (C) They also pollute clouds, making it harder for sunlight to pass through. As a result of these things, some sunlight cannot reach the earth's surface. Since all living things need sunlight to survive, global dimming can have serious effects. It can also cause changes in the earth's weather.

What should we do to reduce dust and stop global dimming?

*global dimming 지구 흐리기 현상   **solar radiation 태양 복사열

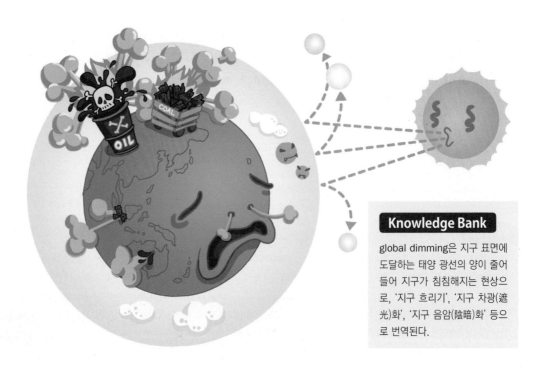

Knowledge Bank

global dimming은 지구 표면에 도달하는 태양 광선의 양이 줄어들어 지구가 침침해지는 현상으로, '지구 흐리기', '지구 차광(遮光)화', '지구 음암(陰暗)화' 등으로 번역된다.

1 What is the passage mainly about?

① ways to stop global dimming
② the different roles of sunlight
③ the importance of coal and oil
④ global warming and global dimming
⑤ causes and effects of global dimming

2 Which is the best order of the sentences (A) ~ (C)?

① (A) – (B) – (C) ② (B) – (A) – (C) ③ (B) – (C) – (A)
④ (C) – (A) – (B) ⑤ (C) – (B) – (A)

[고난도]

3 Which is NOT true according to the passage?

① Burning coal and oil can cause global dimming.
② Global dimming is an environmental problem where the earth becomes darker.
③ The dust in the air increases the amount of solar radiation reaching the earth.
④ The earth gets less sunlight than it did in the past.
⑤ Polluted clouds prevent sunlight from passing through to the earth.

[서술형]

4 What are three effects of the underlined pieces of dust and other material? Write them in Korean.

____

____

Words

float [동] 뜨다, 떠다니다 sunbeam [명] 햇살 coal [명] 석탄 pollution [명] 오염 ([동] pollute) reflect [동] 반사하다 space [명] 공간; *우주 currently [부] 현재 pass through 통과하다 effect [명] 영향, 결과 [문제] environmental [형] 환경과 관련된 prevent [동] 막다

Review Test

[1-3] 다음 영영 뜻풀이에 해당하는 단어를 보기에서 골라 쓰시오.

> 보기 │ ideal   violent   shallow   particular

1 very strong   _____

2 thought of as perfect   _____

3 being or having a short distance from top to bottom _____

4 다음 밑줄 친 단어와 비슷한 의미의 단어를 고르시오.

> Human activities can endanger wild animals.

① reach   ② bloom   ③ reflect   ④ pollute   ⑤ threaten

5 다음 밑줄 친 단어와 반대 의미의 단어를 고르시오.

> The company needs to find ways to reduce costs.

① keep   ② break   ③ increase   ④ measure   ⑤ prevent

[6-8] 다음 빈칸에 알맞은 단어를 보기에서 골라 쓰시오.

> 보기 │ float   occur   weigh   surround

6 The packages _____ 3.5 kg in total.

7 Beautiful cherry trees _____ the park.

8 Accidents can _____ anytime, so we should be careful.

[9-10] 다음 우리말과 일치하도록 빈칸에 알맞은 표현을 쓰시오.

9 Your answer is not _____ _____ my question.
당신의 대답은 나의 질문과 관련이 없습니다.

10 People _____ _____ enjoy what they are really good at.
사람들은 그들이 정말로 잘하는 것을 즐기는 경향이 있다.

주어진 우리말 뜻에 해당하는 단어로 퍼즐을 완성하시오.

Across ➡

❷ 오르다, 올라가다

❸ 10년

❻ 녹다, 녹이다

❾ 표면

❿ 지속적인

Down ⬇

❶ 현재

❹ 존재하다

❺ 측정하다

❼ 영향, 결과

❽ 흡수하다

반려동물 인구 천만 시대, 모든 동물들이 행복할까

우리나라에서 반려동물을 키우는 인구가 천만 명을 돌파했다고 합니다. SNS에는 귀여운 동물들의 사진들이 넘쳐납니다. 사진들을 보다 보면, 사이즈가 지나치게 작거나 큰 동물, 여러 종의 특성을 섞어 놓은 듯한 특이한 고양이와 강아지를 쉽게 볼 수 있는데요, 이렇게 동물들을 개량하고 입양하는 것에 문제는 없을까요?

반복적인 교배와 안락사를 통해 얻어지는 품종묘

품종묘란 인간이 특정 개체의 고양이를 얻으려고 반복적인 교배를 통해 만들어낸 고양이를 일컫습니다. 원하는 품종의 고양이가 나올 때까지 교배를 한 후 원하는 모습이 아닐 경우 안락사를 하기도 하여 사회적 논란이 되고 있습니다. 또 다른 문제는 이런 과정을 거쳐 태어난 품종묘가 유전적으로 특정 질병을 지니고 태어나는 경우가 많다는 점입니다. 질병 진단 후 예상 수명은 약 5년으로 매우 짧으며, 끊임 없는 관리가 필요합니다. 대표적인 예로 안으로 접히는 둥근 귀를 가진 고양이를 얻기 위해 일부러 연골이 기형으로 형성되도록 교배하는 경우가 있습니다. 이 고양이들은 일부 연골에 결손이 나타나는 골연골 이형성증이라는 유전병을 가지고 태어나 움직일 때마다 관절에 통증을 느낀다고 합니다.

▲ 스코티시폴드

▲ 먼치킨

▲ 페르시안

래브라도 리트리버와 푸들 두 종의 장점만 취한다고?!

오늘날 반려견 트렌드 중 하나는 '디자이너 도그'입니다. 디자이너 도그란 말 그대로 '디자인된' 개로, 서로 다른 순종견을 교배시켜 두 종의 장점을 취하고자 만든 종류입니다. 대표적인 예로 래브라두들(Labradoodle)이 있는데, 래브라도 리트리버의 몸집이 크고 사교성이 좋다는 장점과 푸들의 털이 잘 빠지지 않는 특성을 함께 취하고자 개량된 종류입니다. 그런데 문제는 디자이너 도그라고 해서 모두가 양 부모견의 성향을 그대로 물려받지는 않는다는 점입니다. 즉, 원하는 특성을 지닌 강아지가 나온다는 보장이 없다는 말이죠. 그리고 여러 질병이나 문제들을 평생 겪게 될 위험도 큽니다. 퍼그나 불독, 페키니즈 등 얼굴이 평평한 견종에서 나온 디자이너 도그는 일반적으로 호흡 관련 증상인 단두종 증후군을 앓게 된다고 합니다. 호흡 속도가 너무 빨라서, 몇 번의 호흡을 하지 못하게 되면 산소 부족으로 고통을 겪습니다.

▲ 래브라두들

▲ 퍼그

▲ 프렌치 불독

SECTION

03

Culture &
Story

Think!
Do you
remember
your childhood
home?

(A) When he was a small boy, Saroo Brierley became lost on the streets of Kolkata, far from his hometown in rural India. Saroo was adopted by an Australian family and had a happy life. However, he never stopped hoping to find his family in India.

(B) After many years, Saroo accidently found a familiar-looking small town called Ganesh Talai. This was the name that Saroo mispronounced as "Ginestlay!" One year later, Saroo traveled to India to find his family. With the help of local people, he finally met his mother, brother, and sister, still living in Ganesh Talai. It took 25 years!

(C) In college, Saroo began to search satellite images of India to find his hometown. It seemed like a good idea, but it was not easy because he only remembered the name "Ginestlay" and a few landmarks near his childhood home. Saroo repeatedly stopped and restarted <u>his search</u>.

Knowledge Bank 구글 어스(Google Earth)

구글에서 제공하는 인공위성 영상 지도 서비스로, 사이트에 접속하면 마우스 조작이나 주소 입력만으로 전 세계의 평면 위성 사진은 물론, 각지의 건물이나 풍경을 3차원 이미지를 통해 실제와 비슷하게 볼 수 있다. Saroo Brierley는 그의 자서전 〈A Long Way〉에서 자신이 구글 어스를 이용했다고 밝혔다.

1 글의 제목으로 가장 알맞은 것은?

① A Trip to India for Vacation

② Various Uses of Satellite Images

③ A Long Journey to Find His Family

④ Rural India: The Best Place for Children

⑤ Saroo Brierley: A Man Who Got Lost in Australia

2 단락 (A)~(C)를 글의 흐름에 알맞게 배열한 것은?

① (A) – (B) – (C)　　　② (A) – (C) – (B)　　　③ (B) – (A) – (C)

④ (C) – (A) – (B)　　　⑤ (C) – (B) – (A)

3 Saroo Brierley에 관한 글의 내용과 일치하지 <u>않는</u> 것은?

① 어릴 적에 집에서 먼 곳에서 길을 잃었다.

② 입양된 가정에서 행복하게 자랐다.

③ 수년의 탐색 끝에 고향의 위치를 우연히 찾았다.

④ 헤어진 가족을 25년만에 만났다.

⑤ 고향의 랜드마크를 많이 기억했다.

서술형

4 글의 밑줄 친 his search가 가리키는 내용을 우리말로 쓰시오.

_____

Saroo Brierley ▶

hometown 뗑 고향 **rural** 뗑 시골의, 지방의 **adopt** 튕 입양하다 **accidently** 튀 우연히 **familiar-looking** 뗑 눈에 익은, 익숙한
mispronounce 튕 잘못 발음하다 **travel** 튕 (특히 장거리를) 여행하다; *가다 **local** 뗑 지역의, 현지의 **college** 뗑 대학교 **search**
튕 찾아보다 뗑 찾기 **satellite** 뗑 위성 **landmark** 뗑 랜드마크, 주요 지형지물 **childhood** 뗑 어린 시절 **repeatedly** 튀 반복적으로
restart 튕 다시 시작하다

2

One day, a boy visited his grandmother, Nokomis.

(A) "As you know, ⓐ <u>my</u> web catches prey. But look closer. Each stitch catches bad dreams, too! Remember my technique, Nokomis, and use it to weave your own webs. The webs will bring you wonderful dreams each night." "Thank you! I will," Nokomis said, "And ⓑ <u>I</u> shall call them dream catchers."

(B) Later on, ⓒ <u>she</u> visited the spider. Actually, it was not a(n) _____ spider—it had powerful magic! "ⓓ <u>You</u> saved me, Nokomis," it said. "Without you, I would have died." Nokomis smiled and responded, "It was my pleasure." "Let me repay you, faithful friend," the spider said. Then it began moving through its web.

(C) As he entered ⓔ <u>her</u> home, he noticed a spider spinning its web by a window. Taking off his shoe, he screamed, "Grandma!" With his shoe in his hand, he rushed over to kill the creature. "Sweetheart," Nokomis said, "Please don't. It doesn't hurt you and it is making a beautiful web."

Knowledge Bank 드림 캐처(dream catcher)

그물과 깃털 및 구슬 등으로 장식한 작은 고리로, 아메리카 원주민들의 주술
품이다. 좋은 꿈을 불러오는 부적과도 같은 역할을 하는데, 이것을 머리맡이
나 창문에 걸어 두고 자면, 악몽이 들어오려다가 드림 캐처의 거미줄에 걸려
들어오지 못한다고 믿었다.

1 단락 (A)~(C)를 글의 흐름에 알맞게 배열한 것은?

① (A) – (B) – (C)　② (A) – (C) – (B)　③ (B) – (A) – (C)
④ (C) – (A) – (B)　⑤ (C) – (B) – (A)

2 글의 빈칸에 들어갈 말로 가장 알맞은 것은?

① only　② certain　③ strange
④ ordinary　⑤ poisonous

3 글의 밑줄 친 ⓐ~ⓔ 중, 가리키는 대상이 나머지 넷과 <u>다른</u> 것은?

① ⓐ　② ⓑ　③ ⓒ　④ ⓓ　⑤ ⓔ

[서술형]
4 다음 빈칸에 알맞은 단어를 [보기]에서 골라 쓰시오.

[보기] webs　bad　magic　found　good

Beginning	A boy (1) ___________ a spider and tried to kill it.
Middle	Nokomis saved it, and it was a (2) ___________ spider.
End	To thank her, the spider taught her how to weave magical (3) ___________ that bring (4) ___________ dreams.

Words

prey [명] 먹이　stitch [명] 바늘땀, 한 땀　technique [명] 기법, 기술　weave [동] 짜다, 엮다　respond [동] 대답하다　repay [동] (빌린 돈을) 갚다; *(은혜를) 갚다　faithful [형] 충직한　spin a web 거미줄을 치다　take off ~를 벗다　scream [동] 소리치다　rush [동] 서두르다; *돌진하다　creature [명] 생물　sweetheart [명] 얘야(애정을 담아 남을 부르는 호칭)　hurt [동] 다치게[아프게] 하다　[문제] ordinary [형] 보통의; *평범한　poisonous [형] 독이 있는　magical [형] 마법의

When winter ends and the first hint of spring is in the air, India becomes **ⓐ** <u>flooded</u> with excitement, joy, and bright colors. People begin preparing for the **ⓑ** <u>colorful</u> festival known as Holi. It is an Indian national holiday that celebrates the coming of **ⓒ** <u>winter</u>.

The **ⓓ** <u>celebrations</u> begin with a *ritual bonfire that burns away Holika, the devil, on the night before Holi. People spend time dancing, singing, and having a great time with each other. Then, on the day of Holi, everyone goes outside and throws powder of various, beautiful colors at one another. People also toss balloons full of water and dye. Others even spray colored water from water guns. After enjoying the color **ⓔ** <u>fights</u>, people spend time eating festive, seasonal foods with their family and friends.

Everyone is allowed to participate and have fun during the festival. This means that not only is Holi fun, but it also plays the important role of _____.

*ritual 의식을 위한

1 글의 빈칸에 들어갈 말로 가장 알맞은 것은?

① making people happy
② helping the festival grow
③ bringing people together
④ spreading Indian culture across the world
⑤ teaching the young generation old traditions

[고난도]

2 글의 밑줄 친 ⓐ~ⓔ 중, 단어의 쓰임이 적절하지 않은 것은?

① ⓐ ② ⓑ ③ ⓒ ④ ⓓ ⑤ ⓔ

3 글에서 홀리 축제에 관해 언급되지 않은 것은?

① 진행 순서
② 사람들이 하는 일
③ 사용되는 도구
④ 먹을 수 없는 음식
⑤ 의의

[서술형]

4 다음 빈칸에 알맞은 단어를 글에서 찾아 쓰시오.

Holi is a(n) ________ of colors which ________ can enjoy together.

Words

hint [명] 힌트; *징후 in the air 기운이 감도는 flood [동] 넘쳐나게 하다 excitement [명] 흥분, 신남 national holiday 국경일 celebration [명] 기념 (행사) bonfire [명] 모닥불 burn away 타 없어지다; *태워 없애다 each other 서로 (= one another) toss [동] 던지다 dye [명] 염료 spray [동] (물을) 뿌리다 festive [형] 축제의 seasonal [형] 계절적인 participate [동] 참가하다 play a role of ~의 역할을 하다 [문제] bring together ~를 화합시키다 generation [명] 세대

SECTION 03

4

Think!
Have you seen
any Korean
works of art in
person?

One of the most important places in Korea is hidden in Seongbuk-dong, Seoul. It is Kansong Art Museum. It is the first private art museum in Korea and holds the largest number of Korean national treasures. Surprisingly, all of the valuable pieces there were collected by a single person, Jeon Hyeong-pil, or Kansong, the founder of the museum.

During *the Japanese occupation of Korea, many Korean works of art were destroyed or taken by the Japanese. Jeon wanted to stop this. He devoted his life and his whole fortune to buying back and collecting the nation's works of art to keep them safe.

Many of the things he purchased, including *Hunminjeongeum Haerye* and Shin Yun-bok's picture book, are now Korean national treasures. The house he put them in became Kansong Art Museum, which was named after him. Through his art collection, Jeon helped to preserve Korea's cultural heritage. _____, he helped Koreans better understand their own culture.

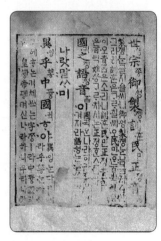

▲ 훈민정음해례본

*the Japanese occupation of Korea 일제 강점기

Knowledge Bank 간송 전형필(1906~1962)

일제 강점기에 부호의 집안에서 태어난 간송은 교육가이자 문화재 수집가이다. 고서적과 서화를 취급하던 한남서림이 위기에 처하자 인수하여 문화재 유출을 막았고, 전국의 거간꾼(물건을 사고 파는 사람들)과 국내외 수집가를 찾아 다니거나 경매를 통해 문화재를 수집하였다. 사라졌던 훈민정음해례본(해설집)이 발견되었다는 소식에 사활을 걸고 그를 손에 넣었는데, 당시 기와집 열 채에 해당하는 비용을 들였다고 한다. 간송은 생전 훈민정음해례본을 가장 소중히 여겨 6.25 전쟁 때에는 품속에 지닌 채 피난길에 올랐다는 일화가 전해진다.

1 Which is the best title for the passage?

① An Artist Devoted to His Country
② The Importance of Preserving Cultural Heritage
③ An Individual's Efforts to Save a Nation's Culture
④ Damage to Korean Art During the Japanese Occupation
⑤ Art Museums' Purpose: Protecting and Teaching Culture

2 Which is the best choice for the blank?

① However ② Otherwise ③ Likewise
④ Nevertheless ⑤ Furthermore

3 Which is NOT mentioned about Kansong Art Museum?

① where it is ② what it holds
③ when it was built ④ who founded it
⑤ what it was named after

[고난도] [서술형]

4 Fill in the blanks USING the words or phrases from the passage.

Jeon Hyeong-pil collected Korean _________ _________ _________ to stop them from being destroyed or taken. Thanks to him, Korea's cultural heritage has been _________ and Koreans have gotten to know their own _________ better.

Words

private [형] 사유의 hold [동] 쥐다; *보유하다 national treasure 국보 valuable [형] 가치 있는 collect [동] 수집하다 (collection [명] 수집품) founder [명] 설립자 ([동] found) work of art 미술품, 예술품 devote [동] 바치다 fortune [명] 운; *재산 purchase [동] 구입하다 preserve [동] 지키다; *보존하다 heritage [명] 유산

Review Test

[1-3] 다음 각 단어에 해당하는 의미를 짝지으시오.

1 devote •   • ⓐ to move quickly at something or someone

2 adopt •   • ⓑ to take someone else's child into one's family

3 rush •   • ⓒ to spend all or most of one's time or energy on something

4 다음 중, 두 단어의 관계가 나머지 넷과 <u>다른</u> 것을 고르시오.
① faith – faithful   ② value – valuable
③ season – seasonal   ④ festival – festive
⑤ excite – excitement

[5-6] 다음 괄호 안에서 알맞은 단어를 고르시오.

5 A dog's strong sense of smell can help them find their (pray / prey).

6 Martin is the (finder / founder) and president of this company.

[7-8] 다음 빈칸에 알맞은 단어를 보기에서 골라 쓰시오.

보기 | preserve   collect   purchase

7 I'd like to _____ a new car.

8 The government must work hard to _____ the forest.

[9-10] 다음 우리말과 일치하도록 빈칸에 알맞은 표현을 쓰시오.

9 Why don't you _____ _____ your wet coat?
당신의 젖은 코트를 벗는 게 어때요?

10 Music can _____ the world _____.
음악은 세계를 화합시킬 수 있다.

A B C 주어진 우리말 뜻에 해당하는 단어로 문장을 완성하시오.

1 Volunteers ☐☐☐☐☐ hats for newborn babies.

2 After the war, the soldier came back to his ☐☐☐☐☐☐☐☐ .

3 The goal of the group is to protect their ☐☐☐☐☐☐☐☐ .

4 Because of injury, I can't ☐☐☐☐☐☐☐☐☐☐☐ in the game.

5 You cannot access ☐☐☐☐☐☐☐ land without permission.

6 Tired of city life, I moved to a ☐☐☐☐☐ area.

7 Travelers will have opportunities to meet ☐☐☐☐☐ people.

8 The concert was ☐☐☐☐☐ (e)d with people.

9 In the past, red ☐☐☐ was rare and expensive.

10 My grandfather left behind a big ☐☐☐☐☐☐☐ .

Hint

❶ 짜다, 엮다　　❷ 고향　　❸ 유산　　❹ 참가하다　　❺ 사유의

❻ 시골의, 지방의　　❼ 지역의, 현지의　　❽ 넘쳐나게 하다　　❾ 염료　　❿ 운; 재산

우리 문화재 뒤에 감춰진 이야기!

김영환 대령이 지켜낸 팔만대장경

경상남도 가야산에 위치한 해인사에는 우리나라의 국보이자 유네스코 세계 문화유산인 소중한 문화재가 있어. 바로 팔만대장경이지! 그런데 6.25 전쟁 때 팔만대장경이 사라질 뻔했다는 사실 알고 있니? 전쟁 당시 가야산은 북한군이 점령해 폭격을 일삼고 있었어. 해인사와 팔만대장경도 폭격 당할 위험에 처했지. 마침 이때, 남한군도 움직이기 시작했어. 당시 공군 제1전투비행단 부단장이었던 김영환 대령은 직접 전투기를 이끌고 해인사로 돌진했어. 김 대령은 해인사 상공에 이를 때까지도 북한군 소탕만을 생각하고 있었지. 바로 그때, 그는 문득 불심이 돈독하신 어머니를 모시고 해인사를 방문했을 때 들은 주지 스님의 말씀이 떠올랐어. "팔만대장경은 전 세계에 하나밖에 없는 세계적인 보물입니다." 김 대령은 그것을 지켜야겠다고 결심했어. 그는 공격 태세를 취소하고 부하들에게 해인사를 공격하지 못하도록 긴급명령을 내렸어. 그렇게 해서 해인사는 잿더미가 될 위기에서 벗어났지. 전쟁의 포화 속에서 목숨을 걸고 자랑스러운 유산을 지켜낸 김영환 대령, 정말 훌륭하지? 현재 해인사에는 그의 업적을 기리는 김영환 장군 팔만대장경 수호 공적비가 세워져 있으니 나중에 해인사에 가게 된다면 한번 찾아보도록 해.

그리스 청동 투구는 어떻게 우리나라의 보물로 지정됐을까?

1987년에 우리나라 보물 제904호로 지정된 그리스 청동 투구! 과연 이 그리스의 유물이 대한민국의 보물이 된 사연은 무엇일까? 일제 강점기인 1936년, 우리나라의 마라톤 선수였던 손기정 선수는 일장기를 가슴에 달고 베를린 올림픽 마라톤 경기에 출전할 수밖에 없었어. 나라를 잃은 울분과 통한을 가슴에 안은 채 눈물의 레이스를 펼친 손기정 선수는 결국 우승했고, 부상으로 그리스 청동 투구를 받게 된 거야. 그동안 독일올림픽위원회에서 계속 소장하고 있던 이 투구는 1986년, 50년 만에 드디어 주인을 찾아 한국으로 돌아왔어. 그리고 1987년에 서구 유물로는 처음으로 우리나라의 보물로 지정됐지. 그리스에서 만들어진 청동 투구가 우리나라의 보물이 되었다니 참 신기하지? 비록 외국 유물이긴 하지만, 암울했던 일제 강점기에 우리 민족의 긍지를 높인 올림픽 마라톤 우승자가 받은 부상이기에 정말 값진 보물이라고 할 수 있어.

SECTION

04

Nature

Think!
What was the highest mountain you have ever climbed?

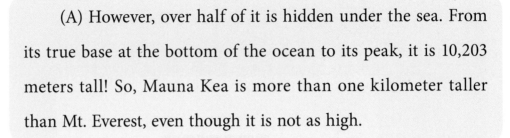

(A) However, over half of it is hidden under the sea. From its true base at the bottom of the ocean to its peak, it is 10,203 meters tall! So, Mauna Kea is more than one kilometer taller than Mt. Everest, even though it is not as high.

(B) If you search for "the highest mountain in the world" on the Internet, most of the results will say it is Mt. Everest. Those results will also tell you that Mt. Everest's peak is 8,848 meters above sea level.

(C) However, if you change the search words slightly, you will get different results. Change "the highest" to "the tallest." Then the results will most likely say it is Mauna Kea, a Hawaiian volcano. It does not seem to be the tallest mountain at all, because it only reaches 4,205 meters above sea level.

Knowledge Bank 마우나케아

하와이에 있는 휴화산으로 약 100만 년 전에 생성되었다. '마우나케아'는 하와이어로 '흰 산'이라는 의미로, 일 년 내내 우리나라의 초여름 기후인 하와이에서도 마우나케아의 정상은 눈으로 뒤덮일 때가 많다. 공기가 맑고 건조한 마우나케아의 정상은 천문 관측을 하기에 최적의 장소로 여겨지며, 실제로 세계 최대의 천문 관측대가 있다.

1 글의 요지로 가장 알맞은 것은?

① 인터넷 검색 결과는 신뢰성이 떨어진다.

② 해발 고도를 측정하는 것은 의미가 없다.

③ 세계에서 가장 높은 산은 아무도 알 수 없다.

④ 세계에서 가장 높은 산이 가장 키가 큰 산은 아니다.

⑤ 세계에서 가장 높은 산을 측정하는 기준이 바뀌어야 한다.

2 단락 (A)~(C)를 글의 흐름에 알맞게 배열한 것은?

① (A) – (B) – (C)   ② (B) – (A) – (C)   ③ (B) – (C) – (A)

④ (C) – (A) – (B)   ⑤ (C) – (B) – (A)

3 글의 내용과 일치하면 T, 그렇지 않으면 F를 쓰시오.

(1) 마우나케아는 바다 아래 잠긴 부분이 잠기지 않은 부분보다 더 많다. _____

(2) 에베레스트산의 해발 고도는 마우나케아의 해발 고도의 두 배 이상이다. _____

서술형

4 다음 빈칸에 알맞은 단어를 글에서 찾아 쓰시오.

> Mt. Everest is the _____ mountain in the world, but Mauna Kea is the
> _____ mountain, because more than half of Mauna Kea is under the
> _____.

에베레스트산 ▶

Words

half 몡반, 절반   **base** 몡기초, 토대; *바닥   **bottom** 몡밑바닥   **peak** 몡봉우리, 꼭대기   **search for** ~를 검색하다   **above sea level**
해발   **search word** 검색어   **slightly** 틘약간, 조금   **most likely** 아마도 틀림없이   **volcano** 몡화산

Some hobbies can contribute important knowledge to science. One of these is astronomy. Amateur astronomers have made (A) | countless / counted | discoveries.

In 2009, for example, an amateur astronomer named Anthony Wesley found an unusual mark on Jupiter while he was (B) | deserving / observing | it by telescope. He reported it to experts, who believe it is a scar created by the impact of a large object. This discovery could provide valuable information about the dangers of objects moving through space. In 2016, a man named Victor Buso attached a camera to his 16-inch telescope. After taking a few pictures, he noticed a strange light in one of them. It came from an exploding star, which turned out to be a *supernova. Such photos are very rare, and Buso's helped scientists learn more about the life of stars.

Amateur astronomers have no (C) | formal / informal | training, but they can still make important discoveries. Do you have a hobby that might change the world someday?

*supernova 초신성

Knowledge Bank 초신성

별도 생명체와 같이 생사의 단계를 거치는데, 죽음의 순간에 별은 폭발한다. 그 순간 빛이 너무 밝아서 마치 새로운 별이 생기는 것처럼 보이기 때문에 '신성(新星)'이라 부르는데, 규모가 크면 초신성이라 구분한다. 초신성은 폭발 시 보통 태양의 100억 배, 즉, 은하를 구성하는 약 10억 별의 밝기를 모두 합한 정도로 밝게 빛나며 수 주에서 수개월에 걸쳐 서서히 사멸하며 어두워진다.

1 글의 제목으로 가장 알맞은 것은?

① Turn Your Hobby into a Career
② The Man Who Discovered a Supernova
③ What Are the World's Most Valuable Hobbies?
④ How to Become a Famous Amateur Astronomer
⑤ Not Only Professionals Can Discover New Things

[고난도]

2 (A), (B), (C)의 각 네모 안에서 문맥에 맞는 단어로 가장 적절한 것은?

	(A)		(B)		(C)
①	countless	……	deserving	……	informal
②	countless	……	observing	……	formal
③	countless	……	observing	……	informal
④	counted	……	deserving	……	formal
⑤	counted	……	observing	……	informal

[서술형]

3 글의 밑줄 친 It이 가리키는 내용을 우리말로 쓰시오.

____

[서술형]

4 다음 빈칸에 알맞은 단어를 글에서 찾아 쓰시오.

(1) __________ That Contribute to Science—Examples in (2) __________

	Anthony Wesley	Victor Buso
What They Did	found a scar on Jupiter created by an impact	took a picture of a (3) __________
What the Discovery Can Do	give us information about possible (4) __________	teach us about the (5) __________ of stars

Words

contribute [동] 기여하다 astronomy [명] 천문학 (astronomer [명] 천문학자) amateur [형] 아마추어의 countless [형] 셀 수 없이 많은 counted [형] 계산된 discovery [명] 발견 mark [명] 자국, 흔적 deserve [동] ~를 받을 만하다 observe [동] 보다; 관찰하다 telescope [명] 망원경 scar [명] 흉터, 상처 impact [명] 영향; *충돌 attach [동] 붙이다 explode [동] 폭발하다 turn out ~인 것으로 드러나다[밝혀지다] rare [형] 드문, 희귀한 life [명] 생명; *생애, 일대 formal [형] 공식적인 informal [형] 격식에 얽매이지 않는 [문제] professional [명] 전문가 possible [형] 가능한; *있음 직한

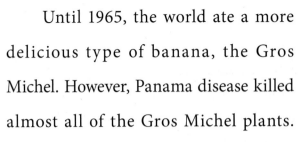

Until 1965, the world ate a more delicious type of banana, the Gros Michel. However, Panama disease killed almost all of the Gros Michel plants. Banana growers then began to depend on a different type of banana, the Cavendish. Now, almost all bananas in the world are grown from this type of plant. However, a new type of the disease is threatening the Cavendish as well. (a) This disease has already spread to Asia, Australia, and Africa, and it may soon reach South America. (b) The problem is that banana plants do not grow from seeds. (c) Bananas originally grew in South East Asia and India. (d) Instead, they grow from small pieces of other banana plants. (e) So if one plant has a disease, all of the plants that grow from it will also be easily affected by that disease. Experts agree that the only way to save bananas is to grow many different types of bananas. This will make it harder for diseases to spread from one type of banana plant to another.

1 글의 제목으로 가장 알맞은 것은?

① How to Grow Banana Plants
② The World's Most Famous Bananas
③ The Banana Extinction: Is It Really Happening?
④ The Best Way to Protect Bananas in South America
⑤ The Competitors: The Gros Michel and the Cavendish

고난도

2 글의 (a)~(e) 중, 전체 흐름과 관계없는 것은?

① (a) ② (b) ③ (c) ④ (d) ⑤ (e)

3 글에서 바나나에 관해 언급되지 않은 것은?

① Cavendish가 널리 재배되기 시작한 시기
② Cavendish 종이 위험에 처한 이유
③ 새로운 파나마병이 퍼진 지역
④ Cavendish의 대체 품종
⑤ 바나나 나무가 번식하는 방법

서술형

4 바나나를 현재의 위기에서 구할 수 있는 방법을 우리말로 쓰시오.

Knowledge Bank 그럼 어떤 바나나를 먹을 수 있을까?

- **골드핑거 바나나(Goldfinger banana)**: 추위나 바람, 전염병에 잘 견디지만 Cavendish보다 과육이 익는 데 더 오래 걸린다. Cavendish만큼은 아니지만 맛이 좋은 편이라 Cavendish를 뒤이을 품종으로 지목되기도 한다.
- **플랜테인(plantain)**: 대부분 아프리카나 남아시아에서 재배 및 소비된다. 달지 않아 보통 굽거나 튀겨 먹어서 쿠킹 바나나(cooking banana)라고도 불린다.
- **몽키 바나나(monkey banana)**: Cavendish의 절반 정도 되는 크기로, 껍질이 얇다. 당도가 높고 칼륨과 섬유질도 풍부하지만, 해발 700m 이상 고산 지대에서 재배되므로 대량 생산하기에 무리가 있다.

Words

depend on ~에 의존하다 as well 또한, 역시 seed [명] 씨 originally [부] 원래, 본래 affect [동] 영향을 미치다 [문제] extinction [명] 멸종 competitor [명] 경쟁자

Think!
What comes
to mind when
you think of a
desert?

When you look at the Sahara desert today, you see a dry, lifeless land. However, it is believed that the Sahara once received lots of rainfall and had lakes and rivers. This period, now known as the Green Sahara period, may have started about 11,000 years ago and lasted until about 5,000 years ago. What do you think this region was like then?

A team of researchers recently made a surprising discovery that helps us understand more about this interesting time. They found the skeletons of more than 200 human beings, along with hunting tools, fishing instruments, and other artifacts. They also uncovered the bones of large fish and crocodiles. <u>These animals could not have survived in a desert climate.</u>

Can you now believe the Sahara desert used to be very different? Researchers will continue to study this area. We can expect to learn more about the Sahara desert's _____ and the ancient people who once called the Sahara their home.

Knowledge Bank 바다였던 사하라 사막이 또 다시 바다로?!

사하라 사막 한복판에 우리나라 기술로 바다 새우를 생산하는 새우양식연구센터가 있다. 오아시스 지하에 있는 저염도의 물을 사용하며 연간 최대 100톤의 새우를 생산한다. 양식 과정에서 물이 오염되면 미생물과 식물 플랑크톤 등으로 정화하여 재활용하고, 미생물과 플랑크톤은 새우의 먹이로 다시 쓰는 친환경 순환 기술을 활용한다.

1 Which is the best choice for the blank?

① future changes
② unexpected past
③ present conditions
④ environmental value
⑤ unusual environment

2 Write T if the statement about the Green Sahara period is true or F if it is false.

(1) Researchers believe that the period lasted about 8,000 years. ________

(2) People living in the Sahara desert during that time fished. ________

[고난도] [서술형]

3 What does the underlined sentence imply? Write it in Korean.

____

____

[서술형]

4 Fill in the blanks with the words or phrases from the passage.

> A team of researchers ________ evidence that the Sahara desert once had much ________. They call the period the ________ ________ ________, and it is thought to have ended about ________ years ago.

Words

lifeless [형] 죽은; *생명체가 살지 않는 rainfall [명] 강우 period [명] 기간, 시기 last [동] 계속되다 region [명] 지방, 지역 skeleton [명] 뼈대; *해골 human being 사람 along with ~와 함께 tool [명] 연장, 도구 fishing [명] 낚시 ([동] fish) instrument [명] 기구, 도구 artifact [명] 공예품 uncover [동] 발견하다 continue [동] 계속하다 expect [동] 기대하다; *예상하다 [문제] unexpected [형] 예상 밖의, 뜻밖의 value [명] 가치 evidence [명] 증거

Review Test

[1-3] 다음 영영 뜻풀이에 해당하는 단어를 보기에서 골라 쓰시오.

> 보기 | peak   scar   period   region

1 the top part _____

2 a length of time _____

3 a mark left by wound _____

[4-5] 다음 밑줄 친 단어와 비슷한 의미의 단어를 고르시오.

4 We are trying to <u>discover</u> the reasons behind her decision.

① hide   ② reach   ③ solve   ④ uncover   ⑤ explode

5 Be careful when using a sharp cutting <u>instrument</u>.

① tool   ② base   ③ mark   ④ artifact   ⑤ telescope

[6-8] 다음 빈칸에 알맞은 단어를 보기에서 골라 쓰시오.

> 보기 | expect   continue   affect   contribute

6 What you eat can _____ your mood.

7 All of the members wanted to _____ to their team's success.

8 I didn't _____ to see them again at the party.

[9-10] 다음 우리말과 일치하도록 빈칸에 알맞은 표현을 쓰시오.

9 Plants _____ _____ sunlight and water.
식물은 햇빛과 물에 의존한다.

10 His statements always _____ _____ to be true.
그의 진술은 항상 진실인 것으로 드러난다.

주어진 알파벳의 순서를 바로 맞춰 단어를 완성한 후, 번호에 해당하는 알파벳을 조합
하여 문장을 완성하시오.

1 vicroydse

☐☐☐☐☐☐☐☐☐
　　　　　　　1

2 tncoslesu

☐☐☐☐☐☐☐☐☐
　　3　　　9

3 roevseb

☐☐☐☐☐☐☐
　6

4 iegrno

☐☐☐☐☐☐
　13

5 uontniec

☐☐☐☐☐☐☐☐
　2　　　　　7

6 mofalr

☐☐☐☐☐☐
　11　　4

7 alts

☐☐☐☐
　5

8 tpacim

☐☐☐☐☐☐
　12

9 githslyl

☐☐☐☐☐☐☐☐
　　　14　10

10 tahact

☐☐☐☐☐☐
　8　15

☐☐☐,☐☐　☐☐　☐☐☐　☐☐☐☐☐.
1　2　3　4　5　6　7　8　9　10　11　12　13　14　15

곤충들의 대를 이은 민족 대이동

매년 따뜻한 남쪽 나라로 떠나는 철새처럼 해마다 민족 대이동을 하는 곤충도 있습니다. 곤충들은 수명이 짧기 때문에 몇 대를 이어서까지 길고 험난한 여정을 완성한다고 하는데요, 지금 그 곤충들을 만나러 가 볼까요?

증조할머니의 고향으로 완벽 귀환! 제왕나비

▲ 겨울잠 자는 제왕나비

첫 번째 곤충은 북아메리카 대륙에 서식하는 제왕나비입니다. 제왕나비는 가을이 오면 따뜻한 남쪽으로 이동해 나뭇가지에 붙어서 한겨울을 보내고 봄이 되면 다시 북쪽으로 돌아갑니다. 이 나비는 주로 북아메리카의 북부 지역에 서식하다가 서쪽에 있는 무리는 캘리포니아로, 동쪽에 있는 무리는 멕시코를 향해 이동하는데요, 그 거리가 무려 왕복 5,000km가 넘습니다. 제왕나비의 수명은 대략 1~2개월인데, 특이하게도 동면을 한 세대는 최장 6개월을 산다고 합니다. 이들이 본래의 서식지로 돌아올 때에는 3~4세대를 거친 후입니다. 놀라운 것은 이 후손들이 자신이 한 번도 가 보지 못한 선조의 고향으로, 심지어 그 이동 경로를 정확하게 따라 돌아간다는 것입니다. 이들은 어떻게 같은 장소로 찾아올까요? 여전히 명확한 해답은 없지만, 최근에 과학자들이 알아낸 사실은 제왕나비의 몸에 GPS와 같은 생체 시계가 있다는 것입니다. 뇌와 더듬이에 있는 생체 시계가 서로 협력하는데, 뇌에 있는 시계는 태양의 위치를 추적하고, 더듬이에 있는 시계는 시간을 추적한다고 합니다. 과학자들은 이 생체 시계에 중요한 단서가 숨어 있을 것으로 예상하고 있습니다!

대양을 넘나드는 스케일, 된장잠자리

이렇게 대를 이어 이동하는 곤충은 먼 나라에만 있는 게 아닙니다. 여름·가을에 걸쳐 우리나라에서 흔히 볼 수 있는 된장잠자리도 해마다 대양을 건너 이동합니다. 실제로 인도에 서식하는 수백만 마리의 된장잠자리들이 인도양을 건너 아프리카에 갔다 돌아온다는 사실이 확인되었는데요, 이는 최고 18,000㎞에 이르는 대장정입니다. 이들이 이렇게 먼 거리를 이동하는 이유는 번식을 위해서 민물이 반드시 필요하기 때문입니다. 건기를 맞은 인도를 떠나 아프리카에서 우기를 지내고 다시 인도로 돌아오는 것이죠. 이 잠자리들은 이동 중에 공중의 플랑크톤이나 작은 곤충을 잡아먹다가 빗물로 생긴 웅덩이가 보이면 내려가 번식하고, 한두 달 후 애벌레가 성체가 되면 다시 이동을 이어갑니다. 아무리 세대를 바꾸면서 여행을 완성한다지만 가녀린 몸으로 그 먼 거리를 간다는 사실은 놀라운데요, 바람을 타고 날아가는 것이 그 비결입니다. 잠자리는 몸이 가벼운데다 날개가 몸체에 비해 크고 표면적이 넓어 바람을 타고 날기에 적합하다고 합니다.

▲ 이동 과정 중 모인 된장잠자리 무리

SECTION

05

Origins & Inventions

Vending machines are a modern convenience that many people use. Surprisingly, however, modern people were not the first to use them.

In ancient Egypt, people bought holy water to wash themselves before entering a temple. Priests often distributed holy water, but this took a long time. (①) However, without the priests, people could take more water than they paid for. (②) So how did this machine work? (③) When a visitor put a coin in the machine, it fell onto one side of a long tray. (④) Its weight caused the tray to tilt, which opened a pipe at the bottom of the machine. (⑤) This allowed the holy water to flow out. When the coin slid off the tray, the pipe closed and no more water came out. Thanks to Hero's automatic water *dispenser, many ancient priests were able to _____!

*dispenser 분배기

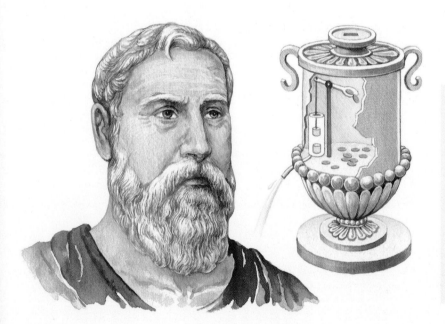

Knowledge Bank

헤로(Hero[Heron] of Alexandria)
그리스의 기계학자·물리학자·수학자로, 수학과 과학의 발전에 많은 기여를 한 인물이다. 원기둥이나 사각뿔 같은 다양한 도형의 부피를 구하는 방법을 발견하였고, 월식을 이용하여 로마와 알렉산드리아 사이의 거리도 측정하였다. 또한, 여러 기계들도 발명하였는데, 그의 발명품에는 증기 기관을 이용한 자동문과 수력 오르간, 증기 터빈인 '기력구' 등이 있다.

1 글의 제목으로 가장 알맞은 것은?

① A Machine That Did a Priest's Job
② The History of Vending Machines
③ Hero of Alexandria's First Invention
④ Using Vending Machines: A Way to Be Modern
⑤ Priests' Problems: How to Save Money and Time

2 다음 문장이 들어갈 위치로 가장 알맞은 곳은?

> A Greek engineer named Hero of Alexandria solved these problems by inventing the first vending machine in 215 BC.

① ② ③ ④ ⑤

3 글의 빈칸에 들어갈 말로 가장 알맞은 것은?

① attract more visitors
② become busier than ever
③ prepare more holy water
④ save time and holy water
⑤ use less money but become tired

[고난도] [서술형]

4 다음 빈칸에 알맞은 단어를 글에서 찾아 쓰시오.

> Because a coin's ________ opened the ________, Hero's automatic water dispenser gave holy water only while a coin was on the ________.

Words

vending machine 자동판매기 modern [형] 현대의 convenience [명] 편리; *편의 시설 holy [형] 신성한 temple [명] 신전, 사원 priest [명] 사제 distribute [동] 나누어 주다 work [동] 일하다; *작동하다 tray [명] 쟁반 tilt [동] 기울다 flow out 흘러나오다 slide off 미끄러져 떨어지다 automatic [형] 자동의 [문제] invention [명] 발명품 (invent [동] 발명하다) attract [동] 마음을 끌다; *끌어모으다

These days, *Braille can be found in many public places. _____(A)_____, there are a number of everyday items that should be labeled with Braille as well. That is why a group of Korean designers invented Braille Tape. In some ways, it just looks like ordinary tape, but it has blocks of dots on it. You can simply cut off a piece of tape and stick it on an object. Then, by pressing in different dots, you can make all of the letters in the Braille alphabet. This allows you to create a word or message.

_____(B)_____, Braille Tape can be used to label containers in a refrigerator. Then a blind person can tell the difference between a jar of pickles and a jar of spaghetti sauce quickly and easily, without opening them up. There are many other uses for Braille Tape around the home. With this brilliant invention, it is possible to make the daily tasks of the blind more convenient.

*Braille 점자

Knowledge Bank 점자를 개발한 사람, 루이 브라유(Louis Braille, 1809~1852)

프랑스에서 태어난 루이 브라유는 세 살 때 송곳 사고로 왼쪽 눈을 실명했고, 1년 후에는 감염으로 오른쪽 눈마저 시력을 잃었다. 열한 살 무렵, 그는 프랑스의 육군 장교 샤를 바르비에(Charles Barbier)가 야간에 의사소통할 목적으로 만든 12개의 점으로 구성된 점자 체계를 접했고 그후로 더 쉽고 효율적인 체계를 고안하고자 애썼다. 9년 만에 마침내 그는 단 6개의 점만으로 알파벳 26개를 모두 표시할 수 있는 방법을 고안해 냈다.

1 글의 제목으로 가장 알맞은 것은?

① How the Blind Read Braille
② Messages Giving Hope to the Blind
③ The Reason Braille Tape Was Created
④ Braille: The Best Invention for Blind People
⑤ An Invention That Makes Life Easier for the Blind

2 글에서 점자 테이프에 관해 언급되지 않은 것은?

① why it was invented ② who made it
③ what it looks like ④ how it can be used
⑤ where it can be bought

3 글의 빈칸 (A), (B)에 들어갈 말로 바르게 짝지어진 것은?

	(A)		(B)
①	However	……	Otherwise
②	However	……	For example
③	Therefore	……	For example
④	Therefore	……	On the other hand
⑤	In other words	……	On the other hand

[서술형]

4 다음 빈칸에 알맞은 단어를 글에서 찾아 쓰시오.

> To __________ everyday items, blind people can cut off a piece of Braille Tape, stick it on an object, and __________ a word by __________ in different dots.

Words

public [형] 공공의 **label** [동] ~에 표시를 붙이다[(필요한 정보를) 적다] **dot** [명] (동그란) 점 **stick** [동] 찌르다; *붙이다 **press** [동] 누르다 **letter** [명] 편지; *글자 **container** [명] 용기 **refrigerator** [명] 냉장고 **blind** [형] 시각 장애인의 **tell** [동] 말하다; *구별하다 **jar** [명] 병 **brilliant** [형] 훌륭한, 멋진 **task** [명] 일, 과업 **convenient** [형] 편리한

SECTION 05

3

Think!
How are a
basketball
court and a
volleyball court
different?

A different court is used for each different sport because every game requires its own lines and markings. But what if you wanted to play two sports on one court? It would take a lot of time and money to repaint the gym floor.

However, a German company came up with <u>a brilliant idea</u>. (①) By simply pressing a button, a court can be switched, for example, from a basketball court to a volleyball court. (②) The gym floor has LED lights beneath a surface of hard glass. (③) Also, an aluminum frame protects the floor, so it is strong enough to bounce balls on. (④) Moreover, its special glass does not reflect the light. (⑤) Plus, with balls that have sensors, referees can see digitally marked landing spots so that they can quickly make better judgments. In the near future, this multipurpose floor could change the way sports are played.

실제 경기장 ▶

1 글의 제목으로 가장 알맞은 것은?

① A Single Floor for a Variety of Sports

② The Strongest Gym Floor in the World

③ The History of Gym Floor Development

④ LEDs: Technology for the Future of Sports

⑤ The Advantages and Disadvantages of LEDs

고난도

2 다음 문장이 들어갈 위치로 가장 알맞은 곳은?

> They show the lines and markings for different sports and can be changed in a second.

①   ②   ③   ④   ⑤

---

3 밑줄 친 a brilliant idea에 관한 글의 내용과 일치하지 <u>않는</u> 것은?

① 독일 회사가 만들었다.

② 간단하게 조작이 가능하다.

③ 강화 유리와 알루미늄이 재료로 쓰인다.

④ 공을 튀겨도 문제되지 않는다.

⑤ 심판의 역할이 더 많아졌다.

서술형

4 다음 빈칸에 알맞은 단어나 표현을 글에서 찾아 쓰시오.

The Materials That the ⁽¹⁾ _____ Court Consists Of

Materials	Functions
⁽²⁾ _____ _____	to show the lines and markings on the floor
an aluminum frame	to make the floor ⁽³⁾ _____ enough to play sports on it
special glass	not to ⁽⁴⁾ _____ the light

Words

require ⑧ 필요로 하다   marking ⑨ 무늬, 반점; *표시   repaint ⑧ 다시 칠하다   gym ⑨ 체육관   come up with ~를 떠올리다, 생각해 내다   switch ⑧ 바꾸다   beneath ⑧ 아래에   frame ⑨ 틀   bounce ⑧ 튀기다   sensor ⑨ 센서, 감지기   referee ⑨ 심판   spot ⑨ (반)점; *장소, 지점   judgment ⑨ 판단   multipurpose ⑧ 다목적의   [문제] advantage ⑨ 이점, 장점 (↔ disadvantage)   in a second 금세, 순식간에

In 1859, Henry Dunant, a Swiss businessman, happened to see the battlefield after the Battle of Solferino had finished. He saw at least 40,000 soldiers lying dead or hurt on the ground. Sadly, nobody was there to offer them any medical help. Dunant could not stop thinking about what he had seen.

To tell the world about the tragedy, he wrote a book titled *A Memory of Solferino*. In the book, Dunant called for a national organization of volunteers who would aid soldiers wounded in combat. This led to the creation of *the International Committee of the Red Cross. He also insisted that doctors and nurses working on the battlefield should not be harmed. He wanted them to be able to treat every wounded soldier, regardless of nationality. This inspired an important international agreement about proper behavior on the battlefield, known as the 1864 **Geneva Convention. It was just one book, but it helped make the terrible battlefield less tragic.

*the International Committee of the Red Cross 국제 적십자 위원회
**Geneva Convention 제네바 협약

1944년 노르망디 전투 ▶

1 Which is the best title for the passage?

① A Story That Started a Great Battle
② Brave Volunteers on the Battlefield
③ A Book That Changed the Battlefield
④ Nations Working Together for a Better World
⑤ The Importance of Medical Care for the Wounded

2 Write T if the statement is true or F if it is false.

(1) After the Battle of Solferino, Dunant treated wounded soldiers. ________

(2) The 1864 Geneva Convention applies to battlefields. ________

[서술형]

3 Why did Dunant write *A Memory of Solferino*? Write it in English.

____

[고난도] [서술형]

4 Fill in the blanks USING the words from the passage.

Dunant's Suggestions		Result
Nations should make a(n) (1) ________ of volunteers who (2) ________ soldiers wounded in combat.	→	The International Committee of the Red Cross
Nations should treat wounded soldiers of all (3) ________ and protect (4) ________ teams on the battlefield.	→	The 1864 Geneva Convention

Knowledge Bank 국제 적십자 위원회와 제네바 협약

1863년에 국제 적십자 위원회가 창설되어 전쟁의 희생자들을 돕고 보호하는 활동을 펼쳐 세 차례 노벨 평화상을 수상했다. 1864년에는 12개국의 대표들이 제네바에서 회담을 갖고 제네바 협약을 타결한 후 포로의 보호, 전쟁 중 범죄 금지 등의 내용이 추가·보완되어 1949년에는 제4협약까지 승인되었다. 현재 이 협약은 전쟁과 관련한 국제법의 거의 대부분을 차지하며, 195개국이 가입해 있다.

Words

battlefield [명] 전장 lie [동] 누워 있다 offer [동] 제공하다 medical [형] 의료의 tragedy [명] 비극 ([형] tragic) title [동] 제목을 붙이다 call for 요구하다 organization [명] 단체 aid [동] 돕다 wounded [형] 다친 combat [명] 전투 creation [명] 창조, 창설 insist [동] 주장하다 harm [동] 해를 입히다; *다치게 하다 treat [동] 대하다; *치료하다 regardless of ~에 상관없이 nationality [명] 국적 inspire [동] 고무하다, 격려하다 agreement [명] 협정, 합의 behavior [명] 행동, 행위 [문제] apply to ~에 지원하다; *~에 적용되다

1 다음 중 단어의 영영 뜻풀이가 알맞지 <u>않은</u> 것을 고르시오.

① treat: to try to make a patient well again

② switch: to move upwards from a surface

③ stick: to attach something to something else

④ inspire: to make someone want to do something

⑤ distribute: to hand out or deliver things to others

[2-3] 다음 밑줄 친 단어와 반대 의미의 단어를 고르시오.

2   This pool is for <u>private</u> use.

① safe   ② clean   ③ proper   ④ public   ⑤ convenient

3   The museum holds a lot of <u>ancient</u> paintings.

① holy   ② brilliant   ③ modern   ④ ordinary   ⑤ automatic

[4-5] 다음 괄호 안에서 알맞은 단어를 고르시오.

4   The man (insisted / resisted) the seat is his.

5   The table (slid / tilted) a little, so the pen rolled down.

[6-8] 다음 빈칸에 알맞은 단어를 보기에서 골라 쓰시오.

보기 | spot   combat   judgment   organization

6   The _____ works to help the environment.

7   The players must accept the referee's _____.

8   This place is the perfect _____ to spend my vacation.

[9-10] 다음 우리말과 일치하도록 빈칸에 알맞은 표현을 쓰시오.

9   Anyone can join us, _____ _____ age.
나이에 상관없이 누구든 저희와 함께할 수 있습니다.

10   We need to _____ _____ _____ ideas to solve the problem.
우리는 그 문제를 해결하기 위한 아이디어를 생각해 내야 한다.

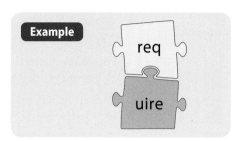

ACBC 주어진 퍼즐 조각을 연결하여 하나의 단어를 완성한 후, 그 단어의 의미에 해당하는
영영 뜻풀이를 찾아 번호를 쓰시오.

Example

req

uire

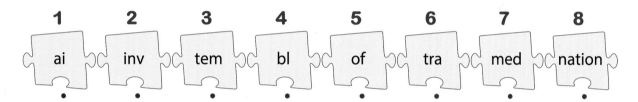

1	2	3	4	5	6	7	8
ai	inv	tem	bl	of	tra	med	nation

ple · ality · ind · ent · fer · ical · gedy · d

ⓐ unable to see _____

ⓑ to help someone _____

ⓒ a sad event or situation _____

ⓓ to give something to someone _____

ⓔ relating to illness and treatment _____

ⓕ to first think of something or make it _____

ⓖ a building used for religious purposes _____

ⓗ the quality of being from or of a certain country _____

인류 발전에 공헌한 연구나 업적을 기리는 노벨상에 대해서는 들어 보지 않은 사람이 없을 것이다. 그렇다면 이그노벨상(Ig Nobel Prize)에 대해서는 들어본 적 있는가? 이그노벨상은 미국 하버드 대학교의 유머 과학 잡지 Annals of Improbable Research(AIR, 있을 것 같지 않은 연구의 연보)가 과학에 대한 관심을 불러 일으키기 위해 제정한 상이다. '처음엔 사람들을 웃기지만, 그런 뒤에 생각하게 하는 연구'라는 원칙을 바탕으로 황당해 보이지만 의미 있는 연구를 선정하여 총 10개 분야에서 상을 준다.

◀ 이그노벨상의 공식 마스코트 〈The Stinker〉

의학상 수상: 가려움증을 극복하는 획기적인 방법

독일 뤼베크 대학교 연구팀은 2016년, '거울을 보고 오른팔을 긁으면 왼팔의 가려움증이 해소된다.'는 연구로 의학상을 수상했다. 이는 뇌의 일시적인 착각으로 가능한 것인데, 가려워도 긁을 수 없는 피부병이 있을 때 거울을 보고 반대쪽을 긁는 것만으로도 해결할 수 있다는 데 실험의 의의가 있다.

생리학상 수상: 어디에 벌이 쏘이면 가장 아플까?

Michael Smith는 벌에 쏘이면 어디가 가장 아픈지 알아내기 위해 직접 벌에 쏘이는 실험을 진행해 2015년에 생리학상을 수상했다. 38일간 25군데의 신체 부위로 실험을 진행한 결과 벌에 쏘이면 가장 아픈 곳은 콧구멍이고 정수리와 팔뚝, 가운데 발가락이 가장 아프지 않다는 사실을 알아냈다.

화학상 수상: 잘못을 풍자하기 위한 시상

황당한 연구만 이그노벨상을 수상하는 것은 아니다. 2015년 폭스바겐은 자사 자동차의 배기가스 배출량이 환경 기준을 충족하도록 조작하였다. 이 사실이 알려진 후 폭스바겐이 이그노벨 화학상 수상자로 선정되었는데, 주최 측은 "자동차가 테스트를 받을 때만 자동적으로 배기가스를 전기·기계적 조작을 통해 줄어들게 함으로써 환경 오염 문제를 해결했다."면서 당시 조작 사건을 신랄하게 풍자했다.

노벨상과 이그노벨상을 모두 수상한 유일한 사람

영국 맨체스터 대학교의 Andre Geim 교수는 2010년, 최첨단 신소재 '그래핀(Graphene)'을 발명한 공로를 인정받아 노벨 물리학상을 받았다. 놀라운 것은 10년 전인 2000년에 이미 전자기 부양 효과 연구 실험에서 개구리를 공중부양 시킨 것을 인정받아 이그노벨상을 수상했다는 것이다! Geim 교수는 노벨상을 받은 후 "저는 이그노벨상과 노벨상에 똑같은 가치를 둡니다. 이그노벨상은 제가 농담거리가 될 수 있다는 사실을 가르쳐 주었습니다. 약간의 겸손은 언제나 좋은 것이죠."라고 수상소감을 발표했다.

Andre Geim ▶

SECTION

06

Life
—

Think!
What do you usually do when you are sick?

Modern medicine has cured many illnesses and solved many problems. Some conditions, however, _____. One of these is something called "*alien hand syndrome."

People suffering from alien hand syndrome feel as though they can't control ⓐ <u>one</u> of their hands. The hand may grab at random objects or perform unwanted tasks, such as unbuttoning a shirt that ⓑ <u>the other hand</u> just buttoned. There have even been cases where people were attacked by ⓒ <u>their own hand</u>. When they do manage to control ⓓ <u>the hand</u>, movements are awkward. People with this syndrome often hold something in the troublesome hand, such as a cane, to prevent ⓔ <u>it</u> from acting strangely.

Alien hand syndrome usually occurs after a person has had a **stroke or developed a brain ***tumor. Doctors think it is related to the two halves of the brain. If they somehow become disconnected, this strange condition can occur. Unfortunately, there is no known cure.

*alien hand syndrome 외계인 손 증후군
**stroke 뇌졸중   ***tumor 종양

Knowledge Bank
좌뇌와 우뇌를 연결하는 뇌량
좌뇌와 우뇌는 주로 뇌량이라는 신경섬유다발을 통해 정보를 주고 받는데, 뇌량에 문제가 발생하면 한쪽 뇌가 하는 일을 다른 뇌가 알지 못해 외계인 손 증후군과 같은 독특한 질환이 나타날 수 있다. 예를 들어, 실독증이라는 질환을 가진 환자는 시각에 문제가 없는데도 글자를 읽지 못한다. 신기하게도, 글자를 쓰는 능력에는 아무런 문제가 없다.

1 글의 제목으로 가장 알맞은 것은?

① Are Aliens Living on Earth?
② A Body Part with a Mind of Its Own
③ Diseases with Ancient Medical Cures
④ Social Problems Caused by One Hand
⑤ The Brain Controls Each Part of Our Bodies

2 글의 빈칸에 들어갈 말로 가장 알맞은 것은?

① are too rare
② don't need a cure
③ remain a mystery
④ disappear in a minute
⑤ are very expensive to treat

3 글의 밑줄 친 [a]~[e] 중, 가리키는 대상이 나머지 넷과 다른 것은?

① [a] ② [b] ③ [c] ④ [d] ⑤ [e]

[서술형]

4 다음 빈칸에 알맞은 단어를 글에서 찾아 쓰시오.

Alien Hand Syndrome

Symptoms	inability to (1) __________ one hand – grabbing at random objects – performing unwanted tasks
Possible Cause	disconnection of the two halves of the (2) __________
(3) __________	unknown

Words

medicine [명] 의학, 의술 cure [동] 치유하다 [명] 치유법 illness [명] 병 condition [명] 상태; *질환 suffer from ~로 고통받다 grab at ~를 움켜잡다 random [형] 무작위의, 마구잡이의 unwanted [형] 원치 않는 unbutton [동] 단추를 풀다 (↔ button) case [명] 경우 manage to-v 간신히 ~하다 awkward [형] 어색한 troublesome [형] 골칫거리인 cane [명] 지팡이 develop [동] 발전하다[시키다]; *(병·문제가) 생기다 be related to ~와 관련이 있다 somehow [부] 어찌 된 일인지 disconnected [형] 단절된 ([명] disconnection) unfortunately [부] 유감스럽게도, 안타깝게도 [문제] remain [동] 계속[여전히] ~이다 inability [명] 할 수 없음, 무능

Think!
Do you have a skill that you could set a world record with?

If you're fascinated by Guinness World Records, being a world-record judge might be the perfect career. There are many different kinds of record attempts to judge. You might be sent to watch a man try to break the record for fastest ice-cream eating, _____. (a) You would have to weigh the bowl and check the type of ice cream. (b) Guinness's rules say that ice cream with chunks is not allowed! (c) Or you might be sent to an event that claims to have the largest number of different tomato varieties in a single place. (d) Spain is famous for its traditional Tomato Festival, which uses about 40 tons of tomatoes each year. (e) You'd have to count those tomatoes and take a picture of each one.

To become a Guinness World Records judge, you need to be accurate, responsible, and good at applying rules. You must also have the ability to share bad news with people who fail to set a record and be willing to travel. If you meet these requirements, you might become a judge someday!

1 글의 제목으로 가장 알맞은 것은?

① World's Fastest Ice-Cream Eater
② Guinness Judge: An Interesting Job
③ How to Set a Guinness World Record
④ Traveling to Other Countries to Judge Record Attempts
⑤ Formal Training to Be a Guinness World Records Judge

2 글의 빈칸에 들어갈 말로 가장 알맞은 것은?

① however　　② therefore　　③ as a result
④ for example　　⑤ in addition

3 글의 (a)~(e) 중, 전체 흐름과 관계<u>없는</u> 것은?

① (a)　　② (b)　　③ (c)　　④ (d)　　⑤ (e)

서술형
4 글의 밑줄 친 these requirements가 가리키는 내용 5가지를 우리말로 쓰시오.

_____

_____

Words

fascinate ⑧매혹[매료]하다　judge ⑨심판 ⑧판단하다　attempt ⑨시도, 도전　break a record 기록을 깨다　weigh ⑧무게를 달다
say ⑧말하다; ~라고 되어 있다　chunk ⑨덩어리　claim ⑧주장하다　variety ⑨여러 가지; *품종, 종류　count ⑧(수를) 세다
accurate ⑩정확한　responsible ⑩책임감 있는　apply ⑧적용하다　set a record 기록을 세우다　be willing to-v 기꺼이 ~하다
meet ⑧만나다; *충족시키다　requirement ⑨필요조건, 자격

3

Lena constantly surfs the Internet and checks her messages on her cell phone, even when she is on vacation with her family. She knows she should spend time with them, but she cannot stop using her phone. Lena has something called "popcorn brain," which is _____(A)_____ .

Actually, popcorn brain is a negative effect of recent developments in technology. People with popcorn brain have difficulty reading human emotions. Popcorn brain even affects their ability to focus. _____(B)_____, using the Internet excessively for a long time causes the part of the brain used for thought to become smaller.

But don't worry! There are ways to keep popcorn brain from developing. First, put limits on how long you use the Internet. Apps that track and limit your phone usage can help you. Second, fill up your time with other fun activities. You can find a new hobby or spend time with your friends.

[고난도]

1 글의 빈칸 (A)에 들어갈 말로 가장 알맞은 것은?

① difficulty in finishing one's work
② the need to be online all the time
③ the desire to know as much news as possible
④ a problem communicating with one's family
⑤ the ability to find information quickly and easily

2 글의 빈칸 (B)에 들어갈 말로 가장 알맞은 것은?

① Also ② In short ③ However
④ Therefore ⑤ Nevertheless

3 글의 밑줄 친 People with popcorn brain이 가질 수 있는 문제가 아닌 것은?

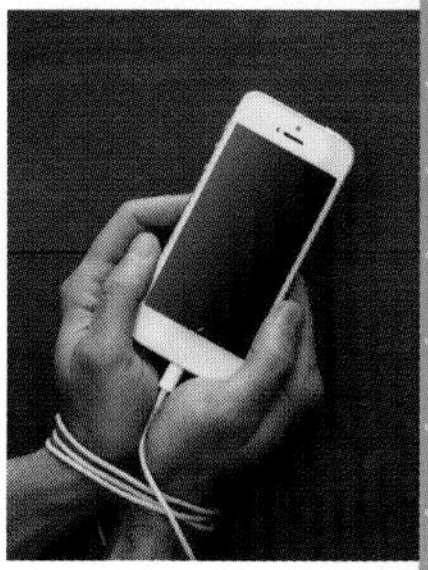

① They might not have a close relationship with their family.
② They might have difficulty communicating online.
③ They might not understand others' feelings.
④ They might have trouble concentrating.
⑤ Their ability to think might be below average.

[서술형]

4 다음 빈칸에 알맞은 단어를 글에서 찾아 쓰시오.

How to avoid (1) __________ popcorn brain

1. Put (2) __________ on the time you spend online.
2. Try to do something fun instead of using the (3) __________.

Words

constantly [부] 끊임없이 surf the Internet 인터넷을 검색하다 be on vacation 휴가 중이다 negative [형] 부정적인 effect [명] 영향, 결과 recent [형] 현재의 emotion [명] 감정 focus [동] 집중하다 excessively [부] 과도하게 limit [명] 제한 [동] 제한하다 track [동] 추적하다 usage [명] 사용(법) [문제] desire [명] 욕구 relationship [명] 관계 concentrate [동] 집중하다 average [명] 평균; *평균[보통] 수준

After Linda got a kidney *transplant, something strange happened. Although she had always disliked spicy foods, she started to crave them. She also stopped enjoying her pottery class, which had been her favorite activity. Then she started becoming forgetful. Linda told her doctor, who said something shocking. He said that Linda's donor may have been someone with these same traits! He explained that some reports suggest memory is not only stored in the brain but also in other organs, such as the kidneys and the heart.

According to those reports, living cells in these organs store information about a person. (A) This information includes parts of the person's emotional, mental, and physical memories. (B) This could make it possible for someone to form new habits or thoughts after receiving an organ transplant. (C) Whenever the organs are moved, the memories go with them. Thus, Linda's changes may have been caused by her new kidney, which was acting as if it were still inside the donor.

*transplant 이식

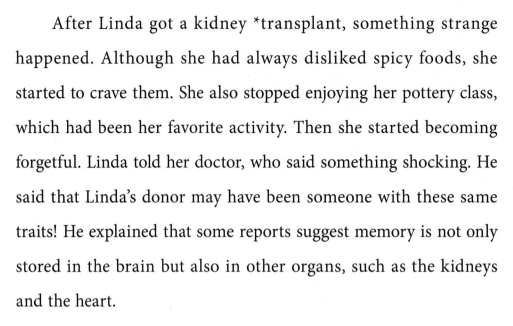

1 Which is the best title for the passage?

① An Important Discovery about the Brain
② Organ Transplants Can Change Your Traits
③ Improving Your Memory with a Transplant
④ A Scary Story: The Woman with Two Personalities
⑤ A Scientific Mystery—Where Are Memories Stored?

[고난도]

2 Which is the best order of the sentences (A)~(C)?

① (A) – (B) – (C)　② (A) – (C) – (B)　③ (B) – (A) – (C)
④ (C) – (A) – (B)　⑤ (C) – (B) – (A)

3 Write T if the statement is true or F if it is false.

(1) After the transplant, Linda's tastes changed. ________
(2) According to some reports, the brain is not the only organ that stores memories. ________

[서술형]

4 What traits does Linda's donor likely have? Write them in Korean.

____

____

Knowledge Bank 세포 기억설(cellular memory)

장기 이식 수혜자들이 장기 이식을 받을 때 기증자의 식성, 생활 습관, 관심 분야 등이 함께 전이되는 현상을 가리킨다. 실제로, 한 아마추어 화가로부터 심장을 이식 받은 남성이 이식 후 뛰어난 그림 실력을 가지게 되는 등 세포 기억설을 뒷받침하는 사례들이 있지만, 아직 과학이나 의학적으로 증명되지는 않았다.

Words

kidney [명] 신장 **dislike** [동] 싫어하다 **crave** [동] 갈망[열망]하다 **pottery** [명] 도자기; *도예 **forgetful** [형] 잘 잊어버리는 **donor** [명] 기증자 **trait** [명] 특성 **suggest** [동] 제안하다; *시사하다 **store** [동] 저장하다 **organ** [명] 장기 **cell** [명] 세포 **emotional** [형] 감정의 **mental** [형] 정신의 **physical** [형] 신체의 [문제] **personality** [명] 성격 **taste** [명] 맛; *입맛, 미각

Review Test

[1-3] 다음 영영 뜻풀이에 해당하는 단어를 (보기)에서 골라 쓰시오.

> (보기) | awkward   accurate   responsible   recent

1 strange or uncomfortable   _____

2 correct to a very detailed level   _____

3 having a duty to deal with something   _____

[4-5] 다음 밑줄 친 단어와 비슷한 의미의 단어를 고르시오.

4 You should <u>focus</u> on what you're doing.

① crave   ② track   ③ judge   ④ affect   ⑤ concentrate

5 The <u>condition</u> caused my grandfather's heart to stop beating.

① organ   ② illness   ③ cell   ④ cane   ⑤ effect

[6-8] 다음 빈칸에 알맞은 단어를 (보기)에서 골라 쓰시오.

> (보기) | cure   limit   claim   fascinate

6 Both Sam and Kate _____ to be telling the truth.

7 Anne's big and deep eyes _____ me.

8 We should _____ the use of plastic bags.

[9-10] 다음 우리말과 일치하도록 빈칸에 알맞은 표현을 쓰시오.

9 I _____ _____ _____ pay extra money for a larger room.
나는 더 큰 방에 추가 금액을 기꺼이 지불하겠다.

10 This pill will help those who _____ _____ headaches.
이 알약은 두통으로 고통받는 사람들을 도울 것이다.

76

A B C 주어진 영영 뜻풀이에 해당하는 단어를 찾으시오.

a	t	p	h	y	s	i	c	a	l	e	m	o
l	r	e	m	a	r	r	e	m	p	t	s	d
l	o	g	m	o	n	e	m	o	t	i	o	n
e	u	l	e	t	l	q	u	e	j	a	m	c
s	b	a	n	c	j	u	d	g	e	k	e	n
t	l	h	t	e	r	i	f	a	f	t	h	a
l	e	e	a	t	a	r	u	d	o	n	o	r
e	s	a	l	s	e	e	v	a	e	l	w	e
q	o	l	o	n	e	m	t	x	c	x	m	a
e	m	t	h	o	t	e	p	o	e	t	x	t
m	e	d	i	c	i	n	e	t	l	e	o	y
x	l	m	n	b	r	t	o	h	e	r	k	l
e	x	a	m	i	n	o	n	p	a	r	t	s

① a feeling

② the study of how illnesses are treated

③ related to a person's body

④ the act of trying to do something

⑤ causing problems or difficulties

⑥ for a reason that is not clear

⑦ relating to the process of thinking

⑧ someone who gives a part of their body or blood

⑨ to form an opinion about someone or something

⑩ what one must have in order to be allowed to do something

지도에 없는 나라, 우주피스 (Uzupis)

세계의 나라들 중에 지도에 국가로 표기되지 않는 곳이 있다.

리투아니아의 수도인 빌뉴스에 있는 작은 마을, 우주피스(Uzupis 또는 Užupio)는 거짓말처럼 만우절(매년 4월 1일)에만 '국가'가 된다. 우주피스는 여의도 면적의 20%밖에 되지 않는 작은 마을이고 인구도 7,000명 남짓이지만, 만우절 하루 24시간 동안만은 대통령뿐만 아니라 국기와 화폐, 헌법까지 있는 버젓한 '국가'이다!

우주피스의 헌법은 크게 3가지에 가치를 두고 있는데, '싸우지 말 것', '이기지 말 것', '굴복하지 말 것'이다. 각 항목을 자세히 살펴보면 국민이 자신의 자유에 따라 행동할 권리를 소중히 여기는 국가라는 것을 알 수 있다.

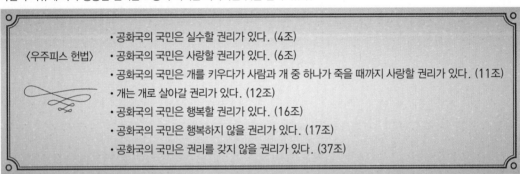

〈우주피스 헌법〉

• 공화국의 국민은 실수할 권리가 있다. (4조)
• 공화국의 국민은 사랑할 권리가 있다. (6조)
• 공화국의 국민은 개를 키우다가 사람과 개 중 하나가 죽을 때까지 사랑할 권리가 있다. (11조)
• 개는 개로 살아갈 권리가 있다. (12조)
• 공화국의 국민은 행복할 권리가 있다. (16조)
• 공화국의 국민은 행복하지 않을 권리가 있다. (17조)
• 공화국의 국민은 권리를 갖지 않을 권리가 있다. (37조)

사실 우주피스는 공식적인 국가는 아니고, 천여 명의 예술가들이 주축이 되어 1997년 4월 1일에 리투아니아로부터 독립을 선언한 후 마이크로네이션(국제기구나 다른 나라들로부터 인정받지 못한 독립 국가)을 표방하고 있는 지역이다. 유네스코 세계 문화유산으로도 지정되어 있을 만큼 아름다운 예술 마을이며, '독립기념일'인 만우절이 되면 입국 심사대도 생기고 여권을 소지해야 입국할 수 있는 등 특이한 광경들이 펼쳐져 많은 관광객의 발길을 끈다. 실제 여권에 '우주피스 공화국(Užupio Respublika)'이라는 국가명으로 도장까지 찍힌다고!

Think!
What is the difference between liquids and solids?

Glass in <u>some windows of old cathedrals</u> is thicker near the bottom. Tour guides often say that this happens because glass is actually a type of liquid that slowly flows downward over hundreds of years. Is this true?

Glass is not a liquid, but a special type of solid. Normal solids, like gold, have very straight and ordered *molecules. If you heat gold, it becomes a liquid like water, and the molecules move around. When gold cools down, the molecules line up, and gold will become a perfectly straight solid again, much like ice. When glass is heated and becomes a liquid, its molecules also move around. However, when glass cools to become a solid, its molecules still remain uneven. Even though these molecules are uneven, they can't move freely like a liquid's molecules.

So, why are old windows thicker near the bottom? It's simply because people had not yet learned how to make perfectly flat glass!

*molecule 분자

Knowledge Bank 액체와 고체의 성질을 모두 가진 비결정고체

고체처럼 만지면 딱딱하지만 원자·분자·이온의 배열이 액체처럼 흐트러져 있는 고체를 비결정고체라고 하며, 대표적인 예로 유리, 엿, 플라스틱이 있다. 각 입자 사이에 강한 인력이 있어 자유로이 돌아다니지는 못하지만 배열은 불규칙하다. 이런 비결정고체는 녹는점이 일정하지 않아 넓은 범위의 온도에서 점차 액체로 변한다.

1 글의 주제로 가장 알맞은 것은?

① what glass really is

② how to make glass windows

③ differences between solids and liquids

④ how molecules affect everyday objects

⑤ why old cathedrals have colorful windows

고난도

2 다음 중, 밑줄 친 <u>some windows of old cathedrals</u>의 단면을 그림으로 가장 잘 표현한 것은?

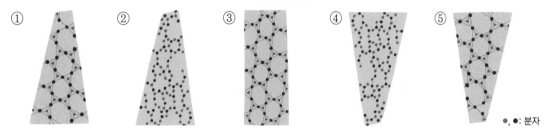

●, ●: 분자

3 글의 내용과 일치하면 T, 그렇지 않으면 F를 쓰시오.

(1) 일반적으로 고체는 액체보다 분자 배열이 규칙적이다. _____

(2) 어떤 창문의 두께가 일정하지 않은 것은 유리의 액체 성질 때문이다. _____

서술형

4 다음 빈칸에 알맞은 단어나 표현을 보기에서 골라 쓰시오.

보기 | molecules   normal solid   cathedrals   liquid   glass

Structure of (4) _____	(1) _____	(2) _____	(3) _____
	not straight		straight
Can you see it flow?	yes	no	

cathedral 명 대성당 liquid 명 액체 downward 부 아래쪽으로 solid 명 고체 normal 형 보통의, 일반적인 ordered 형 정돈된, 질서 정연한 line up 줄을 서다 uneven 형 평평하지 않은; *고르지 않은 flat 형 평평한 [문제] structure 명 구조(물)

2

Think!
Do you know any mysterious natural wonders?

In the middle of a cold river, a circle of ice slowly spins like a merry-go-round. _____(A)_____ it looks mysterious, it is actually a natural formation called an "ice circle." Ice circles, which are usually found in cold parts of North America and Europe, can be as small as a CD or as large as 17 meters across. _____(A)_____ people used to think that flowing water caused ice circles to spin, they also have been found in lakes where the water doesn't move.

Recently, scientists figured out the real reason why ice circles spin. First of all, cold water is generally heavier than warm water. Secondly, water spins as it sinks. Think of water going down a drain. As an ice circle slowly melts, it cools the water right under it. This water sinks because it is heavier than the lake's warmer water. As it sinks, it spins, causing the ice above it to _____(B)_____ too!

Knowledge Bank 물의 독특한 성질

대부분의 물질은 온도가 높아지면 분자가 활발하게 활동하여 분자간 거리가 커지므로 밀도(= 질량/부피)가 작아진다. 즉, 밀도는 기체 《 액체 〈 고체 순이다. 단, 물은 0℃~4℃에서는 이 법칙이 적용되지 않고, 또, 얼음(고체)이 될 때 분자의 배열이 바뀌어서 밀도가 기체 《 고체 〈 액체 순이다.

* **아이스 서클**은 얼음이 녹으면서 조각이 되고, 조각이 회전하며 둥글게 깎인 것이다.

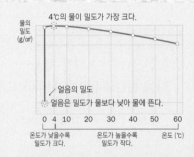

4℃의 물이 밀도가 가장 크다.

물의 밀도 (g/㎤)

얼음의 밀도

얼음은 밀도가 물보다 낮아 물에 뜬다.

0 4 10   20   30   40   50   60

온도가 낮을수록 밀도가 크다.   온도가 높을수록 밀도가 작다.   온도 (℃)

1 글의 제목으로 가장 알맞은 것은?

① How Ice Circles Work
② Why Water Spins As It Sinks
③ Mysterious Ice That Never Melts
④ What Happens to Rivers in Winter
⑤ Hidden Danger: Ice on Merry-Go-Rounds

2 글의 빈칸 (A)에 공통으로 들어갈 말로 가장 알맞은 것은?

① If ② When ③ Although
④ Before ⑤ Because

3 글의 빈칸 (B)에 알맞은 단어를 글에서 찾아 쓰시오.

____

4 아이스 서클에 관한 글의 내용과 일치하지 않는 것은?

① 자연 현상이다.
② 주로 북아메리카와 유럽에서 볼 수 있다.
③ 그 크기가 다양하다.
④ 고인 물에서도 회전한다.
⑤ 그 생성 조건이 최근에 밝혀졌다.

Words

spin [동] 돌다, 회전하다 merry-go-round [명] 회전목마 formation [명] 형성(물) across [부] 가로질러; *지름[직경]으로 figure out ~를 알아내다 sink [동] 가라앉다 drain [명] 배수관 melt [동] 녹다

Think!
What shape are
soda cans?

Have you ever noticed that all of the soda cans in the supermarket are shaped like cylinders? Why do you think they are shaped this way? Is <u>it</u> because ⓐ <u>cylinders</u> look good? Or is it because ⓑ <u>they</u> are easy to hold? Actually, ⓒ <u>they</u> have several advantages. One of ⓓ <u>them</u> is that they are economical! We can use math to show how ⓔ <u>they</u> help manufacturers save money. The amount of material a shape requires is called its "*surface area," and the amount of soda it can hold is called its "volume." So, for the manufacturers, the best shape would be one with the lowest surface area and the highest volume. The sphere is the shape with the lowest surface area compared to its volume.

But imagine sphere-shaped soda cans! When you put them down, they would roll away. Thus, the cylinder, which requires a little more aluminum than a sphere but stays still, is used!

*surface area 표면적

Knowledge Bank 서로 다른 도형의 부피가 같을 때 표면적[겉넓이]은 어떻게 다를까?				
	삼각기둥	사각기둥	원기둥	구
도형				
부피	1,000 cm³	1,000 cm³	1,000 cm³	1,000 cm³
표면적[겉넓이]	656 cm²	600 cm²	554 cm²	483 cm²

1 글의 제목으로 가장 알맞은 것은?

① The Amusing Shapes of Soda Cans
② The Math Behind Soda Can Shapes
③ Cylinder-Shaped Cans vs. Sphere-Shaped Cans
④ The Most Economical Soda Can Shape—The Sphere!
⑤ Surface Area and Volume: Why Are They Important?

2 글의 밑줄 친 ⓐ~ⓔ 중, 가리키는 대상이 나머지 넷과 <u>다른</u> 것은?

① ⓐ   ② ⓑ   ③ ⓒ   ④ ⓓ   ⑤ ⓔ

서술형

3 글의 밑줄 친 <u>it</u>이 가리키는 내용을 우리말로 쓰시오.

_____

고난도   서술형

4 다음 빈칸에 알맞은 단어를 글에서 찾아 쓰시오.

> The most _____ shape for a soda can is the sphere, which uses the least amount of _____ and holds the greatest amount of _____.

Words

shape ⑧ (어떤) 모양[형태]으로 만들다 ⑨ 모양   cylinder ⑨ 원기둥   hold ⑧ 잡다; 담다   economical ⑩ 경제적인, 실속 있는
manufacturer ⑨ 제조자   the amount of ~의 양   volume ⑨ 책, 권; *부피   sphere ⑨ 구(球)   compared to ~와 비교[대비]하여
put down 내려놓다   roll ⑧ 구르다, 굴러가다[오다]   stay ⑧ 머무르다; *(특정한 상태를) 유지하다   still ⑩ 가만히 있는, 정지한
[문제] amusing ⑩ 재미있는

Think!

Where can you see symbols such as Ⅰ, Ⅱ, and Ⅲ?

Do you know what XIX means? It is not a word but the number 19. It looks different because it is a Roman numeral. Roman numerals may seem complicated, but you only need to know three things to read them!

1. Learn the seven numerals: I=1, V=5, X=10, L=50, C=100, D=500, and M=1,000. Of these numerals, I, X, C, and M can be repeated up to three times, and you need to add them.

   ex. II = 1+1 = 2   XXX = 10+10+10 = 30

2. If a numeral comes after a larger one, add them. If a numeral comes before a larger one, subtract it from the larger one. However, you can subtract only one number from another, so 3 is III, not IIV.

   ex. VI = 5+1 = 6   IV = 5−1 = 4

3. If there are more than three numerals, find any numerals before larger ones and do the subtraction. Then add the rest.

   ex. XIV = 10+(5−1) = 14   XLIX = (50−10)+(10−1) = 49

   Now you can read complicated Roman numerals! Try this one: What does CXLIV mean? The answer is _____.

안쪽에서부터 별자리,
로마 숫자, 중세 아라비아
숫자로 이루어진 중세 천문시계
@ 체코 프라하 ▶

Knowledge Bank

로마 숫자는 고대 로마에서 쓰던 기수법으로, 13세기 말경까지 약 2천년 동안 유럽 전역에서 사용되다가 14세기 이후에는 사용이 편리한 아라비아 숫자에 점차 자리를 내주었다. 기본 문자는 7개이지만, 문자 위에 줄을 그어 1,000배를 나타내는 방식으로 더 큰 숫자를 나타낼 수 있었다. 예를 들어 M̄은 1,000,000을 뜻한다.

1 What is the passage mainly about?

① how to read Roman numerals

② the history of Roman numerals

③ doing math with Roman numerals

④ reasons for using Roman numerals

⑤ the complexity of Roman numerals

2 Which is the best choice for the blank?

① 35 ② 144 ③ 146 ④ 164 ⑤ 166

고난도

3 Which statements are true according to the passage?

(A) The numeral X can be repeated two times.

(B) When a numeral follows a larger one, add them.

(C) If there are more than three numerals, add all the numerals.

① (A) ② (B) ③ (A), (B)

④ (B), (C) ⑤ (A), (B), (C)

서술형

4 Fill in the blank with the word from the passage.

The number 3 is III not IIV because you can _____ only one smaller number from a larger one.

Words

Roman 휑 (고대) 로마의 numeral 명 숫자 complicated 휑 복잡한 repeat 동 반복하다 add 동 추가하다; *합하다 subtract 동 빼다 (subtraction 명 뺄셈) the rest 나머지 [문제] complexity 명 복잡성 follow 동 따라가다; *뒤를 잇다

[1-3] 다음 각 단어에 해당하는 의미를 짝지으시오.

1   spin   •   • ⓐ to do something again

2   sink   •   • ⓑ to move slowly downwards

3   repeat •   • ⓒ to turn quickly around a central point

[4-5] 다음 밑줄 친 단어와 반대 의미의 단어를 고르시오.

4   Who can deal with this <u>complicated</u> situation?

     ① same   ② small   ③ simple   ④ different   ⑤ mysterious

5   If you <u>subtract</u> 10 from 100, you get 90.

     ① add   ② put   ③ stay   ④ take   ⑤ follow

[6-8] 다음 빈칸에 알맞은 단어를 보기에서 골라 쓰시오.

     보기 | shape   liquid   still   uneven

6   Be careful when you pour the _____ into the glass.

7   It is hard for children to sit _____ for a long time.

8   The boy drew a circle and a heart _____ on the paper.

[9-10] 다음 우리말과 일치하도록 빈칸에 알맞은 표현을 쓰시오.

9   My salary is high _____ _____ last year's.
     나의 급여는 지난해의 것과 비교하여 높다.

10   I need to _____ _____ what's wrong with my smartphone.
     나는 내 스마트폰에 무슨 문제가 있는지 알아내야 한다.

A B C 주어진 알파벳의 순서를 바로 맞춰 단어를 완성한 후, 번호에 해당하는 알파벳을 조합
하여 문장을 완성하시오.

1 t y s a

☐☐☐☐
　　　1

6 i r d n a

☐☐☐☐☐
　　　　　13

2 o v l m u e

☐☐☐☐☐☐
10　2

7 f a e n a c t u r u r m

☐☐☐☐☐☐☐☐☐☐☐☐
　　　　5　　　　　　14

3 r a n m e u l

☐☐☐☐☐☐☐
　　　3

8 n c o c i o a l e m

☐☐☐☐☐☐☐☐☐☐
　11　　　　　12

4 i o d l s

☐☐☐☐☐
　　　9

9 y l i d c e r n

☐☐☐☐☐☐☐☐
　　　7　　　　　15

5 r a l o n m

☐☐☐☐☐☐
　　4　　　　8

10 l f t a

☐☐☐☐
　　6

☐☐☐ ☐☐☐☐ ☐☐☐☐ ☐☐☐☐.
1　2　3　4　5　6　7　8　9　10　11　12　13　14　15

프랑스와 덴마크에서 숫자를 읽으려면

수학을 배우기 시작했을 때 가장 먼저 알아야 하는 것은 무엇인가요? 아마 대부분의 사람들은 숫자 읽기가 가장 우선이라고 생각할 거예요. 그런데 세계에는 72라는 숫자를 읽으려면 60+12의 개념을 먼저 알아야 하는 나라도 있고, 50이라는 숫자를 읽으려면 20×2.5를 알아야 하는 나라도 있다고 해요. 도대체 숫자를 어떻게 읽는 걸까요?

프랑스어로 큰 숫자를 세려면 덧셈과 곱셈의 개념을 알아야 해요. 60까지 *10진법을 사용하고, 61부터 99까지는 20진법을 사용하기 때문에 조금 복잡하답니다. 즉, 60까지는 우리말과 비슷하게 읽지만, 70부터는 약간의 산수를 하며 읽어야 해요. 예를 들어 70(soixante-dix)은 '60(soixante), 10(dix)'으로 읽고, 78(soixante-dix-huit)은 '60(soixante), 10(dix), 8(huit)'로 읽는 등 60을 기준으로 덧셈의 개념이 사용돼요. 심지어 80부터는 20을 기준으로 한 곱셈의 개념까지 들어간다고 하네요. 81(quatre-vingt-un)은 '4(quatre), 20(vingt), 1(un)'인데요, 4에 20을 곱한 후 1을 더한 것이랍니다.

70	60 (soixante) +10 (dix)	soixante-dix
72	60 (soixante) + 12 (douze)	soixante-douze
78	60 (soixante) + 10 (dix) + 8 (huit)	soixante-dix-huit
81	4 (quatre) x 20 (vingt) + 1 (un)	quatre-vingt-un
90	4 (quatre) x 20 (vingt) + 10 (dix)	quatre-vingt-dix
98	?	?

Q : 빈칸엔 어떤 말이 들어갈까요? 한번 써보세요.

퀴즈가 어려웠나요? 덴마크어로 숫자를 들으면 머리가 더 복잡해질지도 몰라요. 덴마크에서 98은 '8 그리고 다섯 번째 0.5(= 4.5) 곱하기 20'이랍니다. 대체 무슨 말이냐고요? 간단하게(?) 세 가지만 알면 돼요.

① 우선 10의 자리 수보다 1의 자리 수를 먼저 읽어요. (예. 18은 '8 그리고 10')
② 50 이상의 큰 숫자를 말할 때 10의 자리 수를 모두 20을 기준으로 표현해요. (예. 50은 '2.5 곱하기 20')
③ 위 경우, 20을 기준으로 표현할 때 20에 곱해지는 수는 '몇 번째 0.5'인지로 표현해야 해요. (예. 50은 '세 번째 0.5(= 2.5) 곱하기 20') (즉, 0.5, 1.5, 2.5, ...를 나타내죠.)

더 놀라운 건, 읽기에 너무 길어진 숫자를 위한 줄임말까지 있다는 사실! 예를 들어, 50은 halvtredsindstyve인데, 줄여서 halvtreds를 사용해요. 이런 복잡한 숫자를 일상적으로 사용하는 덴마크 국민들은 정말 대단하지 않나요?

A : 4(quatre) × 20(vingt) + 10(dix) + 8(huit), quatre-vingt-dix-huit
*10진법 : 0~9까지 10개의 숫자를 사용하여 수를 나타내는 방식으로, 현재 우리가 사용하고 있는 기본적인 수 체계이다.

SECTION

08

Art & Music

Think!
Look at the pictures below. What do they look like?

What strange pictures! They seem to be moving, don't they? But that is impossible. They are just fooling your eyes! How can this happen? Actually, it is just a trick called an *optical illusion. This kind of art is called op art, which is short for optical art.

Optical illusions trick the brain into seeing things differently from the way they really are. To make optical illusions, artists use contrasting colors, the repetition of simple forms, and the rules of **perspective. (①) Op art paintings appear to glow, twist, or move. (②) Some paintings even seem to show hidden images. (③)

This art form was first introduced in 1965 at an exhibition called "The Responsive Eye" at the Museum of Modern Art, New York. (④) Critics thought these works were nothing more than visual tricks. (⑤) Today op art is found in many places, such as TV advertisements and fashion designs.

*optical 시각의   **perspective 원근법

1 글의 주제로 가장 알맞은 것은?

① criticism of op art
② an art form called op art
③ the way our eyes see things
④ the causes of optical illusions
⑤ unique art exhibitions in New York

2 다음 문장이 들어갈 위치로 가장 알맞은 곳은?

> However, the public loved them and thought they were very fun.

①　　②　　③　　④　　⑤

3 옵아트에 관한 글의 내용과 일치하지 <u>않는</u> 것은?

① 착시를 이용한 그림이다.
② optical art의 줄임말이다.
③ 빛나거나 휜 이미지를 사용한다.
④ 뉴욕의 한 전시회에서 처음 선보였다.
⑤ 오늘날 TV 광고에서 사용되기도 한다.

서술형

4 다음 빈칸에 알맞은 단어나 표현을 글에서 찾아 쓰시오.

> Op art is a form of art that includes _____ _____,
> which _____ the brain and make things appear to glow,
> twist, move, or show hidden images.

Words

fool ⑧속이다　trick ⑨속임수 ⑧속이다　illusion ⑨환상, 착각　short ⑩짧은; *줄임말의　contrasting ⑩대조적인　repetition ⑨반복　form ⑨종류; 형태, 형체　glow ⑧빛나다　twist ⑧휘다, 구부리다　exhibition ⑨전시회　critic ⑨비평가 (criticism ⑨비평)　visual ⑩시각의[적인]　advertisement ⑨광고　[문제] the public 대중

93

Think!
What is the
most precious
item you own?

In 17th and 18th century Europe, some _____ women had dollhouses which looked exactly like real homes but were smaller. They were up to two meters tall and

▲ 17세기 독일

open on one side. They also contained many objects in each room, including tiny books, furniture, and dishes. Each of the objects was hand-made and decorated in great detail. Some houses even had small paintings done by famous artists! It is no wonder that the owners spent a lot of money on creating them. Interestingly, these houses were not toys to play with. Collecting them was considered a hobby for adult women.

In modern times, these luxurious dollhouses have turned out to have historical value as well. Some of these dollhouses have special rooms that only existed inside of very old European houses. Since the real homes are no longer around, we can look at these old dollhouses to see how people lived at that time.

18세기, by Sara Rothé
@ Frans Hals 박물관,
네덜란드 ▶

고난도

1 글의 요지로 가장 알맞은 것은?

① 인형의 집은 예술적 가치가 뛰어나다.
② 17세기 유럽 부유층의 취미는 다양했다.
③ 인형의 집은 장난감 이상의 의미를 지닌다.
④ 역사적 의미는 의외의 것에서 찾을 수 있다.
⑤ 고전적 건물 양식은 인형의 집에서 잘 드러난다.

2 글의 빈칸에 들어갈 말로 가장 알맞은 것은?

① weak   ② lonely   ③ childish   ④ wealthy   ⑤ beautiful

3 17-18세기 인형의 집에 관해 글을 읽고 답할 수 <u>없는</u> 질문은?

① Who collected them as a hobby?
② How many exist now?
③ How tall were they?
④ What did they have inside?
⑤ How were the objects in them made?

서술형

4 글의 밑줄 친 special rooms가 중요한 이유를 우리말로 쓰시오.

_____

_____

17세기, from Petronella de la Court
@ Centraal 박물관, 네덜란드 ▶

Words

dollhouse 몡 인형의 집   contain 통 ~이 들어 있다   furniture 몡 가구   hand-made 형 수제의   decorate 통 장식하다   in detail
상세하게   consider 통 여기다   time 몡 시간; *pl. 시대   luxurious 형 사치스러운   turn out 밝혀지다   historical 형 역사적인
no longer 더 이상 ~ 않다   [문제] childish 형 어린애 같은   wealthy 형 부유한

The lyrics of your favorite songs can teach you many useful expressions, including similes and metaphors.

Similes compare things using *like* or *as*. The song "Stitches" by Shawn Mendes contains this simile: "Just like a *moth drawn to a flame / Oh, you **lured me in, I couldn't sense the pain." The singer is _____(A)_____ himself to a moth because he is attracted to someone in the same way that a moth is attracted to a flame.

<u>Metaphors</u> compare things without *like* or *as*. For example, someone might say, "This room is a refrigerator." However, it's not really a refrigerator! The person is just saying _____(B)_____. The song "You Are My Sunshine" contains this metaphor: "You are my sunshine, my only sunshine / You make me happy when skies are gray." The singer is _____(A)_____ someone to sunshine because they both make him feel good.

Songs are full of similes and metaphors, so listen to music and learn some more!

*moth 나방 **lure 유혹하다

Knowledge Bank 비유법(figures of speech)

대상을 다른 사물에 빗대어 표현하는 기법으로, 직유와 은유, 의인화, 의성어·의태어 등이 포함된다. 비유의 대상과 비유할 객체는 누구나 인정할 만한 공통점을 가지고 있어야 한다. 하지만 그 둘은 완전히 같은 사물이나 개념이 아니기 때문에 영어에는 '말이 그렇다는 거지!'라는 뜻으로 "A figure of speech!"라는 말을 쓰기도 한다.

1 글의 주제로 가장 알맞은 것은?

① learning expressions from songs
② what makes song lyrics so special
③ how to compare two kinds of songs
④ different ways of writing song lyrics
⑤ writing essays with similes and metaphors

서술형
2 글의 빈칸 (A)에 공통으로 들어갈 말을 글에서 찾아 알맞은 형태로 바꿔 쓰시오.

_____

3 글의 빈칸 (B)에 들어갈 말로 가장 알맞은 것은?

① the room is very cold   ② he or she caught a cold
③ the room should be cool   ④ he or she wants a refrigerator
⑤ the room needs a refrigerator

4 다음 중, 밑줄 친 Metaphors의 예시로 바르게 짝지어진 것은?

> (A) Life is a roller coaster.
> (B) You are just like my mom.
> (C) The doctor's brain is a computer.
> (D) The sun is a red balloon.
> (E) She is as tall as a giraffe.

① (A), (D)   ② (A), (C), (D)   ③ (B), (E)
④ (B), (D), (E)   ⑤ (D), (E)

Words

lyric 몡 pl. (노래의) 가사   simile 몡 직유   metaphor 몡 은유   compare 통 비유하다; 비교하다   draw 통 그리다; *끌어당기다
flame 몡 불꽃   sense 통 감지하다, 느끼다   attract 통 마음을 끌다   be full of ~로 가득하다

Think!
Can you draw
an object
without
looking at it?

I am sure you have heard of the great Italian artist Michelangelo. His paintings are all amazing, but if you look closely, you might discover something strange. The appearances of the women in many of his paintings are unnatural. Many seem too muscular to be women. (a) Actually, a study was conducted on this subject. (b) Researchers studied the women painted on the ceiling of the Sistine Chapel, one of Michelangelo's masterpieces. (c) However, all of his work is so beautiful that it is hard to choose one piece. (d) According to the study, the women have many features unique to the male body. (e) They have broad shoulders and narrow hips. They also have long thighs. This means Michelangelo likely used male models to draw the women. No one knows for sure, but it was probably difficult to find female models at that time. So, most likely, Michelangelo made sketches of male models and painted women's clothing on top of them to complete his paintings.

Knowledge Bank

시스티나 성당의 천장화

미켈란젤로는 교황 율리아스로부터 시스티나 성당 천장에 그림을 그리라는 지시를 받은 후, 높은 곳에서 일할 수 있도록 만든 임시 구조물 위에서 1508년부터 1512년까지 작업했다. 그는 몸을 활처럼 뒤로 젖힌 채 그림을 그려 목이 굳기도 했으며, 작업 도중 여러 차례 물감 세례를 받았다고도 전해진다. 이런 혼신의 노력 끝에 탄생한 작품 중 가장 유명한 것이 하나님과 아담이 손가락 끝을 서로 맞대고 있는 〈아담의 창조〉이다. 시스티나 성당은 몰라도 〈아담의 창조〉를 모르는 사람은 거의 없다고 할 만큼 이 벽화는 미켈란젤로의 가장 위대한 걸작 중 하나로 손꼽힌다.

[고난도]

1 Which sentence does NOT fit in the context among (a)~(e)?

① (a) ② (b) ③ (c) ④ (d) ⑤ (e)

2 Choose all of the topics that are mentioned in the passage.

① Michelangelo's studies
② kinds of models Michelangelo preferred
③ the reason female models were hard to find
④ Michelangelo's painting that was used for the study
⑤ the features of women from the painting by Michelangelo

[서술형]

3 What does the underlined something strange mean in the passage? Write it in Korean.

____

[서술형]

4 Fill in the blanks with the words from the passage.

Women in Michelangelo's Paintings

What They Look Like	They look as (1) ________ as men. They have broad shoulders, narrow hips, and long thighs.
Why That Is	It is believed that Michelangelo used (2) ________ models to draw women, as it was hard to get (3) ________ models.
How He May Have Painted Them	He might have sketched men's bodies and drawn (4) ________'s clothes on the sketches.

Words

appearance [명] 외모, 모습 unnatural [형] 부자연스러운, 이상한 muscular [형] 근육질의 conduct [동] (특정한 활동을) 하다, 시행하다 subject [명] 주제 ceiling [명] 천장 masterpiece [명] 명작 feature [명] 특징 unique [형] 독특한; *고유의 male [형] 남성의 broad [형] 넓은 narrow [형] 좁은 thigh [명] 허벅지 likely [부] 아마도 female [형] 여성의 complete [동] 완료하다, 끝마치다

Review Test

[1-3] 다음 영영 뜻풀이에 해당하는 단어를 (보기)에서 골라 쓰시오.

> (보기) | flame   subject   furniture   masterpiece

1 a thing that is being discussed or studied   _____

2 an extremely good work of art   _____

3 the hot, bright light of something burning   _____

4 다음 밑줄 친 단어와 비슷한 의미의 단어를 고르시오.

> The magician will <u>fool</u> the audience with a hat and cane.

① draw   ② trick   ③ attract   ④ discover   ⑤ decorate

5 다음 밑줄 친 단어와 반대 의미의 단어를 고르시오.

> <u>Narrow</u> roads can cause car accidents and other problems.

① Tiny   ② Broad   ③ Unique   ④ Unnatural   ⑤ Complicated

[6-8] 다음 빈칸에 알맞은 단어를 (보기)에서 골라 쓰시오.

> (보기) | compare   conduct   complete   contain

6 Don't _____ yourself with others.

7 I will be able to _____ the project on time.

8 We're going to _____ role-playing exercises during the class.

[9-10] 다음 우리말과 일치하도록 빈칸에 알맞은 표현을 쓰시오.

9 This poem _____ _____ _____ beautiful words.
이 시는 아름다운 말들로 가득하다.

10 Steve has lied to me several times, and I _____ _____ trust him.
Steve가 내게 여러 번 거짓말을 해서, 나는 더 이상 그를 신뢰하지 않는다.

A B C 주어진 알파벳을 사용하여 문장을 완성하시오.

1 ⓛ ⓦ ⓞ ⓖ

A cat's eyes ＿＿＿＿＿＿＿ in the dark.

2 ⓝ ⓞ ⓘ ⓡ ⓒ ⓔ ⓢ ⓓ

Many people ＿＿＿＿＿＿＿ pets family members.

3 ⓔ ⓢ ⓢ ⓝ ⓔ

I could ＿＿＿＿＿＿＿ the warmth of sunlight.

4 ⓘ ⓢ ⓞ ⓣ ⓘ ⓒ ⓛ ⓗ ⓐ ⓡ

The novel is based on ＿＿＿＿＿＿＿ events.

5 ⓤ ⓛ ⓡ ⓘ ⓞ ⓧ ⓤ ⓢ ⓤ

The famous actor drives a ＿＿＿＿＿＿＿ car.

6 ⓐ ⓣ ⓕ ⓤ ⓔ ⓔ ⓡ

I'll explain the special ＿＿＿＿＿＿＿(e)s of this dish.

7 ⓣ ⓡ ⓒ ⓘ ⓒ ⓘ

The movie received excellent reviews from ＿＿＿＿＿＿＿(e)s.

8 ⓖ ⓒ ⓞ ⓡ ⓐ ⓢ ⓣ ⓘ ⓝ ⓝ ⓣ

There are ＿＿＿＿＿＿＿ opinions about this issue.

9 ⓤ ⓥ ⓐ ⓛ ⓢ ⓘ

A graph is a(n) ＿＿＿＿＿＿＿ way to show information.

10 ⓔ ⓡ ⓔ ⓣ ⓘ ⓘ ⓞ ⓝ ⓟ ⓣ

The speech made me bored with the ＿＿＿＿＿＿＿ of the same words.

무궁무진한 예술의 세계

흔히 '예술'이라고 하면 물감으로 그린 그림이나 대리석 조각상이 떠오르지요. 하지만 세계 곳곳에는 일상에서 흔히 볼 수 있는 소재로 훌륭한 예술품을 만들어내는 예술가들이 있답니다. 예술은 생각보다 우리 가까이에 있다는 사실!

코끼리가 연필 속에, 연필심 아트

커다란 코끼리와 기차가 가느다란 연필심 안에 들어갈 수 있는 연필심 아트. 1센트 동전과 비교하면 얼마나 세밀한 작업이 필요한지 알 수 있죠?

Credit to: Cindy Chinn (www.cindychinn.com)

밥상 위 예술 작품, "Eggshibit"

어느 평범한 아침, 달걀 프라이를 만들다 예쁜 무늬를 발견한 후 시작된 달걀 아트! Eggs(달걀)+exhibit(전시품) 영단어를 활용하여 이름까지도 재밌는 'Eggshibit'이네요. 작품은 그날의 식사가 되는데 가끔은 너무 많아서 가족들과 함께 먹는다고 해요.

Credit to: Michele Baldin
(www.instagram.com/the_eggshibit)

섬세한 손길로 요리 아닌 그림을, 소금 아트

검은 판에 흰 물감으로 그린 그림 같지만, 사실 이 작품은 소금으로 만들어진 작품이랍니다. 섬세한 손길과 소금만으로 완성한 모건 프리먼의 생생한 초상화!

Credit to: Dino Tomic
(atomiccircus.deviantart.com)

Hedy Lamarr was a Hollywood actress. She was very famous, but she found acting ⓐ <u>exciting</u>. So in her free time, she worked on a variety of inventions, including an improved traffic light and a tablet that changed water into a soft drink.

During World War II, Lamarr wanted to ⓑ <u>help</u> America and its *allies. She decided to invent new technology that could be used to ⓒ <u>win</u> battles. Working together with a composer named George Antheil, Lamarr invented a way of quickly switching between **radio frequencies. It could be used to stop the enemy from ⓓ <u>blocking</u> messages. Although it was ⓔ <u>never</u> used during World War II, the U.S. Navy began using it 20 years later.

In 1997, Lamarr and Antheil were honored for their work. <u>Their invention</u> had helped others develop important new technology, including Bluetooth, Wi-Fi, and GPS. Today, some people even refer to Lamarr as "the mother of Wi-Fi."

*ally 연합[동맹]국　**radio frequency 무선 주파수

1 글의 제목으로 가장 알맞은 것은?

① Movie Technology Helps Win a War

② Wi-Fi: World War II's Secret Weapon

③ Hedy Lamarr: From Actress to Soldier

④ An Actress Who Was Also an Inventor

⑤ The Boring Life of a Hollywood Actress

2 글의 밑줄 친 ⓐ~ⓔ 중, 단어의 쓰임이 적절하지 <u>않은</u> 것은?

① ⓐ   ② ⓑ   ③ ⓒ   ④ ⓓ   ⑤ ⓔ

3 Hedy Lamarr에 관한 글의 내용과 일치하지 <u>않는</u> 것은?

① She was a famous actress in Hollywood.

② She invented a tablet that can make a soft drink.

③ She worked with a composer to invent the radio.

④ Her invention was used by the U.S. Navy.

⑤ She received an award in 1997.

고난도 서술형

4 글의 밑줄 친 <u>Their invention</u>이 가리키는 내용을 우리말로 쓰시오.

Knowledge Bank 헤디 라머(Hedy Lamarr, 1914~2000)

오스트리아 출신의 배우로, 유럽에서 활동하다가 할리우드에 발탁되었다. 그녀는 제2차 세계 대전 당시 독일군이 장악한 오스트리아 출신으로 미국에서 큰 돈을 벌고 편하게 생활하는 데 죄책감을 느꼈다고 한다. 그래서 전쟁 기금 모금 캠페인에 적극적으로 참여하기도 했고, 글에서 언급된 기술인 '비밀 통신 시스템(Secret Communication System)'을 발명한 후 특허권을 미국에 기증하였다. 그 공로를 인정받아 2014년에는 미국 발명가 명예의 전당(National Inventor Hall of Fame)의 회원으로 등록되었다.

Words

work on ~에 공을 들이다   **a variety of** 다양한   **improved** ⑧ 개선된, 향상된   **traffic light** 신호등   **tablet** ⑨ 알약   **soft drink** 청량음료   **composer** ⑨ 작곡가   **switch between** ~(사이)를 전환하다   **enemy** ⑨ 적(군/국)   **block** ⑧ 막다, 차단하다   **navy** ⑨ 해군   **be honored for** ~로 상을 받다   **refer to A as B** A를 B라고 부르다   [문제] **weapon** ⑨ 무기

After a terrible earthquake, a building has collapsed! Are there people trapped inside? How can we find them? This is a job for a robotic snake!

(A) Because of this, it can go places where people and other robots cannot. (B) Its body consists of 16 separate sections, so it can move in many different ways by twisting, turning, and rotating. (C) A robotic snake is about 90 centimeters long and only 5 centimeters wide.

When a building collapses, the robot can be put inside it with a rope. An engineer can then use a remote control to make it move through pipes and other small spaces. It has a light on its head, as well as a camera, a speaker, and a microphone. Therefore, it can gather important information about the situation inside. The engineer can even communicate with trapped people, assuring them that help is on the way.

Hopefully, the robotic snake will _____ in the future!

[고난도]

1 문장 (A)~(C)를 글의 흐름에 알맞게 배열한 것은?

① (A) – (B) – (C) ② (B) – (A) – (C) ③ (B) – (C) – (A)
④ (C) – (A) – (B) ⑤ (C) – (B) – (A)

2 글의 빈칸에 들어갈 말로 가장 알맞은 것은?

① go anywhere
② treat injured people
③ help save many lives
④ communicate with engineers
⑤ stop buildings from collapsing

3 글에서 robotic snake에 관해 언급되지 않은 것은?

① 움직이는 방식 ② 무게 ③ 크기
④ 사용되는 상황 ⑤ 장착 기기

[서술형]

4 다음 빈칸에 알맞은 단어를 글에서 찾아 쓰시오.

When a building __________, a robotic snake can get inside of it. It can __________ data about the situation and send it to an engineer. The engineer can also use the robot to tell trapped people that __________ is coming.

Words

earthquake [명] 지진 **collapse** [동] 붕괴되다 **trap** [동] 가두다 **robotic** [형] 로봇의 **consist of** ~로 구성되다 **separate** [형] 분리된; *서로 다른, 별개의 **section** [명] 부분, 구획 **rotate** [동] 회전하다 **rope** [명] 밧줄 **remote control** 리모컨, 원격 조종 **microphone** [명] 마이크 **assure** [동] 장담하다, 확언하다 **hopefully** [부] 바라건대 [문제] **treat** [동] 대하다; *치료하다 **injured** [형] 부상을 입은

SECTION 09

3

Think!
What would life
be like without
electricity?

Although we can just flip a switch to turn on a light, people in some places do not have electricity. They must use *kerosene to light their homes, which is expensive and dangerous.

Now, an invention called the "sOccket" could change <u>this</u>. (a) It is a soccer ball with a special device inside that uses the force of kicks to generate electricity. (b) This energy can be used to charge electric devices. (c) In fact, by playing with the sOccket for ten minutes, you could power an LED light for three hours! (d) By using LED lights, homes can use less electricity. (e) Besides lighting homes, there are other meaningful ways in which it can be used. For example, students can play with it after school. Then they can use it as a desk lamp at home, and it can help them study at night.

It may be the perfect product, as soccer is popular worldwide. If people around the world use the sOccket when they play soccer, it will create an enormous amount of electricity.

*kerosene 등유

Knowledge Bank

**전기를 만드는
스마트 줄넘기 펄스(Pulse)**

sOccket을 제작한 미국의 사회적 기업 Uncharted Play에서 sOccket과 동일한 원리를 이용하여 운동 에너지를 전기로 바꿔주는 줄넘기 Pulse를 선보였다. 줄넘기를 할 때 발생하는 전력을 줄넘기 손잡이 부분에 위치한 어댑터에 축적시켜, 조명이나 소형 기기에 전원을 제공한다.

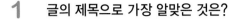

1 글의 제목으로 가장 알맞은 것은?

① A Soccer Ball That Makes Energy
② Soccer Players Helping People in Need
③ Problems in Places Without Electricity
④ The Difficulty of Generating Electricity
⑤ The Reason Soccer Is Especially Popular in Africa

[고난도]

2 글의 (a)~(e) 중, 전체 흐름과 관계없는 것은?

① (a) ② (b) ③ (c) ④ (d) ⑤ (e)

3 sOccket의 장점으로 유추할 수 없는 것은?

① 싸고 안전하다.
② 추가로 다른 장치가 필요 없다.
③ 운동이나 놀이 기구로 쓰일 수 있다.
④ 학생들의 공부를 도울 수 있다.
⑤ 엄청난 양의 전기를 생산하고 있다.

[서술형]

4 글의 밑줄 친 this가 의미하는 내용을 우리말로 쓰시오.

____

____

Words

flip [동] 홱 뒤집(히)다; *(기계의 버튼 등을) 탁 누르다 **light** [명] 빛; *전등 [동] 불을 붙이다; *불을 밝히다 **electricity** [명] 전기 ([형] electric) **kick** [명] 차기, 발길질 **generate** [동] 만들어 내다 **charge** [동] (요금·값을) 청구하다; *충전하다 **power** [동] 동력을 공급하다, 작동시키다 **besides** [전] ~ 외에 **meaningful** [형] 의미 있는 **worldwide** [부] 세계적으로 **enormous** [형] 엄청난, 거대한 [문제] **in need** 어려움에 처한

SECTION 09

4

Think!
How can people study the behavior of wild animals?

A spy in disguise silently sneaks into a flock of penguins. For months, it watches the penguins as they eat, sleep, lay eggs, and raise their babies. What is the spy trying to do? This spy is a life-size, robotic penguin whose mission is to use the cameras in its eyes to record the behavior of real penguins in their natural habitat.

It looks just like a real penguin, and it can walk and get back up after it has fallen over. (①) In addition, its "brain" stores more than 75 preprogrammed penguin motions that resemble real ones. (②) With these features, the robot can even get close to Humboldt penguins, which are the shyest of all penguins. (③) They are so timid that they have hardly been filmed. (④) For example, there are now robotic dolphins and turtles. (⑤) Thanks to this technology, humans can get to know wild creatures better than ever before.

1 What is the passage mainly about?

① the difficulties of studying wild animals
② moral issues about the use of robotic penguins
③ the differences between robots and real animals
④ the use of robotic penguins to study real penguins
⑤ the advantages and disadvantages of robotic penguins

2 Where would the following sentence best fit in?

> This idea has been applied to other creatures, too.

① ② ③ ④ ⑤

3 Which CANNOT be answered based on the passage?

① How big is the robotic penguin?
② What does the robotic penguin have in its eyes?
③ How does the robotic penguin walk?
④ What penguins are the shyest?
⑤ What other robotic animals are there?

고난도 서술형

4 Fill in the blanks USING the words from the passage.

> A robotic penguin __________ a real penguin and __________ the behavior of penguins in the wild.

Words

in disguise 변장하여, 변장한 **silently** [부] 아무 말 없이; *조용히 **sneak into** ~에 잠입하다 **a flock of** (양, 염소, 새 등의) 한 무리의 **lay** [동] 놓다, 두다; *(알을) 낳다 **raise** [동] 올리다; *기르다 **life-size** [형] 실제 크기의 **mission** [명] 임무 **record** [동] 기록하다 **habitat** [명] 서식지 **store** [동] 저장하다; *기억하다 **preprogrammed** [형] 미리 프로그램화된[장치된] **motion** [명] 움직임 **resemble** [동] 닮다, 비슷하다 **timid** [형] 소심한 **hardly** [부] 거의 ~ 않다 **film** [동] 촬영하다, 찍다 **get to-v** ~하게 되다 [문제] **moral** [형] 도덕의

Review Test

[1-3] 다음 각 단어에 해당하는 의미를 짝지으시오.

1 trap •　　　　　• ⓐ to produce or create something

2 assure •　　　　　• ⓑ to say that something is definitely true or will happen

3 generate •　　　　　• ⓒ to block someone or something to prevent them
　　　　　　　　　　　　from moving or escaping

[4-5] 다음 밑줄 친 단어와 비슷한 의미의 단어를 고르시오.

4 The movie was an enormous success.

　① huge　　② tiny　　③ clear　　④ slight　　⑤ constant

5 Don't be shy about sharing your feelings.

　① small　　② timid　　③ famous　　④ natural　　⑤ meaningful

[6-8] 다음 빈칸에 알맞은 단어를 보기에서 골라 쓰시오.

보기 | collapse　section　mission　record

6 You can find the magazine in the travel _____.

7 The roof may _____ because the building was badly damaged.

8 The police stayed all night to complete their _____.

[9-10] 다음 우리말과 일치하도록 빈칸에 알맞은 표현을 쓰시오.

9 People _____ _____ John _____ "Little Big Hero."
　사람들은 John을 '작지만 큰 영웅'이라고 부른다.

10 The groups _____ _____ volunteer doctors and nurses.
　그 단체들은 자원봉사 의사들과 간호사들로 구성된다.

주어진 영영 뜻풀이에 해당하는 단어로 퍼즐을 완성하시오.

Across

❶ almost not

❺ to produce an egg

❻ having been made better

❼ to look similar

❿ a person who writes music

Down

❷ to move in a circle around a center

❸ the region where a plant or animal naturally grows or lives

❹ to put electricity into a device

❽ someone who hates you or wants to harm you

❾ the act of moving

자연을 닮은 과학, 생체모방 공학

비행기는 대머리 독수리가 나는 모습을 본떠서 만든, 인간이 자연을 모방하여 만든 발명품 중 하나입니다.
이처럼 생물체가 가진 다양한 기능을 모방 및 응용하여 활용하는 기술을 연구하는 학문을 생체모방(biomimicry) 공학이라고
합니다. 생체모방(biomimicry)은 생명을 뜻하는 bios와 모방이나 흉내를 의미하는 mimesis라는 그리스어를 합성한 단어랍니다.
최근에 첨단 과학 기술이 발전함에 따라 생체모방 공학이 우리 생활 속 다양한 분야에서 두각을 나타내고 있어요.
그렇다면 생체모방 공학이 적용된 예를 함께 살펴볼까요?

물총새의 부리가 신칸센 고속열차에?!

시속 322km로 세계 최고의 속도를 자랑하는 일본 신칸센 고속열차는 물총새 부리 덕
분에 터널을 통과할 때 나는 소음을 급격하게 줄일 수 있었대요. 물총새가 물속으로 다
이빙할 때 물이 거의 튀지 않는다는 사실을 발견하고 열차 앞부분의 디자인을 부리 모
양으로 바꾸었기 때문이랍니다.

자연 속의 우산, 연잎 효과!

비 오는 날 연잎에 떨어진 물방울은 잎을 적시지 않고 공처럼 흘러내립니다. 이것은 연잎
의 표면에 있는 돌기가 물을 밀어내기 때문이에요. 이 '연잎 효과'를 모방하여 페인트, 자
동차 사이드미러에 뿌리는 코팅제, 세차용 코팅 필름 등과 같은 제품이 개발 중입니다.

혹등고래가 바람을 이끈다

혹등고래의 울퉁불퉁한 모양의 지느러미는 물속에서의 저항을 줄여주고 더 민
첩하게 움직일 수 있게 합니다. 이 점에 착안해 혹등고래의 지느러미와 똑 닮
은 풍력 발전 날개가 개발되었어요. 웨일파워(whale power)라고 불리는
이 풍력 발전기는 전력 생산량 증가와 더불어 소음 발생이 줄어드는 효과가 있
다고 합니다.

바다에서 찾은 천연 접착제, 홍합

강한 파도로 인한 충격에도 바위에서 떨어지지 않는 홍합은 강력한 접착 단백질을 가
지고 있습니다. 이 물질은 물에 젖으면 접착력이 떨어지는 기존 화학 접착제와 달리
물에 젖을수록 더욱 강력한 접착 능력을 뽐낸다고 해요. 유연성이 뛰어날 뿐만 아니
라 인체에 사용해도 안전하므로 의료용 접착제와 같은 생체 접착 물질 개발에 아주
큰 도움이 되겠죠?

SECTION

10

Sports &
Leisure

Think!
What was the toughest challenge in your life?

Bethany Hamilton grew up in Hawaii, where she began surfing as a little girl. Her dream was to grow up to be a professional surfer. However, when Bethany was 13, a shark attacked her and bit her left arm. She was taken to a hospital, where doctors saved her life, but she lost her arm. Most people believed that Bethany would never surf again. Bethany, however, had no intention of giving up. One month after leaving the hospital, Bethany was back to surfing. She was in the ocean almost every day, _____ without her left arm. Less than a year after her attack, Bethany entered a surfing competition.

Bethany is now married and has two children. Still, she competes as a professional surfer. Bethany knew when she was a little girl that she wanted to be a surfer, and nothing could stop her. Not even a shark!

1 글의 제목으로 가장 알맞은 것은?

① How to Stay Safe While Surfing
② Recovering from Surfing Injuries
③ Surfing: The Most Dangerous Sport
④ The Surfer Who Couldn't Be Stopped
⑤ Should Children Be Allowed To Surf?

2 글의 빈칸에 들어갈 말로 가장 알맞은 것은?

① learning to surf
② wanting to give up
③ practicing swimming
④ worried how she looked
⑤ saving people in danger

3 Bethany Hamilton에 관한 글의 내용과 일치하지 않는 것은?

① 서핑을 처음 시작한 곳은 하와이이다.
② 13세에 상어의 공격을 받았다.
③ 퇴원 후 한 달 만에 다시 서핑을 시작했다.
④ 한쪽 팔이 없는 채로 시합에 나갔다.
⑤ 결혼 이후 서핑을 취미로 즐긴다.

[고난도] [서술형]

4 글의 밑줄 친 문장의 이유가 되는 편견을 글을 통해 유추하여 우리말로 쓰시오.

____

____

Words

surf [동] 파도타기[서핑]를 하다 **professional** [형] 전문적인; *직업으로 하는, 프로의 **attack** [동] 공격하다 [명] 공격, 습격 **bite** [동] 물다 (bite-bit-bitten) **intention** [명] 의사, 의도 **give up** 포기하다 **leave the hospital** 퇴원하다 **competition** [명] 경쟁; *대회, 시합 (compete [동] 경쟁하다; *(시합 등에) 참가하다) [문제] **recover** [동] 회복하다 **injury** [명] 부상

Think!
Have you won
a big victory
in a game or a
sport?

Winning feels great. But do you know what is better than winning? Winning a grand slam! The term "grand slam" was originally used to refer to an outstanding victory in the card game bridge. A sports reporter first used the term when a tennis player won all four major tennis events. Later, "grand slam" became a term used when players in other sports _____, too. (a) For example, a golfer achieves a grand slam when he or she wins all of the major golf championships. (b) When it comes to baseball, a grand slam is when a batter hits a home run with players on all the bases. (c) However, only 13 Major League Baseball players have hit two grand slams in one game. (d) The term is also used in many other sports, such as *track and field, figure skating, and mountain climbing. (e) These days, "grand slam" is even used for great achievements in other fields, such as online games.

*track and field 육상 경기

[고난도]

1 글의 빈칸에 들어갈 말로 가장 알맞은 것은?

① stood out suddenly
② broke their own records
③ showed their hidden skills
④ won their first gold medal
⑤ accomplished great things

2 글의 (a)~(e) 중, 전체 흐름과 관계없는 것은?

① (a) ② (b) ③ (c) ④ (d) ⑤ (e)

3 글에서 그랜드 슬램에 관해 언급된 것을 모두 고르시오.

① 쓰이지 않는 분야
② 본래 사용된 분야
③ 최초로 사용된 스포츠
④ 최초로 달성한 선수
⑤ 달성하는 것의 어려움

[서술형]

4 다음 빈칸에 알맞은 단어를 글에서 찾아 쓰시오.

The _________ "grand slam" originally came from a card game and is now common in _________. Nowadays it is used in a wide variety of _________.

Knowledge Bank 생애[통상] 그랜드 슬램(career grand slam)

테니스와 남자 골프는 4개, 여자 골프는 2013년에 하나가 추가되어 5개의 주요 대회가 있는데, 한 시즌에 모두 우승하면 그랜드 슬램, 활동 기간 내 모두 우승하는 것을 생애 그랜드 슬램이라고 한다. 국제테니스연맹(ITF)은 시즌에 관계없이 모두 우승하는 것을 그랜드 슬램이라고 인정하므로 많은 선수가 달성했지만, 골프에서 그랜드 슬램을 달성한 사람은 1930년 Bobby Jones뿐이다. 우리나라 박인비 선수는 2015년에 생애 그랜드 슬램을 달성했다.

Words

term [명] 용어 **originally** [부] 원래, 본래 **refer to** ~를 지칭하다 **outstanding** [형] 뛰어난, 두드러진 **victory** [명] 승리 **major** [형] 주요한 **achieve** [동] 달성하다, 성취하다 (**achievement** [명] 업적) **championship** [명] 선수권 대회 **when it comes to** ~에 관해서라면 **batter** [명] 타자 **base** [명] (사물의) 맨 아래 부분; *[야구] 루, 베이스 **field** [명] 들판; *분야 [문제] **stand out** 두드러지다 **accomplish** [동] 성취하다

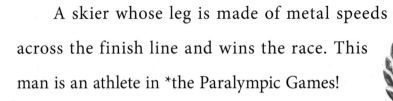

A skier whose leg is made of metal speeds across the finish line and wins the race. This man is an athlete in *the Paralympic Games!

The Paralympic Games are held soon after the Olympic Games every four years. Disabled athletes come from across the globe to compete in a variety of sports. At the closing ceremony, ⓐ a special award is given out. It is called the Whang Youn Dai Achievement Award, and ⓑ it was named after a Korean woman who overcame her disability to become a medical doctor. Whang dedicated herself to treating people with disabilities and promoting sports for the disabled. The award was created in recognition of her hard work.

Today, ⓒ the honor is given to one man and one woman. The recipients are athletes who have _____ obstacles to compete. They must have shown ⓓ the true spirit of the Paralympic Games. No honor is more meaningful than ⓔ this one.

*the Paralympic Games 장애인 올림픽

Knowledge Bank
황연대 성취상(the Whang Youn Dai Achievement Award)
1988년 '오늘의 여성상'을 받은 황연대 박사가 상금을 서울 장애인 올림픽 조직위원회에 기탁한 것이 계기가 되어 제정되었고, 2008년부터는 국제장애인 올림픽위원회의 공식 인정을 받았다. 세 살 때 소아마비로 장애를 갖게 된 황연대 박사는 스포츠를 통한 자신감 증진이 장애인에게 가장 필요하다는 생각으로 다양한 활동을 펼쳐 왔다.

1 [고난도] [서술형]

글의 빈칸에 들어갈 단어를 글에서 찾아 알맞은 형태로 바꿔 쓰시오.

_____

2 글의 내용과 일치하지 <u>않는</u> 것은?

① The Paralympic Games take place every four years.
② A special award is given in the Paralympic Games.
③ Whang Youn Dai is a doctor with a disability.
④ Whang Youn Dai wanted to create the Whang Youn Dai Achievement Award.
⑤ The Whang Youn Dai Achievement Award is given to two athletes.

3 글의 밑줄 친 ⓐ~ⓔ 중, 가리키는 대상이 나머지 넷과 <u>다른</u> 것은?

① ⓐ   ② ⓑ   ③ ⓒ   ④ ⓓ   ⑤ ⓔ

4 [서술형]

글의 밑줄 친 <u>hard work</u>가 의미하는 내용을 우리말로 쓰시오.

_____

_____

Words

skier ⑬ 스키 타는 사람   speed ⑧ 빠르게 가다   be held 개최되다   disabled ⑱ 장애를 가진 (⑬ disability)   ceremony ⑬ (의)식
overcome ⑧ 극복하다   dedicate oneself to ~에 헌신[전념]하다   promote ⑧ 촉진[고취]하다, 장려하다   in recognition of ~를
인정하여   honor ⑬ 영예   recipient ⑬ 수령인   obstacle ⑬ 장애(물)   spirit ⑬ 정신   [문제] take place 개최되다

121

4

Think!
How many times do you exercise in a week?

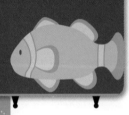

One day, a man realized that he was addicted to online games and was living a very _____ lifestyle. So he tried to find things to do in the real world. Nothing, however, seemed as fun as the virtual world.

To solve this, he created a device that makes real sports seem like online games. He named it "[ ]," which is pronounced "tchk tchk." It can be attached to hockey sticks, basketball shoes, or other sports equipment. (A) These sounds change according to the movements of the players. (B) Better movements create more dynamic sounds. (C) Then, as these objects move, [ ] makes sounds just like a computer game. The device rates a player's movements and allows him or her to move to higher levels. Other players can also hear these sound effects and comment on them. This encourages the player to improve.

The man hopes his invention will motivate other people addicted to online games to spend more time exercising.

Knowledge Bank 웨어러블 디바이스(wearable device)

몸에 착용하여 사용하는 전자 장치로, 그 특성상 많은 기기가 효과적으로 운동하도록 도와주는 기능을 탑재하고 있다. 주로 시계나 신발 형태로 출시되는데, 운동 속도와 거리뿐만 아니라 사용자의 심박수, 체온, 열량 소모량, 자외선 노출량 등을 측정하고 기록한다. 운동 목표를 달성하면 진동이나 소리로 알려주고, 조깅이나 마라톤 시 속도 조절에 대해 음성으로 조언해주는 기능을 탑재한 것도 있다.

1 What is the passage mainly about?

① the bad effects of online games

② ways to add exercise to online games

③ different devices that make people move

④ an invention that makes exercise more fun

⑤ online sports games that are like real sports

2 Which is the best choice for the blank?

① unusual ② uncertain ③ unhealthy

④ unpopular ⑤ unfortunate

고난도

3 Which is the best order of the sentences (A)~(C)?

① (A) – (B) – (C) ② (A) – (C) – (B) ③ (B) – (A) – (C)

④ (C) – (A) – (B) ⑤ (C) – (B) – (A)

4 Fill in the blanks with the words from the box.

| help   attach   comments   movements   exercise   addicted |

A man (1) _____ to online games invented it.

Players (2) _____ it to sports equipment.

"[ ]"

It makes different sounds according to players' (3) _____.

The inventor hopes his invention will (4) _____ people with online game addictions.

Words

be addicted to ~에 중독되다 (addiction 몡중독) virtual 혱가상의 pronounce 됭발음하다 attach 됭붙이다 equipment 몡
도구, 용품 dynamic 혱역동적인 rate 됭평가하다 sound effect 효과음 comment on ~에 대해 의견을 말하다 encourage 됭
격려하다 improve 됭나아지다 motivate 됭동기를 부여하다 [문제] uncertain 혱불확실한 unhealthy 혱건강하지 못한

123

Review Test

[1-3] 다음 영영 뜻풀이에 해당하는 단어를 보기 에서 골라 쓰시오.

| 보기 | term   attack   victory   recipient |

1 a particular word or expression   _____

2 success in a war or competition   _____

3 a person who receives something   _____

[4-5] 보기 와 같은 관계가 되도록 빈칸에 알맞은 단어를 쓰시오.

| 보기 | achieve : achievement |

4 _____ : competition

5 addict : _____

[6-8] 다음 빈칸에 알맞은 단어를 보기 에서 골라 쓰시오.

| 보기 | field   injury   intention   equipment |

6 Many people think of Jason as a leader in his _____.

7 The gym is filled with high-tech sports _____.

8 Do you have any _____ of changing your plans?

[9-10] 다음 우리말과 일치하도록 빈칸에 알맞은 표현을 쓰시오.

9 Dan decided to _____ _____ _____ his children.
Dan은 그의 아이들에게 헌신하기로 결심했다.

10 Kate will get a raise in salary _____ _____ _____ her great work.
Kate는 그녀의 훌륭한 성과를 인정받아 급여를 인상받을 것이다.

A B C 주어진 우리말 뜻에 해당하는 단어로 문장을 완성하시오.

1 It is a big ⬜⬜⬜⬜⬜ to receive the award.

2 I won't be able to attend Jack's wedding ⬜⬜⬜⬜⬜⬜⬜⬜ .

3 Lack of money can't be an ⬜⬜⬜⬜⬜⬜⬜⬜ in my life.

4 This program was made to ⬜⬜⬜⬜⬜⬜ reading among children.

5 Prizes such as toys can ⬜⬜⬜⬜⬜⬜⬜⬜ young kids to study.

6 Susan had ⬜⬜⬜⬜⬜⬜⬜⬜ difficulties and finally made it.

7 Due to yellow dust, air pollution has become a ⬜⬜⬜⬜ problem.

8 Louise is considered an ⬜⬜⬜⬜⬜⬜⬜⬜⬜⬜ athlete.

9 The company makes products for ⬜⬜⬜⬜⬜⬜⬜ people.

10 You seem to be here in body but not in ⬜⬜⬜⬜⬜ .

Hint

❶ 영예　　❷ (의)식　　❸ 장애(물)　　❹ 촉진[고취]하다, 장려하다　　❺ 동기를 부여하다

❻ 극복하다　　❼ 주요한　　❽ 뛰어난, 두드러진　　❾ 장애를 가진　　❿ 정신

같은 듯, 다른 듯

각 나라의 전통 놀이는 그 나라 문화의 특징을 담고 있는 주요한 문화 유산이다.
각자 다른 언어를 사용하지만, '즐거움'이라는 공통점으로 누구나 즐길 수 있는 것이 '놀이'의 큰 장점이다.
다양한 세계 전통 놀이 문화 중에 우리와 비슷하여 쉽게 접할 수 있는 놀이는 어떤 것이 있는지 함께 알아보자.

프랑스 페텅크(petanque)
▎ 프랑스식 구슬치기

프랑스 남부 지방에서 시작된 프랑스 전통 놀이인 페텅크는 우리나라의 구슬치기와
비슷하다. 놀이는 두 팀으로 나누어 진행되며, 먼저 색깔이 다른 작은 나무 공을 던
진 후, 쇠로 된 무거운 공을 최대한 그 공 가까이에 던지는 팀이 점수를 얻게 된다.
이때 상대 팀의 공보다 더 가까이 있는 공의 개수에 따라 1개면 1점, 2개면 2점을
받을 수 있다. 이 과정을 여러 번 거쳐 총 13점을 먼저 얻는 팀이 이긴다. 페텅크는
장소에 구애받지 않고 즐길 수 있는 간단한 놀이로, 남녀노소 누구나 즐길 수 있다.

필리핀 티니클링(tinikling)
▎ 필리핀식 고무줄놀이

대나무 춤인 티니클링은 필리핀에서 유명한 전통춤이다. 박자에 맞춰 대나무 사이
를 요리조리 피하는 모습을 보면 고무줄놀이가 연상된다. 이 전통춤은 3/4박자에
맞추어 추는데, 두 개의 긴 대나무 양쪽 끝을 잡은 두 사람이 리듬에 맞추어 대나무
를 흔들기 시작하면, 무용수는 그 주위를 돌며 춤을 추거나 대나무에 닿지 않게 그
사이에서 뛰면서 율동을 한다. 이 춤은, 티클링(tikling)이라는 목과 다리가 길고
점잖게 걷는 새를 잡으려고 쌀을 새틀에 놓아 유인하지만, 먹이만 먹고 피하는 새의
동작을 표현한 춤이라고 한다.

멕시코 피냐타(piñata) 깨기
▎ 멕시코식 박 터트리기

멕시코에서는 파티가 있는 날이면 피냐타 깨기를 한다. 피냐타는 우리나라의 박처럼 피냐타 속에 사탕과 과자
등의 선물이 들어가지만, 그 모양과 재료는 우리나라의 것과 차이가 있다. 피냐타는 다양한 색깔의 종이와 화
려한 금속 조각을 이용해 여러 모양으로 만들어지는 것이 특징이다. 피
냐타를 높은 곳에 매달아 놓고, 주인공이 눈을 가리고 긴 막대기로 쳐서
포장을 벗기면 그 속의 선물이 쏟아지게 된다.

Photo Credits

지은이

NE능률 영어교육연구소

NE능률 영어교육연구소는 혁신적이며 효율적인 영어 교재를 개발하고
영어 학습의 질을 한 단계 높이고자 노력하는 NE능률의 연구조직입니다.

주니어 리딩튜터 〈Level 4〉

펴 낸 이 주민홍
펴 낸 곳 서울특별시 마포구 월드컵북로 396(상암동) 누리꿈스퀘어 비즈니스타워 10층
         ㈜NE능률 (우편번호 03925)
펴 낸 날 2019년 1월 5일 개정판 제1쇄 발행
         2023년 9월 15일 제20쇄
전   화 02 2014 7114
팩   스 02 3142 0356
홈 페 이 지 www.neungyule.com
등 록 번 호 제1-68호
I S B N   979-11-253-2447-8 53740
정   가 12,000원

NE 능률

고객센터

교재 내용 문의 : contact.nebooks.co.kr (별도의 가입 절차 없이 작성 가능)
제품 구매, 교환, 불량, 반품 문의 : 02-2014-7114
☎ 전화문의는 본사 업무시간 중에만 가능합니다.

NE능률 교재 MAP

아래 교재 MAP을 참고하여 본인의 현재 혹은 목표 수준에 따라 교재를 선택하세요.
NE능률 교재들과 함께 영어실력을 쑥쑥~ 올려보세요!
MP3 등 교재 부가 학습 서비스 및 자세한 교재 정보는 www.nebooks.co.kr 에서 확인하세요.

독해

초1-2
초등영어 리딩이 된다 Start 1
초등영어 리딩이 된다 Start 2
초등영어 리딩이 된다 Start 3
초등영어 리딩이 된다 Start 4

초3
리딩버디 1

초3-4
리딩버디 2
초등영어 리딩이 된다 Basic 1
초등영어 리딩이 된다 Basic 2
초등영어 리딩이 된다 Basic 3
초등영어 리딩이 된다 Basic 4

초4-5
리딩버디 3
주니어 리딩튜터 스타터 1

초5-6
초등영어 리딩이 된다 Jump 1
초등영어 리딩이 된다 Jump 2
초등영어 리딩이 된다 Jump 3
초등영어 리딩이 된다 Jump 4
주니어 리딩튜터 스타터 2

초6-예비중
주니어 리딩튜터 1
Junior Reading Expert 1
Reading Forward Basic 1

중1
1316 Reading 1
주니어 리딩튜터 2
Junior Reading Expert 2
Reading Forward Basic 2
열중 16강 독해+문법 1
Reading Inside Starter

중1-2
1316 Reading 2
주니어 리딩튜터 3
정말 기특한 구문독해 입문
Junior Reading Expert 3
Reading Forward Intermediate 1
열중 16강 독해+문법 2
Reading Inside 1

중2-3
1316 Reading 3
주니어 리딩튜터 4
정말 기특한 구문독해 기본
Junior Reading Expert 4
Reading Forward Intermediate 2
Reading Inside 2

중3
리딩튜터 입문
정말 기특한 구문독해 완성
Reading Forward Advanced 1
열중 16강 독해+문법 3
Reading Inside 3

중3-예비고
Reading Expert 1
리딩튜터 기본
Reading Forward Advanced 2

고1
빠바 기초세우기
리딩튜터 실력
Reading Expert 2
TEPS BY STEP G+R Basic

고1-2
빠바 구문독해
리딩튜터 수능 PLUS
Reading Expert 3

고2-3, 수능 실전
빠바 유형독해
빠바 종합실전편
Reading Expert 4
TEPS BY STEP G+R 1

고3 이상, 수능 고난도
Reading Expert 5
능률 고급영문독해

수능 이상/ 토플 80-89 · 텝스 600-699점
ADVANCED Reading Expert 1
TEPS BY STEP G+R 2
RADIX TOEFL Blue Label Reading 1,2

수능 이상/ 토플 90-99 · 텝스 700-799점
ADVANCED Reading Expert 2
RADIX TOEFL Black Label Reading 1

수능 이상/ 토플 100 · 텝스 800점 이상
RADIX TOEFL Black Label Reading 2
TEPS BY STEP G+R 3

JUNIOR

READING TUTOR

주니어 리딩튜터
— 즐거운 **독해**가 만드는 **실력**의 차이 —

4
LEVEL

정답 및 해설

1

정 답 1 ③ 2 ① 3 ③ 4 음식에 독이 있는지 먹고 확인해야 했기 때문에

문 제 1 겉보기와는 다르게 쉽지만은 않은 음식감정사의 일에 관한 글이므로, 제목으로 ③ '음식감정사인 것의 현실'이 가장
해 설   적절하다.

　　　① 대식가들에게 가장 좋은 직업　　　② 역사상 특이한 직업들

　　　④ 음식으로 독살된 황제　　　　　　⑤ 음식감정사들이 코를 이용하는 이유

　　2 빈칸 앞에는 아직도 음식감정사가 완벽한 직업처럼 들리냐는 질문이 오고, 빈칸 뒤에는 음식감정사가 갖춰야 할 능
　　　력이 언급되므로, 빈칸에 ① '고용되기 위해서'가 가장 적절하다.

　　　② 그 직업을 그만두기 위해서　　　　　③ 음식을 맛보기 위해서

　　　④ 음식이 안전한지 확실히 하기 위해서　　⑤ 음식을 과학적으로 분석하기 위해서

　　3 ③ 문장 ⑥에서 한 입만 먹고 다시 뱉는다고 했다.

　　　①은 문장 ①에, ②는 문장 ④에, ④는 문장 ⑧에, ⑤는 문장 ⑪에 언급되어 있다.

　　4 문장 ⑦-⑨에 언급되어 있다.

본 문
직 독
직 해

　　① Imagine / eating delicious food / and getting paid for it. / ② That's the job / of a
　　상상해 보라　　맛있는 음식을 먹는다고　　　　그리고 그에 대해 보수를 받는다고　　　그것이 일이다

professional food taster. /
전문 음식감정사의

　　③ It might seem like the perfect career, / but it's not as easy / as it sounds. / ④ Tasters
　　그것은 완벽한 직업처럼 보일지 모른다　　　하지만 그것은 쉽지 않다　들리는 것만큼　　감정사들은

don't only check the taste of food / —they must also pay attention / to its appearance and
음식의 맛만 확인하는 것이 아니다　　　　　　그들은 또한 주목해야 한다　　　　　그것의 외양과 냄새에

odor. / ⑤ Also, they can't eat / as much as they want. / ⑥ Usually, / they take a small bite
　　　⑤ 또한, 그들은 먹을 수 없다　그들이 원하는 만큼 많이　　　대개　　　그들은 작게 한 입 먹는다

and spit it back out! /
그리고 그것을 다시 내뱉는다

　　⑦ In the past, / being a food taster was actually dangerous. / ⑧ Roman emperors
　　과거에　　음식감정사인 것은 사실 위험했다　　　　　　　　　로마 황제들은 노예를

used slaves / as food tasters. / ⑨ They had to eat and check / if the food had been
이용했다　　음식감정사로　　　　　그들은 먹고 확인해야 했다　　　음식에 독이 들었는지

poisoned! / ⑩ Even today, / a leader may hire people / to check / if food is safe to eat. /
　　　⑩ 심지어 오늘날에도　어떤 지도자는 사람들을 고용할지도 모른다　확인하기 위해　음식이 먹기에 안전한지

⑪ What makes them different / from past food tasters / is that these people analyze food
　　그들을 다르게 만드는 것은　　　　과거의 음식감정사와　　　이 사람들은 음식을 과학적으로 분석한다는

scientifically / rather than taste it themselves. /
것이다　　　　직접 맛본다기 보다는

⑫ Does it still sound / like the perfect job? / ⑬ To get hired, / you must have strong
아직도 그것이 들리는가   완벽한 직업처럼   고용되기 위해서   당신은 우수한 감각을 지녀야

senses / and be able to describe smells and tastes / in great detail. / ⑭ Good luck! /
한다   그리고 향과 맛을 묘사할 수 있어야 한다   매우 상세하게   행운을 빈다

본 문
해 석

맛있는 음식을 먹고 그에 대해 보수를 받는다고 상상해 보라. 그것이 전문 음식감정사의 일이다.

그것은 완벽한 직업처럼 보일지 모르지만, 그것은 들리는 것만큼 쉽지는 않다. 감정사들은 음식의 맛만 확인하는 것이 아니라, 그들은 그것의 외양과 냄새에도 주목해야 한다. 또한, 그들은 원하는 만큼 많이 먹을 수 없다. 대개, 그들은 작게 한 입 먹고 그것을 다시 내뱉는다!

과거에, 음식감정사인 것은 사실 위험했다. 로마 황제들은 노예를 음식감정사로 이용했다. 그들은 음식에 독이 들었는지 먹고 확인해야 했다! 심지어 오늘날에도, 어떤 지도자는 음식이 먹기에 안전한지 확인하기 위해 사람들을 고용할지도 모른다. 그들이 과거의 음식감정사와 다른 것은 이 사람들은 음식을 직접 맛본다기 보다는 과학적으로 분석한다는 것이다.

아직도 그것이 완벽한 직업처럼 들리는가? <u>고용되기 위해서,</u> 당신은 우수한 감각을 지녀야 하고 향과 맛을 매우 상세하게 묘사할 수 있어야 한다. 행운을 빈다!

구 문
해 설

① **Imagine** *eating* delicious food *and getting* paid for it.
  ➜ 「imagine + v-ing」는 '~하는 것을 상상하다'의 의미로, imagine은 동명사를 목적어로 취하는 동사이다.
  ➜ eating과 getting은 동사 imagine의 목적어로 쓰여 접속사 and로 병렬 연결되어 있다.

③ It might **seem like** the perfect career, but it's not *as easy as* it sounds.
  ➜ seem like는 '~처럼 보이다'의 의미이다.
  ➜ 「as + 형용사의 원급 + as」는 '~만큼 …한'의 의미이다.

⑦ In the past, [*being* a food taster] **was** actually dangerous.
  ➜ [ ]는 주어로 쓰인 동명사구로, was가 동사이다.

⑨ They had to eat and check **if** the food *had been poisoned*!
  ➜ if는 명사절을 이끄는 접속사로, '~인지'의 의미이다.
  ➜ 「had been + p.p.」는 '~되었다', '~당했다'의 의미인 〈결과〉를 나타내는 과거완료 수동태로, 과거 시점을 기준으로 그 이전부터 기준 시점까지 일어난 일에 주어가 수동적으로 영향을 받았음을 나타낸다.

⑩ Even today, a leader may hire people **to check** *if* food is safe <u>to eat</u>.
  ➜ to check는 '확인하기 위해'의 의미로, 〈목적〉을 나타내는 부사적 용법의 to부정사이다.
  ➜ if는 명사절을 이끄는 접속사로, '~인지'의 의미이다.
  ➜ to eat은 형용사 safe를 수식하는 부사적 용법의 to 부정사이다.

⑪ [*What* makes them different from past food tasters] **is** {that these people analyze food scientifically rather than taste it themselves}.
  ➜ [ ]는 문장의 주어로 명사절은 단수 취급하므로 단수 동사 is가 쓰였다.
  ➜ what은 '~하는 것'의 의미인 선행사를 포함하는 관계대명사로, 명사절을 이끈다.
  ➜ that은 명사절을 이끄는 접속사로 { }가 문장의 보어로 쓰였다.

2

정 답 1 ① 2 ② 3 ② 4 체중을 줄일 수 있고, 질병의 위험이 줄어들며 장수에도 도움이 된다.

문 제
해 설

1 스트레스를 받지 않고 덜 먹을 수 있는 다양한 방법에 관한 글이므로, 빈칸에 ① '당신 자신을 소식가로 만드는 몇 가지 간단한 방법'이 가장 적절하다.

② 충분히 먹지 않아서 생기는 가장 큰 문제들　　　③ 사람들이 체중을 줄일 수 없는 세 가지 흔한 이유

④ 식사를 재미있고 즐겁게 만들기 위한 몇 가지 조언　　⑤ 음식이 기분에 좋은 영향을 미칠 수 있는 몇 가지 방법

2 주어진 문장에서 파란색이 소식에 도움이 되는 이유를 설명하고 있으므로, 작은 파란색 접시를 사용하라는 조언에 이어 작은 접시가 소식에 좋은 이유를 설명하는 내용 다음, 파란색 방에서 적게 먹었다는 실험 결과 앞인 ②에 들어가는 것이 가장 알맞다.

3 민현: 문장 ⑤-⑥에서 작은 접시를 사용하라고 했다.

예린: 문장 ⑧에서 배고플 때 바닐라 향초를 켜라고 했다.

4 바로 뒤인 문장 ②에 세 가지 이유가 언급되어 있다.

본 문
직 독
직 해

① Eating less is good / for your health. / ② It is a simple way / to lose weight, / it
더 적게 먹는 것은 좋다　　당신의 건강에　　　그것은 간단한 방법이다　체중을 줄이는

reduces the risk of many diseases, / and it can help you live longer. / ③ However, / trying to
그것은 여러 질병의 위험을 줄인다　　　　그리고 그것은 당신이 더 오래 살도록 도울 수 있다　하지만　더 적게

eat less can be stressful. / ④ So here are some simple ways / to make yourself a small eater. /
먹으려고 노력하는 것은 스트레스가 될 수 있다　그래서 여기 몇 가지 간단한 방법이 있다　당신 자신을 소식가로 만드는

⑤ First, / use dishes / that are small and blue. / ⑥ Small dishes are helpful / because
첫째로　접시를 사용하라　작고 파란색인　　　　　작은 접시는 도움이 된다　　그것들이

they fool your brain / —everything looks bigger / on a small dish! / Also, the color blue can
당신의 뇌를 속이기 때문에　모든 것이 더 크게 보인다　작은 접시 위에서는　또한, 파란색은 당신의 식욕을

reduce your appetite. / ⑦ In an experiment, / researchers found / that people ate 33% less /
감소시킬 수 있다　　　한 실험에서　　　연구자들은 발견했다　사람들이 33% 더 적게 먹는 것을

when they were in a blue room. / ⑧ Second, / you should light vanilla candles / whenever
그들이 파란색 방에 있을 때　　　　둘째로　당신은 바닐라 향초를 켜야 한다　　당신이

you are hungry, / since the sweet smell of vanilla calms / the part of your brain / that makes
배고플 때마다　　바닐라의 달콤한 향기가 진정시키기 때문이다　당신의 뇌 부분을　　당신이 먹고

you want to eat. / ⑨ Finally, / try to eat / in a relaxing environment. / ⑩ Having dinner
싶어 하게 만드는　마지막으로　먹도록 노력하라　편안한 환경에서　　　저녁을 먹는 것은

/ with soft lighting / and with soft music playing / will make you eat more slowly, / and
부드러운 조명과 함께　그리고 부드러운 음악이 흘러나오는 채로　당신이 더 천천히 먹게 할 것이다　그리고

people who eat slowly / generally eat less. /
천천히 먹는 사람들은　일반적으로 더 적게 먹는다

본 문
해 석

더 적게 먹는 것은 당신의 건강에 좋다. 그것은 체중을 줄이는 간단한 방법이고, 여러 질병의 위험을 줄이며, 당신이 더 오래 살도록 도울 수 있다. 하지만, 더 적게 먹으려고 노력하는 것은 스트레스가 될 수 있다. 그래서 여기 당신 자신을 소식가로 만드는 몇 가지 간단한 방법이 있다.

첫째로, 작은 파란색 접시를 사용하라. 작은 접시는 당신의 뇌를 속이기 때문에 도움이 되는데, 작은 접시 위에서는

모든 것이 더 크게 보인다! 또한, 파란색은 당신의 식욕을 감소시킬 수 있다. 한 실험에서, 연구자들은 사람들이 파란색 방에 있을 때 33% 더 적게 먹는 것을 발견했다. 둘째로, 당신은 배고플 때마다 바닐라 향초를 켜야 하는데, 바닐라의 달콤한 향기가 당신이 먹고 싶어 하게 만드는 뇌 부분을 진정시키기 때문이다. 마지막으로, 편안한 환경에서 먹도록 노력하라. 부드러운 조명이 있고 부드러운 음악이 흘러나오는 채로 저녁을 먹는 것은 당신이 더 천천히 먹게 할 것이고, 천천히 먹는 사람들은 일반적으로 더 적게 먹는다.

구문
해설

④ So here are some simple ways **to make** yourself a small eater.
➔ to make는 some simple ways를 수식하는 형용사적 용법의 to부정사이다.
➔ 「make + 목적어 + 명사」는 '~를 …로 만들다'의 의미이다.

⑤ First, use **dishes [that** are small and blue].
➔ [ ]는 선행사 dishes를 수식하는 주격 관계대명사절이다.

⑧ Second, you should light vanilla candles **whenever** you are hungry, *since* the sweet smell of vanilla calms the part of your brain [that makes you want to eat].
➔ whenever는 '~할 때마다'의 의미이다.
➔ since는 '~하기 때문에'의 의미인 접속사이다.
➔ [ ]는 선행사 the part of your brain을 수식하는 주격 관계대명사절이다.

⑩ [**Having** dinner with soft lighting and *with soft music playing*] will make you eat more slowly, and people {who eat slowly} generally eat less.
➔ [ ]는 주어로 쓰인 동명사구이다.
➔ 「with + 명사 + 현재분사」는 '~가 …한 채로'의 의미이다.
➔ { }는 선행사 people을 수식하는 주격 관계대명사절이다.

본책 • pp. 12~13

정답 1② 2① 3④ 4 share / reduce

문제
해설

1 문장 ⑨에 언급되어 있다.

2 ① 위치에 관해서는 언급되지 않았다.
②는 문장 ⑤에, ③은 문장 ⑦에, ④는 문장 ⑧에, ⑤는 문장 ⑫에 언급되어 있다.

3 빈칸 앞에서 인간 도서관이 서로 대화를 통해 배우는 것을 돕는다고 했고, 빈칸 뒤에서 편견과 고정 관념으로 인한 문제를 줄이기를 바란다고 했으므로, 인간 도서관은 사람들 간의 ④ '이해'를 장려한다고 볼 수 있다.
① 신뢰 ② 지원 ③ 관심사 ⑤ 긍정적 사고

4 인간 도서관에서, 인간 책들은 그들의 경험을 특정 주제에 대해 배우고 싶어 하는 독자들과 공유한다. 사람들은 이런 도서관들이 어떤 사람이나 사물에 대한 오해로 야기되는 갈등을 줄일 수 있을 것이라고 믿는다.

① Imagine / your teacher gives you homework about vegetarianism. / ② You could
상상해 봐라　당신의 선생님이 당신에게 채식주의에 관한 과제를 낸다고　　　　　　　당신은

research the topic on the Internet / or visit a library / to find information. / ③ But there's a
인터넷에서 그 주제에 대해 조사할 수 있다　또는 도서관을 방문할 수 있다　정보를 찾기 위해　하지만 더 좋은

better way. / ④ Why not talk directly to a vegetarian / at a human library? /
방법이 있다　채식주의자에게 직접 이야기해보는 것이 어떤가　인간 도서관에서

⑤ Human libraries, / sometimes referred to as "living libraries," / give people the
인간 도서관은　때때로 '살아 있는 도서관'이라고 불리는　사람들에게 기회를

chance / to learn about topics / from living experts. / ⑥ Each expert is called a "human
제공한다　주제들에 관해 배울　살아 있는 전문가들로부터　각 전문가는 '인간 책'이라고 불린다

book." / ⑦ People / who visit human libraries to learn / are called "readers." / ⑧ Readers
사람들은　배우기 위해 인간 도서관을 방문하는　'독자'라고 불린다　독자는

can "borrow" human books / and have conversations with them. /
인간 책을 '빌릴' 수 있다　그리고 그들과 대화할 수 있다

⑨ The purpose of human libraries / is to help / people learn from one another /
인간 도서관의 목적은　돕는 것이다　사람들이 서로에게서 배우도록

through direct communication. / ⑩ Human books can share their real life experiences /
직접적인 의사소통을 통해　인간 책들은 그들의 실제 삶의 경험을 공유할 수 있다

with their own voices, / and readers can ask any specific questions / they have. / ⑪ Also, /
그들 자신의 목소리로　그리고 독자들은 어떤 구체적인 질문이든 할 수 있다　그들이 가진　또한

human libraries encourage understanding / between people who would not normally meet.
인간 도서관은 이해를 장려한다　보통은 만나지 않을 사람들 간의

/ ⑫ It is hoped / that this will reduce problems / caused by prejudice and stereotypes. /
~이 희망된다　이것이 문제들을 줄일 것이　편견과 고정 관념에 의해 야기된

⑬ What kind of book would you like to borrow / from a human library? /
당신은 어떤 종류의 책을 빌리고 싶은가　인간 도서관에서

당신의 선생님이 당신에게 채식주의에 관한 과제를 낸다고 상상해 봐라. 당신은 정보를 찾기 위해 인터넷에서 그 주제에 대해 조사하거나 도서관을 방문할 수 있다. 하지만 더 좋은 방법이 있다. 인간 도서관에서 채식주의자와 직접 이야기해보는 것이 어떤가?

때때로 '살아 있는 도서관'이라고 불리는 인간 도서관은 사람들에게 살아 있는 전문가들로부터 주제들에 관해 배울 기회를 제공한다. 각 전문가는 '인간 책'이라고 불린다. 배우기 위해 인간 도서관을 방문하는 사람들은 '독자'라고 불린다. 독자는 인간 책을 '빌려서' 그들과 대화할 수 있다.

인간 도서관의 목적은 사람들이 직접적인 의사소통을 통해 서로에게서 배우도록 돕는 것이다. 인간 책들은 그들의 실제 삶의 경험을 그들 자신의 목소리로 공유할 수 있고, 독자들은 그들이 가진 어떤 구체적인 질문도 할 수 있다. 또한, 인간 도서관은 보통은 만나지 않을 사람들 간의 이해를 장려한다. 이것이 편견과 고정 관념에 의해 야기된 문제들을 줄일 것이라 희망된다.

당신은 인간 도서관에서 어떤 종류의 책을 빌리고 싶은가?

⑤ Human libraries, [(which are) sometimes referred to as "living libraries,"] *give people the chance* to learn about topics from living experts.

→ sometimes 앞에는 「주격 관계대명사 + be동사」인 which are가 생략되었는데, [ ]는 선행사 Human libraries를 부연 설명하는 계속적 용법의 주격 관계대명사절로 문장 중간에 삽입되었다.

→ 「give A B」는 'A에게 B를 주다'의 의미이다.

→ to learn은 the chance를 수식하는 형용사적 용법의 to부정사이다.

⑦ **People [who** visit human libraries *to learn*] are called "readers."

→ [ ]는 선행사 People을 수식하는 주격 관계대명사절이다.

→ to learn은 '배우기 위해'의 의미로, 〈목적〉을 나타내는 부사적 용법의 to부정사이다.

⑨ The purpose of human libraries is **to** ***help*** *people learn* from one another through direct communication.

→ to help는 '돕는 것'의 의미로 보어로 쓰인 명사적 용법의 to부정사이다.

→ 「help + 목적어 + 동사원형[to-v]」은 '~가 …하도록 돕다'의 의미이다.

⑫ **It** is hoped [that this will reduce *problems* {caused by prejudice and stereotypes}].

→ It이 가주어, [ ]가 진주어이다.

→ { }는 problems를 수식하는 과거분사구이다.

4

본책 • pp. 14~15

정 답　**1** ⑤　**2** ①　**3** (1) T　(2) F　**4** spreading Wi-Fi all over the world by balloons

문 제
해 설

1 (A) 풍선들이 값싼 재료로 만들어지고 자연에서 동력을 얻는다는 빈칸 앞의 내용은 빈칸 뒤의 인터넷 접속 비용을 낮출 수 있다는 내용과 동일하므로, 빈칸 (A)에는 In other words(다시 말해서)가 가장 알맞다.

(B) Loon 프로젝트의 부정적인 측면을 빈칸 앞 문장 ⑨-⑩에서 언급하고, 빈칸이 있는 문장에서 다른 예시를 덧붙여 언급하고 있으므로, 빈칸 (B)에는 In addition(게다가)이 가장 알맞다.

[문제] 빈칸 (A)와 (B)에 들어갈 말로 가장 알맞은 것은?

① 한편　⋯⋯ 그러나　　　　② 예를 들어　⋯⋯ 게다가

③ 예를 들어 ⋯⋯ 그러나　　　④ 다시 말해서 ⋯⋯ 그러므로

2 문장 ⑧에서 Loon 프로젝트의 성공 사례를 언급하였으나, 뒤이어 문장 ⑨-⑪에서 실패 사례나 미비한 점을 설명하고 있으므로, 빈칸 (C)에는 ① '확실히 쉽지 않다'가 가장 알맞다.

[문제] 빈칸 (C)에 들어갈 말로 가장 알맞은 것은?

② 불가피한 일이 되었다　　　③ 승인되지 않아야 한다

④ 정확히 구글이 원하는 것이다　⑤ 성공작으로 여겨졌다

3 (1) 문장 ④에 언급되어 있다.

(2) 문장 ⑥-⑦에 태양에 의해 동력을 얻으므로 비용을 낮출 수 있다고 언급되어 있다.

[문제] Loon 프로젝트에 관해 글의 내용과 일치하면 T, 그렇지 않으면 F를 쓰시오.

(1) 그것의 네트워크를 사용하기 위해서, 사람들은 특별한 안테나를 사용해야 한다.

(2) 그것은 태양 에너지를 사용하기 때문에 비용이 많이 든다.

4 문장 ①에 언급되어 있다.

[문제] 글의 밑줄 친 this idea가 의미하는 것은 무엇인가? 영어로 쓰시오.

① Could Wi-Fi really be spread / all over the world / by balloons? / ② Google has
와이파이가 정말 퍼뜨려질 수 있을까   전 세계에   풍선들에 의해   구글은

been working on this idea / with its "Project Loon." / ③ Project Loon's balloons operate /
이 아이디어에 공을 들여오고 있다   그것의 'Loon 프로젝트'로   Loon 프로젝트의 풍선들은 작동한다

like wireless stations, / and together they become a "network in the sky." / ④ This network
무선 기지국처럼   그리고 그것들은 함께 '하늘의 네트워크'가 된다   이 네트워크는

works with ground stations / to give Internet access / to anyone using Google's special
지상 기지국과 함께 작동한다   인터넷 접속을 제공하기 위해   구글의 특별한 안테나를 사용하는 누구에게나

antenna. / ⑤ So even people in remote areas / can access the Internet. / ⑥ Also, / the
그래서 심지어 외딴 지역에 있는 사람들도   인터넷에 접속할 수 있다   또한   그

balloons are made / from cheap materials / and are powered / by the sun and wind. / ⑦ In
풍선들은 만들어진다   값싼 재료로   그리고 동력을 얻는다   태양과 바람에 의해

other words, / they could lower the cost / of providing Internet access / to poor areas. /
다시 말해서   그것들은 비용을 낮출 수 있다   인터넷 접속을 제공하는   가난한 지역들에

⑧ Balloons have been successfully launched / in Peru, Puerto Rico, and several other
풍선들은 성공적으로 쏘아 올려졌다   페루와 푸에르토리코, 몇몇 다른 지역들에

places. / ⑨ However, / not all of the news has been positive. / ⑩ Some devices crashed / in
그러나   모든 소식이 긍정적이지는 않았다   몇몇 장비들이 추락했다

remote parts of Columbia and Brazil. / ⑪ In addition, / in places like Sri Lanka, / Google
콜롬비아와 브라질의 외딴 지역에   게다가   스리랑카와 같은 지역들에서   구글은

does not have legal permission / to send out its signal. / ⑫ Spreading Wi-Fi all over the
법적 승인을 가지고 있지 않다   그것의 신호를 내보낼   전 세계에 와이파이를 퍼뜨리는 것은

world / is surely not easy. /
확실히 쉽지 않다

와이파이가 정말 풍선들에 의해 전 세계에 퍼뜨려질 수 있을까? 구글은 그것의 'Loon 프로젝트'로 이 아이디어에 공을 들여오고 있다. Loon 프로젝트의 풍선들은 무선 기지국처럼 작동하고, 함께 '하늘의 네트워크'가 된다. 이 네트워크는 구글의 특별한 안테나를 사용하는 누구에게나 인터넷 접속을 제공하기 위해 지상 기지국과 함께 작동한다. 그래서 심지어 외딴 지역에 있는 사람들도 인터넷에 접속할 수 있다. 또한, 그 풍선들은 값싼 재료들로 만들어지고, 태양과 바람에 의해 동력을 얻는다. 다시 말해서, 그것들은 가난한 지역들에 인터넷 접속을 제공하는 비용을 낮출 수 있다.

풍선들은 페루와 푸에르토리코, 몇몇 다른 지역들에 성공적으로 쏘아 올려졌다. 그러나, 모든 소식이 긍정적이지는 않았다. 몇몇 장비들이 콜롬비아와 브라질의 외딴 지역에 추락했다. 게다가, 스리랑카와 같은 지역들에서, 구글은 그것의 신호를 내보낼 법적 승인을 가지고 있지 않다. 전 세계에 와이파이를 퍼뜨리는 것은 확실히 쉽지 않다.

④ This network works with ground stations **to give** Internet access to *anyone* [using Google's special antenna].
→ to give는 '제공하기 위해'의 의미로, 〈목적〉을 나타내는 부사적 용법의 to부정사이다.
→ [ ]는 anyone을 수식하는 현재분사구이다.

⑨ However, **not all** of the news has been positive.
→ 「not all」은 '전부 ~인 것은 아니다'의 의미로 〈부분부정〉을 나타낸다.

⑫ [**Spreading** Wi-Fi all over the world] **is** surely not easy.
→ [ ]는 주어로 쓰인 동명사구로, 단수 취급하므로 단수 동사 is가 쓰였다.

Review Test

정답 **1** ⓐ **2** ⓒ **3** ⓑ **4** relaxing **5** permission **6** access **7** lower **8** encourage
9 pay attention to **10** in detail

문제
해설

1 legal(합법적인) – ⓐ 법에 의해 허락된

2 direct(직접적인) – ⓒ 두 사람이나 물건 사이에 누군가나 무언가가 없는

3 remote(외딴) – ⓑ 대부분의 사람들이 사는 곳에서 멀리 떨어진

4 enjoy(즐기다)와 enjoyable(즐거운)은 동사와 형용사의 관계이므로, relax(마음의 긴장을 풀고 안심하다)의 형용사형인 relaxing(마음을 느긋하게 해 주는, 편안한)이 알맞다.

5 light(불을 켜다[붙이다])와 lighting(조명)은 동사와 명사의 관계이므로, permit(승인하다, 허락하다)의 명사형인 permission(승인, 허락)이 알맞다.

[6-8]

보기	낮추다 접속하다 추락하다 장려하다

6 당신은 방에서 무료로 인터넷에 접속할 수 있다.

7 판매자는 일부 제품의 가격을 낮추는 데 동의했다.

8 그 포스터는 학생들이 동호회에 가입할 것을 장려하기 위해 제작되었다.

9 ~에 주목하다: pay attention to

10 상세하게: in detail

퍼즐

a	c	s	t	o	n	l	m	u	s	t	m	l
x	s	e	l	l	o	r	e	s	t	e	s	t
l	p	u	r	p	o	s	e	i	c	s	o	m
e	e	l	e	c	t	o	n	x	n	o	k	p
c	c	e	c	i	l	m	z	e	p	s	j	o
s	i	c	s	l	l	b	o	r	a	e	e	t
o	f	g	l	l	a	u	n	c	h	s	r	o
n	i	e	h	e	n	e	s	a	t	o	e	t
s	c	o	s	t	a	l	l	m	o	d	u	e
a	t	l	i	t	l	e	l	m	a	d	u	e
k	n	i	t	e	y	e	s	o	r	e	c	t
n	g	o	r	g	z	e	s	t	e	r	e	o
p	h	c	a	r	e	e	r	q	u	e	s	j

1 정답 **1** ⑤ **2** ⑤ **3** ② **4** (마우나로아는) 인간 활동에서 멀리 떨어져 있어서, 깨끗한 공기를 수집하는 데 이상적이었기 때문에

1 대기 중 이산화탄소 농도를 보여주는 킬링 곡선을 통해 이산화탄소의 양이 증가할수록 극심한 기상 사태가 더 발생한다는 내용의 글이므로, 주제로는 ⑤가 가장 알맞다.

2 빈칸 앞에서 곡선이 높아진다고 언급한 것은 이산화탄소 농도가 증가한다는 것을 뜻하고 빈칸 뒤 문장 ⑥-⑫에서 이산화탄소 농도 증가가 극심한 기상 사태를 초래한다는 원리를 자세히 설명하고 있으므로, 빈칸에는 ⑤ more severe(더 극심한)가 가장 알맞다.
① 더 더운 ② 더 온화한 ③ 더 추운 ④ 더 안정적인

3 태풍이 더 극심해지는 이유를 설명하는 부분으로, 이산화탄소 농도가 증가하면 지구 기온과 해수면이 올라간다는 내용의 (B), 이것(This)이 대기 중 수증기량을 증가시킨다는 내용의 (A), 그 모든 물 분자들(All those water molecules)이 서로 맞비벼져서 에너지를 만든다는 내용의 (C)로 이어지는 흐름이 가장 알맞다.

4 문장 ④에 언급되어 있다.

본문
직독
직해

① The "Keeling Curve" is a graph / that shows the changes / in the level of CO₂ in
'킬링 곡선'은 그래프이다 　　　변화를 보여 주는 　　대기 중 이산화탄소 농도의

the air / over time / in a particular place. / ② It was named after the scientist Charles
시간의 흐름에 따른　특정 장소에서의　　　그것은 과학자 Charles Keeling의 이름을 따서 이름

Keeling, / who actually measured the change / every day for 47 years. / ③ This continuous
지어졌다　그리고 그는 그 변화를 실제로 측정했다　47년간 매일　　이 지속적인 측정은

measurement took place / at Mauna Loa in Hawaii. / ④ Being far away from human
일어났다　　하와이의 마우나로아에서　　인간 활동에서 멀리 떨어져 있어서

activity, / this location was ideal for collecting clean air. /
이 장소는 깨끗한 공기를 수집하는 데 이상적이었다

⑤ Interestingly, / the higher the curve goes, / the more severe the weather becomes.
흥미롭게도　　곡선이 높아지면 질수록　　날씨가 더 극심해진다

/ ⑥ This is because / CO₂ is highly related to climate change. / ⑦ Let's look at the example
이는 ~ 때문이다　이산화탄소가 기후 변화와 상당히 관련이 있기　태풍의 예를 보자

of typhoons. / ⑨ If CO₂ levels in the air increase, / temperatures and sea levels around the
만약 대기 중 이산화탄소 농도가 증가하면　전 세계적으로 기온과 해수면이

globe / rise. / ⑧ This increases the amount of water vapor / in the air. / ⑩ All those water
올라간다　이것은 수증기량을 증가시킨다　　대기 중　그 모든 물 분자들은

molecules rub together / and create energy. / ⑪ Typhoons absorb this energy / and become
서로 맞비벼진다　　그리고 에너지를 만들어 낸다　태풍은 이 에너지를 흡수한다　그리고

stronger and more dangerous / than before. / ⑫ In other words, / an increase of CO₂ can
더 강하고 더 위험해진다　　전보다　다시 말해서　이산화탄소의 증가가

endanger people's lives / by causing violent weather events. /
인명을 위태롭게 만들 수 있다　극심한 기상 사태를 유발함으로써

본 문
해 석

'킬링 곡선'은 특정 장소에서의 시간의 흐름에 따른 대기 중 이산화탄소 농도의 변화를 보여 주는 그래프이다. 그것은 과학자 Charles Keeling의 이름을 따서 이름 지어졌는데, 그는 47년간 매일 그 변화를 실제로 측정했다. 이 지속적인 측정은 하와이의 마우나로아에서 일어났다. 인간 활동에서 멀리 떨어져 있어서, 이 장소는 깨끗한 공기를 수집하는 데 이상적이었다.

흥미롭게도, 곡선이 높아지면 질수록, 날씨가 더 극심해진다. 이는 이산화탄소가 기후 변화와 상당히 관련이 있기 때문이다. 태풍의 예를 보자. (B) 만약 대기 중 이산화탄소 농도가 증가하면, 전 세계적으로 기온과 해수면이 올라간다. (A) 이는 대기 중 수증기량을 증가시킨다. (C) 그 모든 물 분자들은 서로 맞비벼지고 에너지를 만들어 낸다. 태풍은 이 에너지를 흡수하여 전보다 더 강하고 위험해진다. 다시 말해서, 이산화탄소의 증가가 극심한 기상 사태를 유발함으로써 인명을 위태롭게 만들 수 있다.

구 문
해 설

② It was named after **the scientist Charles Keeling, who** actually measured the change every day for 47 years.
→ 「, who」는 선행사 the scientist Charles Keeling을 부연 설명하는 계속적 용법의 주격 관계대명사로, '그리고 그는'의 의미이다.

④ **Being** far away from human activity, this location was ideal for *collecting* clean air.
→ Being은 〈이유〉를 나타내는 분사구문으로, Because it was far away로 바꿔 쓸 수 있다.
→ collecting은 전치사 for의 목적어로 쓰인 동명사이다.

⑤ Interestingly, **the higher** the curve goes, **the more severe** the weather becomes.
→ 「the + 비교급, the + 비교급」은 '~하면 할수록, 더 …하다'의 의미이다.

본책 • pp. 22~23

정 답   1 ③   2 ③   3 ③   4 (1) make   (2) melt   (3) break   (4) push

문 제
해 설

1 데스밸리 국립공원의 바위가 비, 얼음, 태양, 바람의 작용에 의해 움직인다는 내용의 글이므로, 제목으로 ③ '바위를 움직이는 자연의 힘'이 가장 알맞다.
① 데스밸리로의 여행   ② 돌의 핵심 성분
④ 고대인이 바위 도시를 건설한 방식   ⑤ 기술로 날씨 측정하기

2 (A) 네모 앞에 '미끄러지듯 움직이는 돌'의 미스터리를 언급하고, 네모 뒤에 흔적이 남았다는 내용이 오므로, 네모에 move(움직이다)를 쓰는 것이 자연스럽다.
(B) 네모 뒤에 비와 얼음, 태양, 바람이 바위의 움직임에 미치는 영향을 설명하고 있으므로, 이들의 힘의 '결합(combination)'이 바위가 움직이도록 했다는 내용이 자연스럽다.
(C) 앞에서 수십 년 동안 수수께끼였던 '미끄러지듯 움직이는 돌'이 생성된 이유를 과학적으로 설명했으므로, 수수께끼가 '풀렸다(solved)'는 내용이 자연스럽다.
① 움직이다 …… 결합 …… 유지된   ② 움직이다 …… 분리 …… 유지된
③ 움직이다 …… 결합 …… 풀린   ④ 머물다 …… 분리 …… 유지된
⑤ 머물다 …… 결합 …… 풀린

3 ③ 문장 ⑩에 언급되어 있다.

4

보기	밀다	녹이다	만들다	얼다	부수다

요소	그것들이 하는 일
비	얕은 연못을 ⁽¹⁾ 만든다
태양	얼음을 ⁽²⁾ 녹이고 조각으로 ⁽³⁾ 부순다
바람과 얼음	바위에 대고 ⁽⁴⁾ 밀어낸다

본문
직독
직해

① California's Death Valley National Park is home / to the "sailing stones," / large
캘리포니아의 데스밸리 국립공원은 고향이다   '미끄러지듯 움직이는 돌'의   커다란

rocks / that actually move across the mud. / ② For decades, / the rocks were a mystery
바위인   실제로 진흙을 가로질러 움직이는   수십 년 동안   그 바위들은 수수께끼였다

because they weigh up to 318 kg. / ③ Moreover, / no one had ever seen them move, / but
왜냐하면 그것들은 무게가 318kg까지 나가기 때문이다   게다가   아무도 한 번도 그것들이 움직이는 것을 보지 못했다

they left clear tracks / in the mud. / ④ Finally, / a team of scientists decided to investigate. /
하지만 그것들은 분명한 자국을 남겼다   진흙에   마침내   과학자 한 팀이 조사하기로 결정했다

⑤ Using GPS, cameras, and weather data, / they found / that the movement is caused by
GPS와 카메라, 기상 정보를 이용해서   그들은 밝혀냈다   그 움직임은 결합에 의해 야기된다는 것을

a combination / of rain, ice, sun, and wind. / ⑥ First, / rain creates a shallow pond. / ⑦ At
비와 얼음, 태양 그리고 바람의   우선   비가 얕은 연못을 형성한다

night, / the water at the surface of the pond / freezes, / and the ice surrounds the rocks.
밤에   연못 표면의 물이   언다   그리고 얼음이 바위들을 둘러싼다

/ ⑧ During the day, / however, / the ice starts to melt, / breaking up into large sheets /
낮 동안에   그러나   그 얼음은 녹기 시작한다   그리고 커다란 판들로 부서진다

that push against the rocks. / ⑨ Of course, / this alone isn't enough / to move the rocks. /
그 바위들에 대고 밀어내는   물론   이것만으로는 충분하지 않다   그 바위들을 움직이기에

⑩ When wind speeds reach about 11 km/h, / the force of the ice and wind together / causes
풍속이 약 시속 11km에 이를 때   얼음과 바람이 함께하는 힘은

the rocks to move / at speeds up to five meters per minute. / ⑪ The mystery was solved! /
그 바위들이 움직이게 한다   분당 5미터에 달하는 속도로   수수께끼가 풀렸다

본문
해석

캘리포니아의 데스밸리 국립공원은 실제로 진흙을 가로질러 움직이는 커다란 바위인 '미끄러지듯 움직이는 돌'의 고향이다. 수십 년 동안, 그 바위들은 무게가 318kg까지 나가기 때문에 수수께끼였다. 게다가, 아무도 한 번도 그것들이 움직이는 것을 보지 못했지만, 그것들은 진흙에 분명한 자국을 남겼다. 마침내, 과학자 한 팀이 조사하기로 결정했다. GPS와 카메라, 기상 정보를 이용해서 그들은 그 움직임이 비와 얼음, 태양 그리고 바람의 결합에 의해 야기된다는 것을 밝혀냈다. 우선, 비가 얕은 연못을 형성한다. 밤에, 연못 표면의 물이 얼고, 얼음이 바위들을 둘러싼다. 그러나 낮 동안에 그 얼음은 녹기 시작하여, 그 바위들에 대고 밀어내는 커다란 판들로 부서진다. 물론, 이것만으로는 그 바위들을 움직이기에 충분하지 않다. 풍속이 약 시속 11km에 이를 때, 얼음과 바람이 함께하는 힘은 그 바위들이 분당 5미터에 달하는 속도로 움직이게 한다. 수수께끼가 풀렸다!

구 문
해 설

① California's Death Valley National Park is home to **the "sailing stones,"** *large rocks [that* **actually move across the mud**].

→ the "sailing stones"와 large rocks that actually move across the mud는 동격 관계이다.

→ [ ]는 선행사 large rocks를 수식하는 주격 관계대명사절이다.

③ Moreover, no one **had ever** *seen* *them move*, but they left clear tracks in the mud.

→ had ever seen은 〈경험〉을 나타내는 과거완료(had + p.p.)이다.

→ 「see + 목적어 + 동사원형」은 '~가 …하는 것을 보다'의 의미이다.

⑤ **Using** GPS, cameras, and weather data, they *found [that* the movement is caused by a combination of rain, ice, sun, and wind].

→ Using은 '사용하면서'의 의미로 〈동시동작〉을 나타내는 분사구문이다.

→ [ ]는 found의 목적어로 쓰인 명사절이다.

⑧ During the day, however, the ice starts to melt, **breaking up into** *large sheets [that* push against the rocks].

→ breaking up into는 〈연속동작〉을 나타내는 분사구문으로, and it breaks up into로 바꿔 쓸 수 있다.

→ [ ]는 선행사 large sheets를 수식하는 주격 관계대명사절이다.

⑨ Of course, **this** alone isn't enough *to move* the rocks.

→ this는 앞 문장 전체의 내용을 가리킨다.

→ to move는 형용사 enough를 수식하는 부사적 용법의 to부정사이다.

본책 • pp. 24~25

3

정 답   1 ①   2 ③   3 ④   **4** algae / glaciers

문 제
해 설

1 수박 눈이 예쁠지도 모르지만 빙하를 더 빠르게 녹게 만드는 문제를 야기한다는 내용의 글이므로, 제목으로 ① '수박 눈: 예쁘지만 문제가 있다'가 가장 적절하다.

② 눈이 전혀 없는 세상의 장점   ③ 아주 작고 불그스름한 조류로 빙하 보호하기

④ 눈을 모든 무지개색으로 바꾸기   ⑤ 북극에서 수박을 재배하는 것이 가능한가?

2 ⓒ는 일반적인 눈을 가리키는 반면, 나머지는 모두 수박 눈을 가리킨다.

3 ④ 수박 눈이 녹은 후의 색에 관한 언급은 없다.

①은 문장 ②에서 로키산맥, 히말라야산맥 등을 포함하는 세계의 다양한 장소라고 했고, ②는 문장 ⑤-⑥에서 수박 눈이 영하의 기온과 물의 존재를 포함하는 환경에서 나타나는 경향 때문이라고 했고, ③은 문장 ⑦-⑧에서 조류(algae)가 급속하게 나타나기 때문임을 알 수 있고, ⑤는 문장 ⑩-⑪에서 빙하가 녹는 속도를 높여 결과적으로 지구의 생명체를 위협함을 알 수 있다.

① 그것은 어디서 발견되었는가?   ② 그것은 왜 빙하가 존재하는 곳에서 발생하는가?

③ 무엇이 그것을 분홍색으로 만드는가?   ④ 그것은 녹은 후에 무슨 색으로 변하는가?

⑤ 그것은 무엇을 야기하는가?

4 수박 눈은 그 안에 아주 작고 분홍빛을 띤 <u>조류</u>가 있기 때문에 분홍색이다. 더 많은 햇빛을 흡수함으로써, 그것은 빙하를 더 빠르게 녹게 만든다.

본 문
직 독
직 해

① Snow isn't always white. / ② A type of mysterious pink snow, / known as
　눈이 항상 하얗지는 않다　　　　　　　한 종류의 불가사의한 분홍색 눈이

"watermelon snow," / has been found in various places around the world, / including
'수박 눈'으로 알려진　　　　세계의 다양한 장소에서 발견되었다

the Rocky Mountains, the Himalayas, the Arctic, and Antarctica. / ③ For thousands of
로키산맥과 히말라야산맥, 북극 그리고 남극 대륙을 포함하여　　　　　　　수천 년 동안

years, / people were unable to explain it. / ④ Finally, / a scientist discovered its cause / —
　　　사람들은 그것을 설명하지 못했다　　　　마침내　　한 과학자가 그 원인을 알아냈다

tiny reddish algae. / ⑤ These algae tend to bloom / in conditions / that include freezing
아주 작고 불그스름한 조류였다　이 조류들은 나타나는 경향이 있다　환경에서　　영하의 기온과

temperatures and the presence of water. / ⑥ For this reason, / watermelon snow occurs /
물의 존재를 포함하는　　　　　　　　이런 이유로　　　수박 눈은 발생한다

in mountain ranges and other places / where glaciers exist. / ⑦ When the sun begins to
산맥과 다른 장소들에서　　　　　　빙하가 존재하는　　　태양이 눈을 녹이기 시작할 때

melt snow / in early spring, / the algae begin to bloom rapidly / in snow. / ⑧ This colors
　　　초봄에　　　그 조류가 급속히 나타나기 시작한다　눈 속에서　이는 눈을

the snow pink. / ⑨ Pink snow may be pretty, / but it actually causes a serious problem. /
분홍색으로 물들인다　분홍색 눈은 예쁠지 모른다　하지만 그것은 사실 심각한 문제를 야기한다

⑩ Watermelon snow's pinkish color / makes it absorb more sunlight, / which speeds up the
　수박 눈의 분홍빛을 띤 색은　　　그것이 더 많은 햇빛을 흡수하게 만든다　그리고 이는 빙하의

melting process of glaciers. / ⑪ Considering / that the rapid melting of glaciers / threatens
녹는 과정의 속도를 높인다　　　고려하면　　빙하가 빠르게 녹는 것이　　　지구의

life on Earth, / it is definitely not our friend! /
생명체를 위협한다는 것을　그것은 우리의 친구가 분명 아니다

본 문
해 석

　눈이 항상 하얗지는 않다. '수박 눈'으로 알려진 한 종류의 불가사의한 분홍색 눈이 로키산맥과 히말라야산맥, 북극 그리고 남극 대륙을 포함하여 세계의 다양한 장소에서 발견되었다. 수천 년 동안, 사람들은 그것을 설명하지 못했다. 마침내, 한 과학자가 그 원인을 알아냈는데, 아주 작고 불그스름한 조류였다. 이 조류들은 영하의 기온과 물의 존재를 포함하는 환경에서 나타나는 경향이 있다. 이런 이유로, 수박 눈은 빙하가 존재하는 산맥과 다른 장소들에서 발생한다. 태양이 초봄에 눈을 녹이기 시작할 때, 그 조류가 눈 속에서 급속히 나타나기 시작한다. 이는 눈을 분홍색으로 물들인다. 분홍색 눈은 예쁠지 모르지만, 그것은 사실 심각한 문제를 야기한다. 수박 눈의 분홍빛을 띤 색은 그것(눈)이 더 많은 햇빛을 흡수하게 만들고, 이는 빙하의 녹는 과정의 속도를 높인다. 빙하가 빠르게 녹는 것이 지구의 생명체를 위협한다는 것을 고려하면, 그것은 우리의 친구가 분명 아니다!

구 문
해 설

① Snow is**n't always** white.
➜ always가 not과 함께 쓰이면, '항상 ~인 것은 아니다'의 의미로 〈부분부정〉을 나타낸다.

② **A type of mysterious pink snow**, [known as "watermelon snow,"] *has been found* in various places around the world, … .

　→ [　]는 A type of mysterious pink snow를 수식하는 과거분사구로, 문장 중간에 삽입되었다.

　→ 「have[has] been + p.p.」는 '~되었다', '~당했다'의 의미인 현재완료 수동태이다.

⑥ For this reason, watermelon snow occurs in **mountain ranges and other places [where glaciers exist].**

　→ [　]는 선행사 mountain ranges and other places를 수식하는 관계부사절이다.

⑩ Watermelon snow's pinkish color **makes it absorb** more sunlight, *which* speeds up the melting process of glaciers.

　→ 「make + 목적어 + 동사원형」은 '~가 …하게 하다[만들다]'의 의미이다.

　→ 「, which」는 계속적 용법의 주격 관계대명사로, 이 문장에서 which는 앞 절 전체를 선행사로 한다.

 4

본책 • pp. 26~27

정 답　**1** ⑤　**2** ②　**3** ③　**4** 대기 오염, 질병 발생 위험 증가, 지구 흐리기 현상(지구를 더 어둡게 만드는 것)

문 제 해 설

1 화석 연료의 사용으로 생긴 아주 작은 조각들이 지구 흐리기 현상을 발생시키는 원인이라는 것과 그것이 지구에 미치는 영향에 대한 글이므로, 제목으로는 ⑤ '지구 흐리기 현상의 원인과 영향'이 가장 알맞다.

[문제] 글의 주제로 가장 알맞은 것은?

① 지구 흐리기 현상을 막는 방법　　② 햇빛의 각각 다른 역할

③ 석탄과 기름의 중요성　　④ 지구 온난화 현상과 지구 흐리기 현상

2 지구 흐리기 현상이 초래되는 이유를 설명하는 부분으로, 관련 연구 결과를 제시하는 (B), 그 결과가 나타난 원인을 분석한 내용의 (A), 추가적인 원인을 하나 더 제시하는 (C)의 흐름이 알맞다. (A)의 This는 (B)의 목적절(that 이하)을 가리키고, (C)의 They는 (A)의 these tiny objects를 가리킨다.

[문제] 문장 (A)~(C)의 가장 알맞은 순서는?

3 문장 ⑥에서 공기 속의 아주 작은 물질들이 태양 복사열을 다시 우주로 반사한다고 했으므로, 지구에 도달하는 태양 복사열의 양을 감소시킨다는 것을 알 수 있다.

①은 문장 ②-⑤에, ②는 문장 ④-⑤에, ④는 문장 ⑦에, ⑤는 문장 ⑧-⑨에 언급되어 있다.

[문제] 글의 내용과 일치하지 <u>않는</u> 것은?

① 석탄과 기름을 태우는 것은 지구 흐리기 현상을 야기할 수 있다.

② 지구 흐리기 현상은 지구가 더 어두워지는 환경 문제이다.

③ 공기 중의 먼지는 지구에 이르는 태양 복사열의 양을 증가시킨다.

④ 지구는 과거에 받았던 것보다 더 적은 햇빛을 받는다.

⑤ 오염된 구름은 햇빛이 지구로 통과하는 것을 방해한다.

4 밑줄 친 pieces of dust and other material은 석탄과 기름을 태울 때 발생하는 것으로, 대기 오염과 질병 발생 위험 증가, 지구 흐리기 현상을 야기한다고 문장 ②-⑤에 언급되어 있다.

[문제] 밑줄 친 <u>pieces of dust and other material</u>의 결과 3가지는 무엇인가? 우리말로 쓰시오.

① Have you ever seen tiny objects / floating in a sunbeam? / ② They are often pieces
아주 작은 물체를 본 적 있는가   햇살 속에 떠다니는   그것들은 흔히 먼지와 다른

of dust and other material / produced when coal and oil are burned. / ③ They cause air
물질의 조각들이다   석탄과 기름이 태워질 때 발생되는   그것들은 대기 오염을

pollution / and increase the risk of many diseases. / ④ However, they also cause another
야기한다   그리고 많은 질병의 위험을 증가시킨다   하지만 그것들은 다른 문제도 야기한다

problem / —they make the earth darker. / ⑤ This is known as global dimming. /
          그것들은 지구를 더 어둡게 만든다   이것은 지구 흐리기 현상이라고 알려져 있다

⑦ Studies have shown / that the earth currently receives / about 10% less sunlight /
연구들은 보여 왔다   지구가 현재 받는다는 것을   약 10% 더 적은 햇빛을

than it did 50 years ago. / ⑥ This is because / these tiny objects in the air / absorb some of
그것이 50년 전에 받았던 것보다   이는 ~이기 때문이다   공기 중 이 아주 작은 물체들이   태양 에너지의 일부를

the sun's energy / and reflect solar radiation back into space. / ⑧ They also pollute clouds,
흡수하기 (때문)   그리고 태양 복사열을 다시 우주로 반사하기 (때문)   그것들은 또한 구름을 오염시킨다

/ making it harder / for sunlight to pass through. / ⑨ As a result of these things, / some
그리고 더 어렵게 만든다   햇빛이 통과하는 것을   이것들의 결과로   일부

sunlight cannot reach the earth's surface. / ⑩ Since all living things need sunlight / to
햇빛은 지구의 표면에 이르지 못한다   모든 생명체는 햇빛을 필요로 하기 때문에

survive, / global dimming can have serious effects. / ⑪ It can also cause changes / in the
생존하기 위해   지구 흐리기 현상은 심각한 영향을 미칠 수 있다   그것은 또한 변화를 야기할 수도 있다

earth's weather. /
지구의 날씨에

⑫ What should we do / to reduce dust and stop global dimming? /
우리는 무엇을 해야 하는가   먼지를 줄이고 지구 흐리기 현상을 멈추기 위해서

햇살 속에 떠다니는 아주 작은 물체를 본 적 있는가? 그것들은 흔히 석탄과 기름이 태워질 때 발생되는 먼지와 다른 물질의 조각들이다. 그것들은 대기 오염을 야기하고 많은 질병의 위험을 증가시킨다. 하지만, 그것들은 다른 문제도 야기하는데, 그것들이 지구를 더 어둡게 만드는 것이다. 이것은 지구 흐리기 현상이라고 알려져 있다.

(B) 연구들은 지구가 현재 그것이 50년 전에 받았던 것보다 약 10% 더 적은 햇빛을 받는다는 것을 보여 왔다. (A) 이는 공기 중 이 아주 작은 물체들이 태양 에너지의 일부를 흡수하고 태양 복사열을 다시 우주로 반사하기 때문이다. (C) 그것들은 또한 구름을 오염시켜서 햇빛이 통과하는 것을 더 어렵게 만든다. 이것들의 결과로, 일부 햇빛은 지구의 표면에 이르지 못한다. 모든 생명체는 생존하기 위해 햇빛을 필요로 하기 때문에, 지구 흐리기 현상은 심각한 영향을 미칠 수 있다. 그것은 또한 지구의 날씨에 변화를 야기할 수도 있다.

먼지를 줄이고 지구 흐리기 현상을 멈추기 위해서 우리는 무엇을 해야 하는가?

⑥ **This is because** these tiny objects in the air *absorb* some of the sun's energy *and reflect* solar radiation back into space.

➡ 「This is because」는 '이는 ~이기 때문이다'의 의미이다.

➡ 접속사 because가 이끄는 절의 동사로 쓰인 absorb와 reflect가 접속사 and로 병렬 연결되어 있다.

⑦ Studies **have shown** [that the earth currently receives about 10% less sunlight than it did 50 years ago].

→ have shown은 '보여 왔다'의 의미로 〈계속〉을 나타내는 현재완료(have[has] + p.p.)이다.

→ that은 명사절을 이끄는 접속사로, [ ]는 동사 have shown의 목적어로 쓰였다.

→ it은 앞에 언급된 the earth를 가리키고, did는 반복을 피하기 위해 received 대신 쓰였다.

⑧ They also pollute clouds, **making** it harder for sunlight to pass through.

→ making은 〈연속동작〉을 나타내는 분사구문으로, and they make로 바꿔 쓸 수 있다.

→ 「make + 목적어 + 형용사」는 '~를 …하게 만들다'의 의미이다.

→ it은 가목적어, for sunlight은 의미상 주어, to pass through는 진목적어이다.

⑩ **Since** all living things need sunlight to survive, global dimming can have serious effects.

→ since는 '~하기 때문에'의 의미인 접속사이다.

→ to survive는 '생존하기 위해'의 의미로, 〈목적〉을 나타내는 부사적 용법의 to부정사이다.

Review Test

본책 • pp. 28~29

정 답
1 violent **2** ideal **3** shallow **4** ⑤ **5** ③ **6** weigh **7** surround **8** occur
9 related to **10** tend to

문 제
해 설
[1–3]

| 보기 | 이상적인, 가장 알맞은　극심한　얕은　특정한 |

1 '매우 강한'의 의미를 가진 단어는 violent(극심한)이다.

2 '완벽하다고 여겨지는'의 의미를 가진 단어는 ideal(이상적인, 가장 알맞은)이다.

3 '꼭대기에서부터 바닥까지 거리가 짧은'의 의미를 가진 단어는 shallow(얕은)이다.

4 endanger(위태롭게 만들다)과 비슷한 의미의 단어는 ⑤ threaten(위협하다)이다.

| 인간의 행동이 야생 동물들을 위태롭게 만들 수 있다. |

① ~에 이르다　② (식물·꽃이) 나타나다[피다]　③ 반사하다　④ 오염시키다

5 reduce(줄이다)와 반대 의미의 단어는 ③ increase(증가시키다)이다.

| 그 회사는 비용을 줄일 방법을 찾아야 한다. |

① 유지하다　② 부수다　④ 측정하다　⑤ 막다

[6–8]

| 보기 | 뜨다, 떠다니다　일어나다, 발생하다　무게가 ~이다　둘러싸다 |

6 소포들은 합해서 무게가 3.5kg이다.

7 아름다운 벚나무들이 공원을 둘러싸고 있다.

8 언제든 사고가 일어날 수 있으니 조심해야 한다.

9 ~와 관련이 있다: be related to

10 ~하는 경향이 있다: tend to-v

퍼 즐
Across **2** rise **3** decade **6** melt **9** surface **10** continuous
Down **1** currently **4** exist **5** measure **7** effect **8** absorb

정 답 1 ③ 2 ② 3 ⑤ 4 고향의 위성 사진을 찾아보는 것

문 제 해 설

1 호주로 입양된 인도 소년이 위성 사진을 이용해 25년만에 고향과 가족을 찾은 여정에 대한 내용이므로, 제목으로 ③ '그의 가족을 찾기 위한 긴 여정'이 가장 알맞다.
   ① 방학 맞이 인도 여행　　　　　　　② 다양한 위성 사진 이용법
   ④ 인도의 시골: 아이들을 위한 최고의 장소　　⑤ Saroo Brierley: 호주에서 길을 잃은 남자

2 Saroo가 인도에서 길을 잃어 호주 가정에 입양되어서도 가족을 찾고 싶어 했다는 내용의 (A), 위성 사진을 보며 어릴 적 살던 곳을 찾는 노력을 반복했다는 내용의 (C), 결국 눈에 익은 마을을 찾아 가족을 만났다는 내용인 (B)의 흐름이 가장 알맞다.

3 ⑤ 문장 ⑩에서 약간의 랜드마크만 기억해 냈다고 했다.
   ①은 문장 ①에, ②는 문장 ②에, ③은 문장 ④-⑤, ⑨-⑩에, ④는 문장 ⑦-⑧에 언급되어 있다.

4 문장 ⑨에 언급되어 있다.

본 문 직 독 직 해

① When he was a small boy, / Saroo Brierley became lost / on the streets of Kolkata, /
그가 어린 소년이었을 때　　　　　Saroo Brierley는 길을 잃었다　　콜카타의 길거리에서

far from his hometown / in rural India. / ② Saroo was adopted / by an Australian family /
그의 고향에서 멀리 떨어진　　인도의 시골에 있는　　Saroo는 입양되었다　　한 호주 가정에 의해

and had a happy life. / ③ However, / he never stopped hoping / to find his family in India. /
그리고 행복한 삶을 살았다　　하지만　　그는 바라는 것을 절대 멈추지 않았다　　인도에 있는 그의 가족을 찾는 것을

⑨ In college, / Saroo began to search / satellite images of India / to find his hometown. /
대학에서　　Saroo는 찾아보기 시작했다　　인도의 위성 사진을　　그의 고향을 찾기 위해

/ ⑩ It seemed like a good idea, / but it was not easy / because he only remembered / the
그것은 좋은 생각처럼 보였다　　하지만 그것은 쉽지 않았다　　그는 단지 ~만을 기억했기 때문에

name "Ginestlay" / and a few landmarks near his childhood home. / ⑪ Saroo repeatedly
'Ginestlay'라는 이름을　　그리고 그의 어린 시절 집 근처의 몇몇 랜드마크를　　Saroo는 반복적으로

stopped and restarted / his search. /
멈췄다가 다시 시작했다　　그의 찾기를

④ After many years, / Saroo accidently found a familiar-looking small town / called
수년 후　　Saroo는 눈에 익은 작은 마을을 우연히 찾았다　　Ganesh

Ganesh Talai. / ⑤ This was the name / that Saroo mispronounced as "Ginestlay!" / ⑥ One
Talai라고 불리는　　이것은 그 이름이었다　　Saroo가 'Ginestlay'로 잘못 발음한　　일 년 후

year later, / Saroo traveled to India / to find his family. / ⑦ With the help of local people, /
Saroo는 인도로 갔다　　그의 가족을 찾기 위해　　현지 사람들의 도움으로

/ he finally met his mother, brother, and sister, / still living in Ganesh Talai. / ⑧ It took 25
그는 마침내 그의 어머니와 형, 그리고 여동생을 만났다　　여전히 Ganesh Talai에 살고 있던　　25년이나 걸렸다

years! /

本 문
해 석

(A) 어린 소년이었을 때, Saroo Brierley는 인도의 시골에 있는 자신의 고향에서 멀리 떨어진 콜카타의 길거리에서 길을 잃었다. Saroo는 한 호주 가정에 의해 입양되었고 행복한 삶을 살았다. 하지만, 그는 인도에 있는 그의 가족을 찾기를 바라는 것을 절대 멈추지 않았다.

(C) 대학에서, Saroo는 그의 고향을 찾기 위해 인도의 위성 사진을 찾아보기 시작했다. 그것은 좋은 생각처럼 보였지만, 그는 단지 'Ginestlay'라는 이름과 자신의 어린 시절 집 근처의 몇몇 랜드마크만을 기억했기 때문에 그것은 쉽지 않았다. Saroo는 찾는 것을 반복적으로 멈췄다가 다시 시작했다.

(B) 수년 후, Saroo는 Ganesh Talai라고 불리는 눈에 익은 작은 마을을 우연히 찾았다. 이것은 Saroo가 'Ginestlay'로 잘못 발음한 그 이름이었다! 일 년 후, Saroo는 그의 가족을 찾기 위해 인도로 갔다. 현지 사람들의 도움으로, 그는 마침내 여전히 Ganesh Talai에 살고 있던 그의 어머니와 형, 그리고 여동생을 만났다. 25년이나 걸렸다!

구 문
해 설

① When he was a small boy, Saroo Brierley became lost on **the streets of Kolkata**, [(which is) far from his hometown in rural India].
➜ [ ]는 선행사 the streets of Kolkata를 부연 설명하는 주격 관계대명사절로, 앞에 「관계대명사 + be동사」인 which is가 생략되었다.

③ However, he never **stopped** *hoping* *to find* his family in India.
➜ 「stop + v-ing」는 '~하던 것을 멈추다'의 의미이다. (*cf.* 「stop + to-v」는 '~하기 위해 멈추다'의 의미이다.)
➜ 「hope + to-v」는 '~하기를 바라다'의 의미이다.

⑤ This was **the name [that** Saroo mispronounced as "Ginestlay!"]
➜ [ ]는 선행사 the name을 수식하는 목적격 관계대명사절이다.

⑦ With the help of local people, he finally met **his mother, brother, and sister,** [(who were) still living in Ganesh Talai].
➜ [ ]는 선행사 his mother, brother, and sister를 부연 설명하는 주격 관계대명사절로, 앞에 「관계대명사 + be동사」인 who were가 생략되었다.

⑨ In college, Saroo **began to search** satellite images of India *to find* his hometown.
➜ 「begin + to-v[v-ing]」는 '~하기 시작하다'의 의미이다.
➜ to find는 '찾기 위해'의 의미로, 〈목적〉을 나타내는 부사적 용법의 to부정사이다.

본책 • pp. 34~35

정 답 1 ⑤ 2 ④ 3 ① 4 (1) found (2) magic (3) webs (4) good

문 제
해 설

1 소년이 할머니인 Nokomis 댁을 방문했다는 주어진 문장 다음에, 소년이 거미를 죽이려고 했지만 Nokomis가 이를 말렸다는 내용의 (C), Nokomis가 다시 그 거미를 찾아갔고, 거미가 보답하겠다고 했다는 내용의 (B), 그 거미가 Nokomis에게 특별한 망을 짜는 방법을 알려 준 내용인 (A)의 흐름이 알맞다.

2 빈칸 뒤에서 거미가 강력한 마법을 지닌다고 했으므로, 빈칸에는 ④ ordinary(평범한)가 자연스럽다.
① 유일한 ② 특정한 ③ 이상한 ⑤ 독이 있는

3 ⓐ는 거미를, 나머지는 Nokomis를 가리킨다.

4 [보기] | 망 나쁜 마법 발견했다 좋은

도입	소년이 거미를 (1) 발견하고 그것을 죽이려고 했다.
본론	Nokomis는 그것을 구해 주었고, 그것은 (2) 마법 거미였다.
결론	그녀에게 감사하기 위해, 그 거미는 (4) 좋은 꿈을 가져다주는 마법의 (3) 망을 짜는 법을 그녀에게 가르쳐 주었다.

본문 직독 직해

① One day, / a boy visited his grandmother, Nokomis. /
어느 날 한 소년이 자신의 할머니인 Nokomis 댁을 방문했다

⑮ As he entered her home, / he noticed a spider spinning its web / by a window. /
그가 그녀의 집으로 들어가면서 그는 거미 한 마리가 거미줄을 치고 있는 것을 알아챘다 창가에서

⑯ Taking off his shoe, / he screamed, "Grandma!" / ⑰ With his shoe in his hand, / he
그의 신발을 벗으며 그는 "할머니!"라고 소리쳤다 그의 신발을 그의 손에 쥔 채 그는

rushed over / to kill the creature. / ⑱ "Sweetheart," Nokomis said, / "Please don't. / ⑲ It
달려들었다 그 생물을 죽이려고 "얘야,"라고 Nokomis가 말했다 그러지 마

doesn't hurt you / and it is making a beautiful web." /
그것은 너를 해치지 않아 그리고 그것은 아름다운 거미줄을 만들고 있잖니

⑧ Later on, / she visited the spider. / ⑨ Actually, / it was not an ordinary spider / —
나중에 그녀는 그 거미를 방문했다 사실 그것은 평범한 거미가 아니었다

it had powerful magic! / ⑩ "You saved me, Nokomis," it said. / ⑪ "Without you, / I would
그것은 강력한 마법을 가지고 있었다 "당신이 저를 구해 주셨군요, Nokomis."라고 그것이 말했다 당신이 없었다면 저는

have died." / ⑫ Nokomis smiled and responded, / "It was my pleasure." / ⑬ "Let me repay
죽었을 거예요 Nokomis는 미소 지으며 대답했다 별말씀을요 제가 당신에게

you, faithful friend," / the spider said. / ⑭ Then / it began moving through its web. /
은혜를 갚게 해 주세요, 충직한 친구여 그 거미가 말했다 그러더니 그것은 그것의 거미줄 사이로 움직이기 시작했다

② "As you know, / my web catches prey. / ③ But look closer. / ④ Each stitch catches
당신이 알다시피 저의 거미줄은 먹이를 잡죠 하지만 더 자세히 살펴보세요 각각의 땀은 나쁜 꿈도

bad dreams, too! / ⑤ Remember my technique, Nokomis, / and use it / to weave your own
잡아요 제 기술을 기억하세요, Nokomis 그리고 그것을 사용하세요 당신 자신의

webs. / ⑥ The webs will bring you wonderful dreams / each night." / ⑦ "Thank you! I will,"
망을 짜는 데 그 망은 당신에게 멋진 꿈을 가져다줄 거예요 매일 밤 "고마워요! 그렇게 할게요."

Nokomis said, / "And I shall call them dream catchers." /
라고 Nokomis가 말했다 그리고 저는 그것들을 드림 캐처라고 부를 거예요

본문 해석

어느 날, 한 소년이 자신의 할머니인 Nokomis 댁을 방문했다.

(C) 그가 그녀의 집으로 들어가면서, 그는 창가에서 거미 한 마리가 거미줄을 치고 있는 것을 알아챘다. 그의 신발을 벗으며, 그는 "할머니!"라고 소리쳤다. 그의 신발을 손에 쥔 채, 그는 그 생물을 죽이려고 달려들었다. "얘야, 그러지 마. 그것은 너를 해치지 않고, 아름다운 거미줄을 만들고 있잖니."라고 Nokomis가 말했다.

(B) 나중에, 그녀는 그 거미를 방문했다. 사실, 그것은 평범한 거미가 아니었고, 그것은 강력한 마법을 가지고 있었다! "당신이 저를 구해 주셨군요, Nokomis."라고 그것이 말했다. "당신이 없었다면, 저는 죽었을 거예요." Nokomis는 미소 지으며, "별말씀을요."라고 대답했다. "제가 당신에게 은혜를 갚게 해 주세요, 충직한 친구여."라고 그 거미가 말했다. 그러더니 그것은 그것의 거미줄 사이로 움직이기 시작했다.

(A) "당신이 알다시피, 저의 거미줄은 먹이를 잡죠. 하지만 더 자세히 살펴보세요. 각각의 땀은 나쁜 꿈도 잡아요! 제 기술을 기억하세요, Nokomis, 그리고 그것을 당신 자신의 망을 짜는 데 사용하세요. 그 망은 매일 밤 당신에게 멋진 꿈을 가져다줄 거예요." "고마워요! 그렇게 할게요. 그리고 저는 그것들을 드림 캐처라고 부를 거예요."라고 Nokomis가 말했다.

<table>
<tr><td>구 문
해 설</td><td>

⑪ **"Without you, I would have died."**
  ➡ 「without + (대)명사, 주어 + 조동사의 과거형 + have + p.p.」는 '만약 ~가 없었다면, …했을 텐데'의 의미로 과거 사실의 반대를 가정·상상하는 가정법 과거완료이다.
⑮ **As** he entered her home, he *noticed a spider spinning* its web by a window.
  ➡ As는 '~하면서'의 의미인 접속사이다.
  ➡ 「notice + 목적어 + v-ing」는 '~가 …하고 있는 것을 알아채다'의 의미이다.
⑯ **Taking off** his shoe, he screamed, "Grandma!"
  ➡ Taking off는 〈동시동작〉이나 〈때〉를 나타내는 분사구문으로, While[As] he took off 로 바꿔 쓸 수 있다.
⑰ **With his shoe in his hand**, he rushed over *to kill* the creature.
  ➡ 「with + 명사 + 전치사구」는 '~가 …한 채[하면서]'의 의미이다.
  ➡ to kill은 '죽이려고'의 의미로, 〈목적〉을 나타내는 부사적 용법의 to부정사이다.

</td></tr>
</table>

본책 • pp. 36~37

3

정 답   1 ③   2 ③   3 ④   4 festival[holiday] / everyone[people]

문 제
해 설

1 문장 ⑩에서 모든 사람이 축제에 참가하여 재미있게 보내는 것이 허락된다고 했으므로, 빈칸에는 ③ '사람들을 화합시키는 것'이 가장 알맞다.
  ① 사람들을 행복하게 만드는 것   ② 축제가 성장하도록 돕는 것
  ④ 인도의 문화를 전 세계에 퍼지게 하는 것   ⑤ 젊은 세대에게 오랜 전통을 가르치는 것

2 문장 ①-②에서 겨울이 끝나고 봄의 첫 기운이 감돌 때 홀리 축제를 준비하기 시작한다고 했으므로, 겨울이 아니라 봄의 시작을 기념하는 것이다. 따라서, ⓒ의 winter를 spring으로 바꿔야 한다.

3 ④ 문장 ⑨에서 축제의 계절 음식을 먹는다고 했을 뿐, 먹을 수 없는 음식에 대한 언급은 없다.
  ①, ②는 문장 ④-⑨에서 홀리 전날 모닥불로 시작해 홀리 당일에 춤과 노래, 색깔 전투, 음식 먹기 등 여러 활동을 한다고 했고, ③은 문장 ⑦-⑧을 통해 풍선과 물총이 사용된다는 것을 알 수 있고, ⑤는 문장 ⑩-⑪에서 사람들을 화합시키는 중요한 역할을 한다고 했다.

4 | 홀리는 모든 사람[사람들]이 함께 즐길 수 있는 색채의 축제[공휴일]이다. |

본 문
직 독
직 해

① When winter ends / and the first hint of spring is in the air, / India becomes flooded /
겨울이 끝날 때   그리고 봄의 첫 징후의 기운이 감돌 때   인도는 넘쳐나게 된다

with excitement, joy, and bright colors. / ② People begin preparing for the colorful festival
흥분과 환희, 밝은 색채로   사람들은 형형색색의 축제를 준비하기 시작한다

/ known as Holi. / ③ It is an Indian national holiday / that celebrates the coming of spring. /
홀리라고 알려진   그것은 인도의 국경일이다   봄의 시작을 기념하는

④ The celebrations begin with a ritual bonfire / that burns away Holika, the devil, /
기념 행사는 의식을 위한 모닥불로 시작한다   악마인 Holika를 태워 없애는

on the night before Holi. / ⑤ People spend time / dancing, singing, / and having a great
홀리 전날 밤에   사람들은 시간을 보낸다   춤추고 노래하며   그리고 서로와 함께 즐거운

time with each other. / ⑥ Then, / on the day of Holi, / everyone goes outside / and throws
시간을 보내며   그리고 나서   홀리 당일에   모든 사람이 밖으로 나온다   그리고

powder of various, beautiful colors / at one another. / ⑦ People also toss balloons / full of
다양하고 아름다운 색상의 가루를 던진다   서로에게   사람들은 또한 풍선들을 던진다

water and dye. / ⑧ Others even spray colored water / from water guns. / ⑨ After enjoying
물과 염료로 가득 찬   다른 이들은 심지어 색깔이 있는 물을 뿌린다   물총으로   색깔 전투를

the color fights, / people spend time / eating festive, seasonal foods / with their family and
즐긴 후에   사람들은 시간을 보낸다   축제의 계절 음식을 먹으며   그들의 가족 및 친구들과 함께

friends. /

⑩ Everyone is allowed / to participate and have fun / during the festival. / ⑪ This
모든 사람이 허락된다   참가하고 재미있게 보내는 것이   축제 동안   이는

means / that not only is Holi fun, / but it also plays the important role / of bringing people
의미한다   홀리가 재미있을 뿐만 아니라   그것이 중요한 역할도 한다는 것을   사람들을 화합시키는

together. /

본 문
해 석

겨울이 끝나고 봄의 첫 징후의 기운이 감돌 때, 인도는 흥분과 환희, 밝은 색채로 넘쳐나게 된다. 사람들은 홀리라고 알려진 형형색색의 축제를 준비하기 시작한다. 그것은 봄(← 겨울)의 시작을 기념하는 인도의 국경일이다.

기념 행사는 홀리 전날 밤에 악마인 Holika를 태워 없애는 의식을 위한 모닥불로 시작한다. 사람들은 춤추고, 노래하고, 서로와 함께 즐거운 시간을 보내며 시간을 보낸다. 그리고 나서, 홀리 당일에, 모든 사람이 밖으로 나와 다양하고 아름다운 색상의 가루를 서로에게 던진다. 사람들은 또한 물과 염료로 가득 찬 풍선들을 던진다. 다른 이들은 심지어 물총으로 색깔이 있는 물을 뿌린다. 색깔 전투를 즐긴 후에, 사람들은 그들의 가족 및 친구들과 함께 축제의 계절 음식을 먹으며 시간을 보낸다.

모든 사람이 참가하고 축제 동안 재미있게 보내는 것이 허락된다. 이는 홀리가 재미있을 뿐만 아니라, 그것이 <u>사람들을 화합시키는</u> 중요한 역할도 한다는 것을 의미한다.

구 문
해 설

⑤ People **spend time** *dancing, singing, and having* a great time with each other.
→ 「spend time + v-ing」는 '~하는 데 시간을 보내다'의 의미이다.
→ dancing, singing, having은 각각 콤마(,)와 접속사 and로 병렬 연결되어 있다.

정답 1 ③   2 ⑤   3 ③   **4** works of art / preserved / culture

문제 해설

1 일제 강점기 동안 한국의 예술품을 지키기 위해 애쓴 간송 전형필과, 그의 수집품이 한국의 문화에 미치는 영향에 관한 글이므로, 제목으로는 ③ '한 나라의 문화를 구한 한 개인의 노력'이 가장 알맞다.

[문제] 글의 제목으로 가장 알맞은 것은?

① 자신의 조국에 헌신한 한 예술가   ② 문화 유산을 보존하는 것의 중요성

④ 일제 강점기 동안 한국 예술에 대한 피해   ⑤ 미술관의 목적: 문화를 보호하기와 전수하기

2 빈칸 앞뒤에서 모두 간송미술관이 한국의 문화에 기여한 점에 관해 언급하고 있으므로, 빈칸에는 첨가의 의미를 나타내는 ⑤ Furthermore(뿐만 아니라)가 가장 알맞다.

[문제] 빈칸에 들어갈 말로 가장 알맞은 것은?

① 하지만   ② 그렇지 않으면   ③ 마찬가지로   ④ 그럼에도 불구하고

3 ③ 언제 지어졌는지에 대한 언급은 없다.

①은 문장 ①-②를 통해 서울 성북동에 있다는 것을 알 수 있고, ②는 문장 ③, ⑧-⑨를 통해 훈민정음해례본이나 신윤복의 그림책 등과 같은 한국의 국보를 보유하고 있음을 알 수 있고, ④는 문장 ④에서 전형필이라고 했고, ⑤는 문장 ④, ⑨에서 전형필의 필명을 따서 이름 지어졌음을 알 수 있다.

[문제] 글에서 간송미술관에 관해 언급되지 <u>않은</u> 것은?

① 그것이 어디에 있는지   ② 그것이 무엇을 보유하고 있는지

③ 그것이 언제 지어졌는지   ④ 누가 그것을 설립했는지

⑤ 그것이 무엇을 따서 이름 지어졌는지

4 [문제] 글의 단어나 표현을 이용하여 빈칸을 채우시오.

> 전형필은 한국의 <u>예술품</u>이 파괴되거나 빼앗기는 것을 막기 위해 그것들을 수집했다. 그 덕분에, 한국의 문화 유산이 <u>보존되었고</u> 한국인들은 그들 자신의 <u>문화</u>를 더 잘 알게 되었다.

본문
직독
직해

① One of the most important places / in Korea / is hidden in Seongbuk-dong, Seoul. /
가장 중요한 장소들 중 하나는   한국에서   서울 성북동에 숨겨져 있다

② It is Kansong Art Museum. / ③ It is the first private art museum in Korea / and holds the
그것은 간송미술관이다   그것은 한국 최초의 사립 미술관이다   그리고 가장 많은

largest number of Korean national treasures. / ④ Surprisingly, / all of the valuable pieces
수의 한국의 국보를 보유한다   놀랍게도   그곳에 있는 모든 귀중한 작품들은

there / were collected by a single person, / Jeon Hyeong-pil, or Kansong, the founder of the
단 한 사람에 의해 수집되었다   그 미술관의 설립자인 전형필 또는 간송이라는

museum. /

⑤ During the Japanese occupation of Korea, / many Korean works of art / were
일제 강점기 동안   많은 한국의 예술품들이

destroyed or taken by the Japanese. / ⑥ Jeon wanted to stop this. / ⑦ He devoted his life
일본인들에 의해 파괴되거나 빼앗겼다   전은 이를 막기를 원했다   그는 그의 인생과

and his whole fortune / to buying back / and collecting the nation's works of art / to keep
그의 전 재산을 바쳤다   되사는 데   그리고 나라의 예술품을 수집하는 데   그것들을

them safe. /
안전하게 지키기 위해

⑧ Many of the things he purchased, / including *Hunminjeongeum Haerye* and Shin
그가 구입한 것들 중 많은 것들이   훈민정음해례본과 신윤복의 그림책을 포함하여

Yun-bok's picture book, / are now Korean national treasures. / ⑨ The house / he put
현재 한국의 국보이다   그 집은   그가

them in / became Kansong Art Museum, / which was named after him. / ⑩ Through his
그것들을 두었던   간송미술관이 되었다   그리고 그것은 그의 이름을 따서 이름 지어졌다   그의 예술

art collection, / Jeon helped / to preserve Korea's cultural heritage. / ⑪ Furthermore, / he
수집품을 통하여   전은 도왔다   한국의 문화 유산을 보존하는 것을   뿐만 아니라   그는

helped / Koreans better understand their own culture. /
도왔다   한국인들이 그들 자신의 문화를 더 잘 이해하도록

본문
해석

한국에서 가장 중요한 장소들 중 하나는 서울 성북동에 숨겨져 있다. 그것은 간송미술관이다. 그것은 한국 최초의 사립 미술관이며 가장 많은 수의 한국의 국보를 보유한다. 놀랍게도, 그곳에 있는 모든 귀중한 작품들은 그 미술관의 설립자인, 전형필 또는 간송이라는 단 한 사람에 의해 수집되었다.

일제 강점기 동안, 많은 한국의 예술품들이 일본인들에 의해 파괴되거나 빼앗겼다. 전은 이를 막기를 원했다. 그는 그것들을 안전하게 지키기 위해 나라의 예술품을 되사고 수집하는 데 그의 인생과 그의 전 재산을 바쳤다.

훈민정음해례본과 신윤복의 그림책을 포함하여, 그가 구입한 것들 중 많은 것들이 현재 한국의 국보이다. 그가 그것들을 두었던 집은 간송미술관이 되었는데, 그것은 그의 이름을 따서 이름 지어졌다. 그의 예술 수집품을 통하여, 전은 한국의 문화 유산을 보존하는 것을 도왔다. <u>뿐만 아니라</u>, 그는 한국인들이 그들 자신의 문화를 더 잘 이해하도록 도왔다.

① **One of the most important places** in Korea is hidden in Seongbuk-dong, Seoul.

→ 「one of the + 형용사의 최상급 + 복수 명사」는 '가장 ~한 …들 중 하나'의 의미이다.

⑦ He **devoted his life and his whole fortune to buying** back **and collecting** the nation's works of art *to keep* them safe.

→ 「devote + 목적어 + to + (동)명사(구)」는 '~를 …에 바치다'의 의미이며, buying과 collecting은 전치사 to의 목적어로 접속사 and로 병렬 연결되어 있다.

→ to keep은 '지키기 위해'의 의미로, 〈목적〉을 나타내는 부사적 용법의 to부정사이다.

⑧ **Many of the things** [(which[that]) he purchased], including … , are now Korean national treasures.

→ [ ]는 선행사 Many of the things를 수식하는 목적격 관계대명사절로, 앞에 관계대명사 which[that]가 생략되었다.

⑨ **The house** [(which[that]) he put them in] became *Kansong Art Museum, which* was named after him.

→ [ ]는 선행사 The house를 수식하는 목적격 관계대명사절로, 앞에 관계대명사 which[that]가 생략되었다. The house는 전치사 in의 목적어이다.

→ 「, which」는 선행사 Kansong Art Museum을 부연 설명하는 계속적 용법의 주격 관계대명사로, '그리고 그것은'의 의미이다.

Review Test

정 답　1 ⓒ　2 ⓑ　3 ⓐ　4 ⑤　5 prey　6 founder　7 purchase　8 preserve　9 take off
　　　　10 bring / together

문 제
해 설

1　devote(바치다) − ⓒ 한 사람의 모든 혹은 대부분의 시간이나 에너지를 무언가에 쏟다

2　adopt(입양하다) − ⓑ 다른 누군가의 아이를 자기 자신의 가족으로 삼다

3　rush(돌진하다) − ⓐ 무언가나 누군가에게로 빠르게 움직이다

4　⑤는 '동사 − 명사'의 관계이고, 나머지는 모두 '명사 − 형용사'의 관계이다.
　　① 믿음, 신뢰 − 충직한　　　② 가치 − 가치 있는　　　③ 계절 − 계절적인
　　④ 축제 − 축제의　　　⑤ 흥분시키다 − 흥분, 신남

5　개의 강력한 후각은 그들이 먹이를 찾는 것을 도울 수 있다.

6　Martin은 이 회사의 창립자이자 회장이다.

[7–8]

> 보기 ┃　보존하다　　수집하다　　구입하다

7　나는 새 차를 구입하고 싶다.

8　정부는 그 숲을 보존하기 위해 열심히 노력해야 한다.

9　~를 벗다: take off

10　~를 화합시키다: bring together

퍼 즐　1 weave　2 hometown　3 heritage　4 participate　5 private　6 rural　7 local　8 flood
　　　　9 dye　10 fortune

1　자원봉사자들이 신생아들을 위한 모자를 뜬다.
2　전쟁 후에, 그 군인은 그의 고향으로 돌아왔다.
3　그 단체의 목적은 그들의 유산을 보호하는 것이다.
4　부상 때문에, 나는 경기에 참가할 수 없다.
5　허락 없이는 사유지에 접근할 수 없다.
6　도시 생활에 지쳐서, 나는 시골 지역으로 이사했다.
7　여행자들은 현지 사람들과 만날 기회를 가질 것이다.
8　콘서트는 사람들로 넘쳐났다.
9　과거에, 빨간 염료는 희귀하고 비쌌다.
10　우리 할아버지는 큰 재산을 남기셨다.

본책 • pp. 44~45

1

정 답 **1** ④ **2** ③ **3** (1) T (2) T **4** highest / tallest / sea[ocean]

문 제 해 설

1 해발 고도를 기준으로 하면 세계에서 가장 높은 산은 에베레스트산이고, 전체 키를 기준으로 하면 마우나케아가 가장 키가 큰 산이라는 내용의 글로, 글의 요지로 ④가 가장 알맞다.

2 인터넷에서 가장 높은 산을 검색하면 결과는 대부분 에베레스트산이라는 내용의 (B), 하지만 가장 키가 큰 산을 검색하면 마우나케아라는 결과를 얻게 되는데, 전혀 그렇게 보이지 않는다는 내용의 (C), 마우나케아가 높아 보이지 않는 이유를 설명하는 내용인 (A)의 흐름이 가장 알맞다.

3 (1) 문장 ①에서 마우나케아의 절반 이상이 바다 아래에 있다고 했다.
(2) 문장 ⑤에서 에베레스트산의 해발 고도는 8,848m이고, 문장 ⑨에서 마우나케아의 해발 고도는 4,205m라고 했으므로, 두 배 이상임을 알 수 있다.

4 에베레스트산은 세계에서 <u>가장 높은</u> 산이지만 마우나케아는 <u>가장 키가 큰</u> 산인데, 마우나케아의 절반 이상이 <u>바다</u> 아래에 있기 때문이다.

본 문 직 독 직 해

④ If you search for "the highest mountain in the world" / on the Internet, / most of
만약 당신이 '세계에서 가장 높은 산'을 검색한다면   인터넷에서   대부분의

the results will say / it is Mt. Everest. / ⑤ Those results will also tell you / that Mt. Everest's
결과들은 말할 것이다   그것이 에베레스트산이라고   그 결과들은 또한 당신에게 말할 것이다   에베레스트산의

peak is 8,848 meters above sea level. /
정상이 해발 8,848m라고

⑥ However, / if you change the search words slightly, / you will get different results.
하지만   만약 당신이 검색어를 약간 바꾼다면   당신은 다른 결과들을 얻을 것이다

/ ⑦ Change "the highest" to "the tallest." / ⑧ Then the results will most likely say / it is
'가장 높은'을 '가장 키가 큰'으로 변경하라   그러면 그 결과들은 아마도 틀림없이 말할 것이다   그것이

Mauna Kea, a Hawaiian volcano. / ⑨ It does not seem to be the tallest mountain at all, /
하와이의 화산인 마우나케아라고   그것은 전혀 가장 키가 큰 산으로 보이지 않는다

because it only reaches 4,205 meters / above sea level. /
그것이 겨우 4,205m에 이르기 때문에   해발

① However, / over half of it is hidden / under the sea. / ② From its true base / at the
하지만   그것의 절반 이상이 숨겨져 있다   바다 아래에   그것의 진짜 바닥부터   바다의

bottom of the ocean / to its peak, / it is 10,203 meters tall! / ③ So, / Mauna Kea is more
밑바닥에 있는   그것의 정상까지   그것은 키가 10,203m이다   그래서   마우나케아는 1km 이상

than one kilometer taller / than Mt. Everest, / even though it is not as high. /
더 키가 크다   에베레스트산보다   비록 그것이 그만큼 높지는 않더라도

본 문 해 석

(B) 만약 당신이 인터넷에서 '세계에서 가장 높은 산'을 검색한다면, 대부분의 결과들은 그것이 에베레스트산이라고 말할 것이다. 그 결과들은 또한 에베레스트산의 정상이 해발 8,848m라고도 말할 것이다.

(C) 하지만, 만약 당신이 검색어를 약간 바꾼다면, 당신은 다른 결과들을 얻을 것이다. '가장 높은'을 '가장 키가 큰' 으로 변경하라. 그러면 그 결과들은 아마도 틀림없이 그것이 하와이의 화산인 마우나케아라고 말할 것이다. 그것은 전혀 가장 키가 큰 산으로 보이지 않는데, 그것이 겨우 해발 4,205m에 이르기 때문이다.

(A) 하지만, 그것의 절반 이상이 바다 아래에 숨겨져 있다. 바다의 밑바닥에 있는 그것의 진짜 바닥부터 정상까지, 그것은 키가 10,203m이다! 그래서 마우나케아는 비록 에베레스트산만큼 높지는 않더라도, 그것보다 1km 이상 더 키가 크다.

구 문 해 설

① However, over **half of it is** hidden under the sea.

→ half of 뒤에 오는 (대)명사의 수에 동사를 일치시킨다.

③ So, Mauna Kea is more than one kilometer taller than Mt. Everest, **even though** it is not *as high* (as Mt. Everest).

→ even though는 '비록 ~일지라도'의 의미의 접속사이다.

→ 원급 비교인 as high 뒤에 비교 대상인 as Mt. Everest가 생략되었다.

⑨ It does **not** seem to be the tallest mountain **at all**, because it only reaches 4,205 meters above sea level.

→ 「not ~ at all」은 '전혀 ~ 않다'의 의미이다.

본책 • pp. 46~47

2

정 답 1 ⑤ 2 ② 3 (Buso가 찍은 사진들 중 한 장에 나온) 이상한 빛
4 (1) Hobbies (2) Astronomy (3) supernova (4) dangers (5) life

문 제 해 설

1 취미로 우주를 관찰하던 아마추어들이 중요한 발견을 했다는 내용의 글이므로, 제목으로 ⑤ '전문가만이 새로운 것을 발견할 수 있는 것은 아니다'가 가장 적절하다.

① 취미를 직업으로 바꾸어라
② 초신성을 발견한 남자
③ 세계에서 가장 귀중한 취미는 무엇인가?
④ 유명 아마추어 천문학자가 되는 방법

2 (A) 취미가 과학에 기여한 예로 천문학을 언급하고 있으므로, 아마추어 천문학자들이 '셀 수 없이 많은(countless)' 발견을 했다는 내용이 자연스럽다.
(B) 목성을 '관찰하는(observing)' 동안 특이한 흔적을 발견했다는 내용이 되어야 자연스럽다.
(C) 아마추어 천문학자들은 '공식적인(formal)' 교육 없이도 중요한 발견들을 했다는 내용이 되어야 자연스럽다.

① 셀 수 없이 많은 …… 받을 만한 …… 격식에 얽매이지 않는
② 셀 수 없이 많은 …… 관찰하는 …… 공식적인
③ 셀 수 없이 많은 …… 관찰하는 …… 격식에 얽매이지 않는
④ 계산된 …… 받을 만한 …… 공식적인
⑤ 계산된 …… 관찰하는 …… 격식에 얽매이지 않는

3 밑줄 친 It은 바로 앞 문장의 a strange light (in one of them)을 가리킨다.

4 과학에 기여하는 ⁽¹⁾ 취미들—⁽²⁾ 천문학에서의 사례

과학에 기여하는 ⁽¹⁾ 취미들—⁽²⁾ 천문학에서의 사례

	Anthony Wesley	Victor Buso
그들이 한 것	충돌에 의해 생긴 목성의 상처를 발견했다	⁽³⁾ 초신성의 사진을 찍었다
그 발견이 할 수 있는 것	우리에게 있음 직한 ⁽⁴⁾ 위험성에 대한 정보를 줄 수 있다	우리에게 별의 ⁽⁵⁾ 생애에 대해 알려줄 수 있다

① Some hobbies can contribute important knowledge / to science. / ② One of these is
몇몇 취미는 중요한 지식을 기여할 수 있다　　　　과학에　　　　이것들 중 하나가

astronomy. / ③ Amateur astronomers have made countless discoveries. /
천문학이다　　　아마추어 천문학자들은 셀 수 없이 많은 발견을 해 왔다

④ In 2009, / for example, / an amateur astronomer named Anthony Wesley / found
2009년에　　예를 들어　　　Anthony Wesley라는 이름의 한 아마추어 천문학자가

an unusual mark / on Jupiter / while he was observing it / by telescope. / ⑤ He reported
특이한 흔적을 발견했다　목성에서　　그가 그것을 관찰하는 동안　　망원경으로　　　그는 전문가들에게

it to experts, / who believe it is a scar / created by the impact of a large object. / ⑥ This
그것을 알렸다　그리고 그들은 그것이 상처라고 믿는다　큰 물체의 충돌에 의해 생긴

discovery could provide valuable information / about the dangers of objects / moving
이 발견은 귀중한 정보를 제공할 수 있다　　　　물체의 위험성에 관한　　　　우주를

through space. / ⑦ In 2016, / a man named Victor Buso / attached a camera / to his 16-
통과하며 움직이는　2016년에　Victor Buso라는 이름의 한 남자는　카메라를 붙였다　　그의 16인치

inch telescope. / ⑧ After taking a few pictures, / he noticed a strange light / in one of them.
망원경에　　　사진을 몇 장 찍은 후에　　　그는 이상한 빛을 알아챘다　　그것들 중 하나에서

/ ⑨ It came from an exploding star, / which turned out to be a supernova. / ⑩ Such photos
그것은 폭발하는 별에서 나왔다　　　그리고 그것은 초신성으로 밝혀졌다　　　그런 사진들은

are very rare, / and Buso's helped scientists learn more / about the life of stars. /
매우 희귀하다　　그리고 Buso의 것은 과학자들이 더 많이 알도록 도왔다　별들의 생애에 대해

⑪ Amateur astronomers have no formal training, / but they can still make important
아마추어 천문학자는 공식적인 훈련을 받지 않는다　　　　하지만 그럼에도 불구하고 그들은 중요한

discoveries. / ⑫ Do you have a hobby / that might change the world someday? /
발견을 할 수 있다　당신은 취미를 가지고 있는가　언젠가 세상을 바꿀지 모를

몇몇 취미는 과학에 중요한 지식을 기여할 수 있다. 이것들 중 하나가 천문학이다. 아마추어 천문학자들은 셀 수 없이 많은 발견을 해 왔다.

예를 들어 2009년에, Anthony Wesley라는 이름의 한 아마추어 천문학자는 망원경으로 목성을 관찰하는 동안 그것에 있는 특이한 흔적을 발견했다. 그는 그것을 전문가들에게 알렸는데, 그들은 그것이 큰 물체의 충돌에 의해 생긴 상처라고 믿는다. 이 발견은 우주를 통과하며 움직이는 물체의 위험성에 관한 귀중한 정보를 제공할 수 있다. 2016년에, Victor Buso라는 이름의 한 남자는 그의 16인치 망원경에 카메라를 붙였다. 사진을 몇 장 찍은 후에, 그는 그것들 중 한 장에서 이상한 빛을 알아챘다. 그것은 폭발하는 별에서 나왔는데, 그것(별)은 초신성으로 밝혀졌다. 그런 사진들은 매우 희귀하고, Buso의 것은 과학자들이 별들의 생애에 대해 더 많이 알도록 도왔다.

아마추어 천문학자는 공식적인 훈련을 받지 않지만, 그럼에도 불구하고 그들은 중요한 발견을 할 수 있다. 당신은 언젠가 세상을 바꿀지 모를 취미를 가지고 있는가?

구 문
해 설

④ In 2009, for example, **an amateur astronomer** [named Anthony Wesley] found an unusual mark on Jupiter *while* he was observing it by telescope.

➔ [ ]는 an amateur astronomer를 수식하는 과거분사구이다.

➔ while은 '~하는 동안'의 의미인 접속사이다.

⑤ He reported it to **experts, who** *believe* [(that) it is a scar {created by the impact of a large object}].

➔ 「, who」는 선행사 experts를 부연 설명하는 계속적 용법의 주격 관계대명사로, '그리고 그들은'의 의미이다.

➔ [ ]는 believe의 목적어로 쓰인 명사절로 접속사 that이 생략되었다.

➔ { }는 a scar를 수식하는 과거분사구이다.

⑧ **After taking** a few pictures, he noticed a strange light in one of them.

➔ After taking은 접속사를 생략하지 않은 〈때〉를 나타내는 분사구문으로, After he took으로 바꿔 쓸 수 있다.

⑨ It came from **an exploding star, which** turned out to be a supernova.

➔ 「, which」는 선행사 an exploding star를 부연 설명하는 계속적 용법의 주격 관계대명사로, '그리고 그것은'의 의미이다.

3

본책 • pp. 48~49

정 답   1 ③   2 ③   3 ④   4 많은 각기 다른 종류의 바나나를 재배하는 것

문 제
해 설

1 세계 생산량의 대부분을 차지하는 Cavendish 품종의 바나나가 새로운 종류의 파나마병으로 인해 위협받고 있다는 내용의 글이므로, 제목으로 ③ '바나나의 멸종: 정말 일어나고 있는가?'가 가장 적절하다.

① 바나나 나무를 재배하는 방법   ② 세계적으로 가장 유명한 바나나
④ 남아메리카에서 바나나를 보호하는 가장 좋은 방법   ⑤ 경쟁자들: Gros Michel과 Cavendish

2 바나나 나무는 씨앗을 심어 키우지 않고 바나나 나무의 조각을 심어 번식시키기 때문에 질병이 쉽게 확산된다고 설명하는 부분이므로, 바나나가 본래 자랐던 지역을 언급하는 내용의 (c)는 흐름과 관계없다.

3 ④ Cavendish를 대체할 품종은 언급되지 않았다.
①은 문장 ①-③에서 1965년 이후임을 알 수 있고, ②는 문장 ⑤를 통해 파나마 병의 새로운 종류가 위협하기 때문임을 알 수 있고, ③은 문장 ⑥에서 아시아와 호주, 아프리카라고 했고, ⑤는 문장 ⑦과 ⑨에서 다른 바나나 나무의 작은 조각에서 자란다고 했다.

4 문장 ⑪에 언급되어 있다.

본 문
직 독
직 해

① Until 1965, / the world ate a more delicious type of banana, / the Gros Michel. /
1965년까지   세계는 더 맛있는 종류의 바나나를 먹었다   Gros Michel이라는

② However, / Panama disease killed / almost all of the Gros Michel plants. / ③ Banana
그러나   파나마병이 죽게 했다   거의 모든 Gros Michel 나무를   그래서

growers then began / to depend on a different type of banana, / the Cavendish. / ④ Now, /
바나나 재배자들은 시작했다   다른 종류의 바나나에 의존하기   Cavendish라는   이제

almost all bananas in the world / are grown from this type of plant. / ⑤ However, / a new
세계의 거의 모든 바나나가　　　　　이 종류의 나무에서 재배된다　　　　그러나　　　그 질병의

type of the disease / is threatening the Cavendish / as well. / ⑥ This disease has already
새로운 종류가　　　　　Cavendish를 위협하고 있다　　　역시　　　이 질병은 이미 퍼졌다

spread / to Asia, Australia, and Africa, / and it may soon reach South America. / ⑦ The
아시아와 호주, 아프리카에　　　　　그리고 그것은 곧 남아메리카에 도달할지도 모른다

problem is / that banana plants do not grow / from seeds. / (⑧ Bananas originally grew /
문제는 ~이다　　바나나 나무가 자라지 않는다는 것　　씨앗에서　　　바나나는 본래 자랐다

in South East Asia and India. /) ⑨ Instead, / they grow from small pieces / of other banana
동남아시아와 인도에서　　　　　대신　　　그것들은 작은 조각에서 자란다　　　다른 바나나 나무의

plants. / ⑩ So if one plant has a disease, / all of the plants / that grow from it / will also be
그래서 나무 하나가 질병에 걸리면　　　모든 나무들은　　　그것으로부터 자라는　　　또한 쉽게

easily affected / by that disease. / ⑪ Experts agree / that the only way / to save bananas /
영향을 받게 된다　　그 질병에 의해　　　전문가들은 동의한다　유일한 방법이　　바나나를 구할

is to grow many different types of bananas. / ⑫ This will make it harder / for diseases to
많은 각기 다른 종류의 바나나를 재배하는 것이라는 데　　　이는 더 어렵게 만들 것이다　　질병이 퍼지는 것을

spread / from one type of banana plant / to another. /
한 종류의 바나나 나무에서　　　　다른 종류로

**본 문
해 석**

1965년까지, 세계는 더 맛있는 종류의 바나나인 Gros Michel을 먹었다. 그러나 파나마병이 거의 모든 Gros Michel 나무를 죽게 했다. 그래서 바나나 재배자들은 다른 종류의 바나나인 Cavendish에 의존하기 시작했다. 이제, 세계의 거의 모든 바나나가 이 종류의 나무에서 재배된다. 그러나, 그 질병의 새로운 종류가 Cavendish 역시 위협하고 있다. 이 질병은 이미 아시아와 호주, 아프리카에 퍼졌고, 곧 남아메리카에 도달할지도 모른다. 문제는 바나나 나무가 씨앗에서 자라지 않는다는 것이다. (바나나는 본래 동남아시아와 인도에서 자랐다.) 대신, 그것들은 다른 바나나 나무의 작은 조각에서 자란다. 그래서 나무 하나가 질병에 걸리면, 그것으로부터 자라는 모든 나무들 또한 그 질병에 의해 쉽게 영향을 받게 된다. 전문가들은 바나나를 구할 유일한 방법이 많은 각기 다른 종류의 바나나를 재배하는 것이라는 데 동의한다. 이는 질병이 한 종류의 바나나 나무에서 다른 종류로 퍼지는 것을 더 어렵게 만들 것이다.

**구 문
해 설**

⑩ So if *one plant* has a disease, **all of the plants** [**that** grow from *it*] will also be easily affected by that disease.
➡ [　]는 선행사 all of the plants를 수식하는 주격 관계대명사절이다.
➡ it은 앞에서 언급된 one plant를 가리킨다.

⑪ Experts **agree** [**that** the only way *to save* bananas is {to grow many different types of bananas}].
➡ that은 명사절을 이끄는 접속사로, [　]는 동사 agree의 목적어로 쓰였다.
➡ to save는 the only way를 수식하는 형용사적 용법의 to부정사이다.
➡ to grow는 명사적 용법의 to부정사로, {　}는 that절의 보어로 쓰였다.

⑫ This will **make *it* harder** *for diseases to spread from one type of banana plant to another.*
➡ 「make + 목적어 + 형용사」는 '~를 …하게 만들다'의 의미이다.
➡ it은 가목적어, for diseases는 의미상 주어, to spread 이하가 진목적어이다.

4

정 답 1 ② 2 (1) F (2) T 3 (물고기와 악어는 사막 기후에서 살 수 없으므로) 그 당시 사하라는 사막 기후가 아니었다.
4 found[uncovered] / rainfall / Green Sahara period / 5,000

문 제
해 설

1 사하라 사막이 과거에는 물과 생물이 많은 곳이었을지도 모른다는 내용이므로, 빈칸에는 ② '뜻밖의 과거'가 가장 알
맞다.
[문제] 빈칸에 들어갈 말로 가장 알맞은 것은?
① 미래의 변화 ③ 현재의 상태 ④ 환경적 가치 ⑤ 특이한 환경

2 (1) 문장 ③에서 그 시대는 약 11,000년 전에 시작해 약 5,000년 전까지 지속했을지도 모른다고 했다.
(2) 문장 ⑥에서 낚시 도구가 발견되었다고 했다.
[문제] 녹색 사하라 시대에 관해 글의 내용과 일치하면 T, 그렇지 않으면 F를 쓰시오.
(1) 연구자들은 그 시대가 약 8,000년 동안 지속됐다고 믿는다.
(2) 그 시대에 사하라 사막에 살았던 사람들은 낚시했다.

3 밑줄 친 문장은 '이 동물들은 사막 기후에서는 생존했을 리가 없다.'는 의미이며, 연구자들이 사막 기후에서 살 수 없
는 동물인 물고기와 악어의 뼈를 발견했다는 것은 사하라 사막이 과거에는 사막 기후가 아니었다는 것을 의미한다.
[문제] 밑줄 친 문장이 암시하는 바는 무엇인가? 우리말로 쓰시오.

4 [문제] 다음 빈칸에 알맞은 단어나 표현을 글에서 찾아 쓰시오.

> 한 연구팀이 사하라 사막이 한때 많은 강우를 가졌었다는 증거를 <u>찾았다[발견했다]</u>. 그들은 그 시대를 <u>녹색</u> 사하
> 라 시대라고 부르고, 그것은 약 <u>5,000</u>년 전에 끝난 것으로 생각된다.

본 문
직 독
직 해

① When you look at the Sahara desert today, / you see a dry, lifeless land. /
당신이 오늘날 사하라 사막을 보면,   당신은 건조하고, 생명체가 살지 않는 땅을 본다

② However, / it is believed that / the Sahara once received lots of rainfall / and had lakes
그러나   ~라고 믿는다   사하라 사막이 한때 많은 강우를 받았다고   그리고 호수와 강이

and rivers. / ③ This period, / now known as the Green Sahara period, / may have started
있었다고   이 시대는   현재 녹색 사하라 시대로 알려진   약 11,000년 전에

about 11,000 years ago / and lasted until about 5,000 years ago. / ④ What do you think this
시작했을지도 모른다   그리고 약 5,000년 전까지 계속됐을지도 모른다   이 지역이 어땠을 것 같다고

region was like / then? /
생각하는가   그때

⑤ A team of researchers recently made a surprising discovery / that helps us
한 연구팀이 최근에 놀라운 발견을 했다   우리가 더 이해하는

understand more / about this interesting time. / ⑥ They found / the skeletons of more than
것을 돕는   이 흥미로운 시대에 대해서   그들은 찾았다   200구 이상의 인간 해골들을

200 human beings, / along with hunting tools, fishing instruments, and other artifacts. /
                   사냥 도구와 낚시 도구, 다른 공예품들과 함께

⑦ They also uncovered / the bones of large fish and crocodiles. / ⑧ These animals could
그들은 또한 발견했다   커다란 물고기와 악어의 뼈를   이 동물들은 생존할 수 없었을

not have survived / in a desert climate. /
것이다   사막 기후에서는

⑨ Can you now believe / the Sahara desert used to be very different? / ⑩ Researchers
당신은 이제 믿을 수 있는가   사하라 사막이 매우 달랐었다는 것을   연구자들은

will continue to study this area. / ⑪ We can expect to learn more / about the Sahara desert's
이 지역을 계속 연구할 것이다   우리는 더 알게 될 것이라고 예상할 수 있다   사하라 사막의

unexpected past / and the ancient people / who once called the Sahara their home. /
뜻밖의 과거에 대해   그리고 고대의 사람들에 대해   한때 사하라 사막을 그들의 집이라고 불렀던

본 문
해 석

당신이 오늘날 사하라 사막을 보면, 건조하고, 생명체가 살지 않는 땅을 본다. 그러나, 사하라 사막은 한때 많은 강우를 받았고 호수와 강이 있었다고 믿긴다. 현재 녹색 사하라 시대로 알려진 이 시대는 약 11,000년 전에 시작해서 약 5,000년 전까지 계속됐을지도 모른다. 그때 이 지역이 어땠을 것 같다고 생각하는가?

한 연구팀이 최근 이 흥미로운 시대에 대해서 우리가 더 이해할 수 있도록 돕는 놀라운 발견을 했다. 그들은 사냥 도구와 낚시 도구, 다른 공예품들과 함께 200구 이상의 인간 해골들을 찾았다. 그들은 또한 커다란 물고기와 악어의 뼈를 발견했다. 이 동물들은 사막 기후에서는 생존할 수 없었을 것이다.

당신은 이제 사하라 사막이 매우 달랐다는 것을 믿을 수 있는가? 연구자들은 이 지역을 계속 연구할 것이다. 우리는 사하라 사막의 뜻밖의 과거와 한때 사하라 사막을 그들의 집이라고 불렀던 고대의 사람들에 대해 더 알게 될 것이라고 예상할 수 있다.

구 문
해 설

③ This period, … , **may have _started_** about 11,000 years ago **_and lasted_** until about 5,000 years ago.
→ 「may have + p.p.」는 '~했을지도 모른다'의 의미로 과거에 대한 추측을 나타낸다.
→ 과거분사 started와 lasted는 접속사 and로 병렬 연결되어 있다.

④ **What do you think this region was** like then?
→ 간접의문문(what this region was)이 의문문 「do you think ~?」의 목적어로 쓰인 것으로, 「의문사 + do you think + 주어 + 동사」의 어순이다.

⑧ These animals **could not have survived** in a desert climate.
→ 「could not have + p.p.」는 '~했을 리가 없다'의 의미로 과거에 대한 부정적 추측을 나타낸다.

⑨ Can you now believe the Sahara desert **used to be** very different?
→ 「used to + 동사원형」은 '(과거에) ~였다/하곤 했다'의 의미로, 과거의 상태나 습관을 나타낸다.

Review Test

정 답 **1** peak **2** period **3** scar **4** ④ **5** ① **6** affect **7** contribute **8** expect
9 depend on **10** turn out

문 제
해 설
[1-3]

> 보기 | 봉우리, 꼭대기   흉터, 상처   기간, 시기   지방, 지역

1 '맨 위 부분'의 의미를 가진 단어는 peak(봉우리, 꼭대기)이다.

2 '시간의 길이'의 의미를 가진 단어는 period(기간, 시기)이다.

3 '상처에 의해 남은 흔적'의 의미를 가진 단어는 scar(흉터, 상처)이다.

4 discover(발견하다)와 비슷한 의미의 단어는 ④ uncover(발견하다)이다.

> 우리는 그녀의 결정 뒤에 있는 이유를 발견하려고 노력하고 있다.

① 숨기다 ② 도달하다, 이르다 ③ 해결하다 ⑤ 폭발하다

5 instrument(기구, 도구)와 비슷한 의미의 단어는 ① tool(연장, 도구)이다.

> 날카로운 절단 도구를 사용할 때는 조심해라.

② 바닥 ③ 자국, 흔적 ④ 공예품 ⑤ 망원경

[6-8]

> 보기 | 예상하다   계속하다   영향을 미치다   기여하다

6 당신이 먹는 것이 당신의 기분에 영향을 미칠 수 있다.

7 모든 구성원들이 팀의 성공에 기여하고 싶어 했다.

8 나는 그 파티에서 그들을 다시 볼 것이라고 예상하지 못했다.

9 ~에 의존하다: depend on

10 ~인 것으로 드러나다[밝혀지다]: turn out

퍼 즐 **1** discovery **2** countless **3** observe **4** region **5** continue **6** formal **7** last **8** impact
9 slightly **10** attach

You'll be all right.

Origins & Inventions

1

정답 1 ①   2 ②   3 ④   4 weight / pipe / tray

문제
해설

1 고대 이집트 신전의 사제들이 하던 일을 대신하는 Hero의 발명품에 관한 내용이므로, 제목으로는 ① '사제의 일을 한 기계'가 가장 알맞다.

  ② 자동판매기의 역사   ③ Hero of Alexandria의 첫 발명품

  ④ 자동판매기 사용하기: 현대적이 되는 방법   ⑤ 사제들의 문제들: 돈과 시간을 절약하는 방법

2 Hero가 자동판매기를 발명함으로써 이 문제들을 해결했다는 주어진 문장은 사제들의 문제를 언급하는 문장 ④-⑤ 뒤에 오는 것이 알맞다. 주어진 문장의 these problems는 문장 ④-⑤의 내용을 가리키고, 문장 ⑥의 this machine은 주어진 문장의 the first vending machine을 가리킨다.

3 Hero의 발명품으로 사제들은 물을 나누어 주느라 시간을 많이 들일 필요가 없었으며, 사람들이 돈을 지불한 만큼의 성수만 주었으므로, 빈칸에는 ④ '시간과 성수를 절약하다'가 가장 알맞다.

  ① 더 많은 방문객들을 끌어모으다   ② 어느 때보다 더 바빠지다

  ③ 더 많은 성수를 준비하다   ⑤ 더 적은 돈을 쓰지만 피곤해지다

4
> 동전의 **무게**가 **파이프**를 열었기 때문에, Hero의 자동 물 분배기는 오직 동전이 **쟁반** 위에 있는 동안에만 성수를 제공했다.

본문
직독
직해

① Vending machines are a modern convenience / that many people use. /
자동판매기는 현대의 편의 시설이다   많은 사람이 이용하는

② Surprisingly, however, / modern people were not the first / to use them. /
하지만 놀랍게도   현대인이 최초는 아니었다   그것들을 이용한

③ In ancient Egypt, / people bought holy water / to wash themselves / before
고대 이집트에서   사람들은 성수를 샀다   자신들을 씻기 위해   신전에

entering a temple. / ④ Priests often distributed holy water, / but this took a long time. /
들어가기 전에   사제들이 대개 성수를 나누어 주었다   그러나 이것은 시간이 오래 걸렸다

⑤ However, / without the priests, / people could take more water / than they paid for. /
하지만   사제들이 없으면   사람들은 더 많은 물을 가져갈 수 있었다   그들이 지불한 것보다

A Greek engineer named Hero of Alexandria / solved these problems / by inventing the
Hero of Alexandria라는 이름의 한 그리스 기술자가   이 문제들을 해결했다   최초의 자동판매기를

first vending machine / in 215 BC. / ⑥ So how did this machine work? / ⑦ When a visitor
발명함으로써   기원전 215년에   그러면 이 기계는 어떻게 작동했을까   방문객이

put a coin in the machine, / it fell onto one side of a long tray. / ⑧ Its weight caused the
그 기계에 동전을 넣으면   그것은 긴 쟁반의 한 쪽 위로 떨어졌다   그것의 무게는 그 쟁반이

tray to tilt, / which opened a pipe / at the bottom of the machine. / ⑨ This allowed the holy
기울게 했다   그리고 그것은 파이프를 열었다   그 기계의 바닥에 있는   이것은 성수가 흘러나오도록

water to flow out. / ⑩ When the coin slid off the tray, / the pipe closed / and no more water
했다   그 동전이 쟁반에서 미끄러져 떨어지면   그 파이프가 닫혔다   그리고 더 이상의 물이

came out. / ⑪ Thanks to Hero's automatic water dispenser, / many ancient priests were able
나오지 않았다　　 Hero의 자동 물 분배기 덕분에　　　　　　　 많은 고대의 사제들은 시간과 성수를

to save time and holy water! /
절약할 수 있었다

본 문
해 석

자동판매기는 많은 사람이 이용하는 현대의 편의 시설이다. 하지만 놀랍게도, 현대인이 그것들을 이용한 최초는 아니었다.

고대 이집트에서, 사람들은 신전에 들어가기 전에 자신들을 씻기 위해 성수를 샀다. 사제들이 대개 성수를 나누어 주었는데, 이것은 시간이 오래 걸렸다. 하지만, 사제들이 없으면, 사람들은 그들이 지불한 것보다 더 많은 물을 가져갈 수 있었다. Hero of Alexandria라는 이름의 한 그리스 기술자가 기원전 215년에 최초의 자동판매기를 발명함으로써 이 문제들을 해결했다. 그러면 이 기계는 어떻게 작동했을까? 방문객이 그 기계에 동전을 넣으면, 그것은 긴 쟁반의 한 쪽 위로 떨어졌다. 그것의 무게는 그 쟁반이 기울게 했고, 그것은 그 기계의 바닥에 있는 파이프를 열었다. 이것은 성수가 흘러나오도록 했다. 그 동전이 쟁반에서 미끄러져 떨어지면, 그 파이프가 닫히고 더 이상의 물이 나오지 않았다. Hero의 자동 물 분배기 덕분에, 많은 고대의 사제들은 시간과 성수를 절약할 수 있었다!

구 문
해 설

⑧ Its weight **caused the tray to tilt**, *which* opened a pipe at the bottom of the machine.
➡ 「cause + 목적어 + to-v」는 '~가 …하게 하다'의 의미이다.
➡ 「, which」는 계속적 용법의 관계대명사로, 이 문장에서 which는 앞 절 전체를 선행사로 한다.
⑨ **A Greek engineer** [named Hero of Alexandria] solved these problems *by inventing* … .
➡ [ ]는 A greek engineer를 수식하는 과거분사구이다.
➡ 「by + v-ing」은 '~함으로써'의 의미이다.

2

본책 • pp. 58~59

정 답　1 ⑤　　2 ⑤　　3 ②　　4 label / make[create] / pressing

문 제
해 설

1 시각 장애인들의 일상을 더 편리하게 하기 위해 고안된 점자 테이프에 관한 글로, ⑤ '시각 장애인들의 삶을 더 용이하게 만드는 발명품'이 제목으로 가장 알맞다.
① 시각 장애인들이 점자를 읽는 방법　　② 시각 장애인들에게 희망을 주는 메시지
③ 점자 테이프가 만들어진 이유　　④ 점자: 시각 장애인들을 위한 최고의 발명품

2 ⑤ 점자 테이프를 파는 곳에 관한 언급은 없다.
①과 ②는 문장 ②-③에서 점자로 표시가 붙어야 할 많은 일상용품들이 있어서 한국인 디자이너 집단이 점자 테이프를 발명했다고 했고, ③은 문장 ④에서 평범한 테이프 같아 보인다고 했고, ④는 문장 ⑤-⑦에서 점자 테이프를 잘라 물건에 붙인 다음 그 위에 있는 점들을 눌러 글자를 만들어 사용한다고 했다.
① 그것이 왜 발명되었는가　　② 누가 그것을 만들었는가
③ 그것은 무엇처럼 보이는가　　④ 그것은 어떻게 사용될 수 있는가
⑤ 어디서 그것을 살 수 있는가

3 (A) 빈칸 앞에 요즘에는 점자가 공공장소에서 많이 발견된다는 내용이 오고, 빈칸 뒤에 일상용품도 또한 점자로 표시되어야 한다는 내용이 오므로 빈칸에는 However(하지만)가 가장 알맞다.

(B) 빈칸 앞에 점자 테이프의 사용법에 대한 내용이 오고, 빈칸 뒤에 점자 테이프의 사용 예시가 오므로 빈칸에는 For example(예를 들어)이 가장 알맞다.

① 하지만 ······ 그렇지 않으면 ② 하지만 ······ 예를 들어

③ 따라서 ······ 예를 들어 ④ 따라서 ······ 반면에

⑤ 다시 말해서 ······ 반면에

4 일상용품에 <u>표시</u>를 붙이기 위해서, 시각 장애인들은 점자 테이프의 조각을 자르고, 그것을 물건에 붙이고, 서로 다른 점들을 <u>누름</u>으로써 단어를 <u>만들</u> 수 있다.

<table>
<tr><td rowspan="3">본문
직독
직해</td><td>

① These days, / Braille can be found / in many public places. / ② However, / there are
<small>요즘　　　　　점자는 발견될 수 있다　　　　많은 공공장소에서　　　　하지만　　　　　많은</small>

a number of everyday items / that should be labeled with Braille / as well. / ③ That is why /
<small>일상용품들이 있다　　　　　　　　점자로 표시가 붙어야 할　　　　　　또한　　　그것이 ~한 이유이다</small>

a group of Korean designers invented Braille Tape. / ④ In some ways, / it just looks like
<small>한 한국인 디자이너 집단이 점자 테이프를 발명한　　　　　　어떤 면에서　　　그것은 그저 평범한</small>

ordinary tape, / but it has blocks of dots / on it. / ⑤ You can simply cut off a piece of tape /
<small>테이프 같이 보인다　하지만 그것은 점 블록들이 있다　그 위에　당신은 간단하게 테이프 조각을 자를 수 있다</small>

and stick it on an object. / ⑥ Then, / by pressing in different dots, / you can make all of the
<small>그리고 그것을 물건에 붙일 수 있다　　그리고 나서　서로 다른 점들을 누름으로써　당신은 모든 글자를 만들 수 있다</small>

letters / in the Braille alphabet. / ⑦ This allows you to create / a word or message. /
<small>글자를　　점자 알파벳의　　　　　이는 당신이 만들 수 있게 한다　　단어나 메시지를</small>

⑧ For example, / Braille Tape can be used / to label containers / in a refrigerator. /
<small>예를 들어　　점자 테이프는 사용될 수 있다　　용기들에 표시를 붙이는 데　냉장고 안의</small>

⑨ Then / a blind person can tell the difference / between a jar of pickles and a jar of
<small>그러면　시각 장애인은 차이를 구별할 수 있다　　　　피클 병과 스파게티 소스 병의</small>

spaghetti sauce / quickly and easily, / without opening them up. / ⑩ There are many other
<small>스파게티 소스 병의　빠르고 쉽게　　　　그것들을 열어 보지 않고　　많은 다른 쓰임새가 있다</small>

uses / for Braille Tape / around the home. / ⑪ With this brilliant invention, / it is possible
<small>쓰임새의　점자 테이프의　가정 주변에서　이 멋진 발명품으로　　만드는 것이</small>

to make / the daily tasks of the blind more convenient. /
<small>가능하다　시각 장애인들의 일과를 더 편리하게</small>

</td></tr>
</table>

본문
해석 요즘, 점자는 많은 공공장소에서 발견될 수 있다. 하지만, 또한 점자로 표시가 붙어야 할 많은 일상용품들이 있다. 그것이 한 한국인 디자이너 집단이 점자 테이프를 발명한 이유이다. 어떤 면에서, 그것은 그저 평범한 테이프 같아 보이지만, 그 위에는 점 블록들이 있다. 당신은 간단하게 테이프 조각을 잘라서 그것을 물건에 붙일 수 있다. 그리고 나서, 서로 다른 점들을 누름으로써, 당신은 점자 알파벳의 모든 글자를 만들 수 있다. 이는 당신이 단어나 메시지를 만들 수 있게 한다.

예를 들어, 점자 테이프는 냉장고 안의 용기들에 표시를 붙이는 데 사용될 수 있다. 그러면 시각 장애인은 그것들을 열어 보지 않고도 피클 병과 스파게티 소스 병의 차이를 빠르고 쉽게 구별할 수 있다. 점자 테이프는 가정 주변에서 많은 다른 쓰임새가 있다. 이 멋진 발명품으로, 시각 장애인들의 일과를 더 편리하게 만드는 것이 가능하다.

구 문
해 설

② ... , there are **a number of *everyday items*** [*that* should be labeled with Braille as well].

➔ 「a number of + 복수 명사」는 '많은 ~'의 의미이다.

➔ [ ]는 선행사 everyday items를 수식하는 주격 관계대명사절이다.

⑨ Then a blind person can tell the difference ... , without **opening them up**.

➔ open up은 「동사 + 부사」로 이루어진 구동사로, 목적어가 대명사일 경우 동사와 부사 사이에 쓴다.

⑪ ... , **it** is possible [to *make the daily tasks of* the blind *more convenient*].

➔ it은 가주어이고 [ ]가 진주어이다.

➔ 「make + 목적어 + 형용사」는 '~가 …하게 만들다'의 의미이다.

➔ 「the + 형용사」는 '~한 사람들'의 의미이므로, the blind는 blind people을 의미한다.

본책 • pp. 60~61

정 답 **1** ① **2** ③ **3** ⑤ **4** (1) Multipurpose (2) LED lights (3) strong (4) reflect

문 제
해 설

1 LED 조명을 이용해 다양한 스포츠를 즐길 수 있게 하는 체육관 바닥에 관한 글이므로, 제목으로는 ① '다양한 스포츠를 위한 단 하나의 바닥'이 가장 적절하다.

② 세상에서 가장 튼튼한 체육관 바닥　　　③ 체육관 바닥의 발달 역사

④ LED: 스포츠의 미래를 위한 기술　　　⑤ LED의 장단점

2 '그것들은 각기 다른 스포츠를 위한 선들과 표시들을 보여 주고 순식간에 바뀔 수 있다.'의 주어진 문장은 LED lights의 기능을 설명하고 있으며, 대명사 They는 LED lights를 지칭하므로, LED lights가 처음 소개되는 문장 ⑥ 뒤인 ③의 위치에 오는 것이 가장 알맞다.

3 ⑤ 밑줄 친 a brilliant idea는 독일 회사가 만든 체육관 바닥을 가리키며, 문장 ⑨에서 센서가 달린 공을 이용하면 심판들이 더 나은 판단을 빠르게 할 수 있다고 했으므로, 심판의 역할은 많아지기 보다는 줄어든다고 볼 수 있다.

①은 문장 ④에, ②는 문장 ⑤에, ③은 문장 ⑥-⑦에, ④는 문장 ⑦에 언급되어 있다.

4
(1) 다목적 코트가 구성되는 자재

자재	기능
(2) LED 조명	선들과 표시들을 바닥에 보여 주기
알루미늄 틀	바닥을 그 위에서 경기할 만큼 충분히 (3) 강하게 만들기
특별한 유리	빛을 (4) 반사하지 않기

본 문
직 독
직 해

① A different court is used / for each different sport / because every game requires /
　각기 다른 코트가 사용된다　　　각각의 다른 스포츠에는　　　모든 경기는 필요로 하기 때문에

its own lines and markings. / ② But what if you wanted to play two sports / on one court? /
그것 자신만의 선들과 표시들을　　　하지만 당신이 두 가지 스포츠를 하기 원한다면 어떻게 될까　한 코트에서

③ It would take a lot of time and money / to repaint the gym floor. /
　많은 시간과 돈이 들 것이다　　　　　체육관 바닥을 다시 칠하는 데

④ However, / a German company came up with a brilliant idea. / ⑤ By simply
하지만　　　　　한 독일 회사가 멋진 생각을 떠올렸다　　　　　　　　　　　간단히

pressing a button, / a court can be switched, / for example, / from a basketball court to
버튼을 누름으로써　　　　코트는 바뀔 수 있다　　　　예를 들어　　　농구 코트에서 배구 코트로

a volleyball court. / ⑥ The gym floor has LED lights / beneath a surface of hard glass. /
　　　　　　　　그 체육관 바닥은 LED 조명이 있다　　　강화 유리의 표면 아래에

They show the lines and markings / for different sports / and can be changed / in
그것들은 선들과 표시들을 보여 준다　　　　각기 다른 스포츠를 위한　　　그리고 바뀔 수 있다

a second. / ⑦ Also, / an aluminum frame protects the floor, / so it is strong / enough to
순식간에　　　또한　　　알루미늄 틀이 바닥을 보호한다　　　그래서 그것은 강하다　（그것) 위에서

bounce balls on. / ⑧ Moreover, / its special glass does not reflect the light. / ⑨ Plus, / with
공을 튀길 만큼 충분히　　게다가　　　그것의 특별한 유리는 빛을 반사하지 않는다　　　더욱이

balls that have sensors, / referees can see / digitally marked landing spots / so that they
센서가 있는 공들로　　　　심판들은 볼 수 있다　　디지털로 표시된 낙하지점들을　　　그들이 더 나은

can quickly make better judgments. / ⑩ In the near future, / this multipurpose floor could
판단을 빠르게 하기 위해　　　　　　가까운 미래에　　　이 다목적 바닥은 바꿀 수도 있다

change / the way sports are played. /
　　　　스포츠가 경기되는 방식을

본 문 해 석

모든 경기는 그것 자신만의 선들과 표시들을 필요로 하기 때문에 각각의 다른 스포츠에는 각기 다른 코트가 사용된다. 하지만 당신이 한 코트에서 두 가지 스포츠를 하기 원한다면 어떻게 될까? 체육관 바닥을 다시 칠하는 데 많은 시간과 돈이 들 것이다.

하지만, 한 독일 회사가 멋진 생각을 떠올렸다. 간단히 버튼을 누름으로써, 코트는 예를 들어, 농구 코트에서 배구 코트로 바뀔 수 있다. 그 체육관 바닥은 강화 유리의 표면 아래에 LED 조명이 있다. 그것들은 각기 다른 스포츠를 위한 선들과 표시들을 보여 주고 순식간에 바뀔 수 있다. 또한, 알루미늄 틀이 바닥을 보호하므로, 그것은 그것 위에서 공을 튀길 만큼 충분히 강하다. 게다가, 그것의 특별한 유리는 빛을 반사하지 않는다. 더욱이, 센서가 있는 공들로 심판들은 더 나은 판단을 빠르게 하기 위해 디지털로 표시된 낙하지점들을 볼 수 있다. 가까운 미래에, 이 다목적 바닥은 스포츠가 경기되는 방식을 바꿀 수도 있다.

구 문 해 설

② But **what if you wanted** to play two sports on one court?
➜ 「what if + 주어 + 동사의 과거형」은 '~라면 어떻게 될까?'의 의미인 가정법 과거로, 현재 사실의 반대나 일어날 것 같지 않은 일을 가정·상상해 질문한다.

③ It *would* **take a lot of time and money to repaint** the gym floor.
➜ 「it takes + 시간/노력/돈 + to-v」는 '~하는 데 …가 들다'의 의미이다.
➜ would는 가정을 나타내는 조동사로 '~일 것이다'의 의미이다.

⑦ Also, an aluminum frame protects the floor, so it is **strong enough to bounce** balls on.
➜ 「형용사 + enough + to-v」는 '~할 만큼 충분히 …한'의 의미이다.

⑨ Plus, with **balls** [**that** have sensors], referees can see digitally marked landing spots *so that they can* quickly make better judgments.

➔ [ ]는 선행사 balls를 수식하는 주격 관계대명사절이다.

➔ 「so that + 주어 + can」은 '~가 …하기 위해'의 의미로 〈목적〉을 나타낸다.

⑩ … , this multipurpose floor could change **the way** [(how) sports are played].

➔ [ ]는 선행사 the way를 수식하는 관계부사절이다. 선행사 the way와 관계부사 how는 함께 쓸 수 없다.

4

본책 • pp. 62~63

정 답 **1** ③ **2** (1) F (2) T **3** to tell the world about the tragedy (he had seen) **4** (1) organization (2) aid[help] (3) nationalities (4) medical

문 제
해 설

1 Henry Dunant이 솔페리노 전투 후에 써 낸 책이 국제 적십자 위원회의 창설과 1864년 제네바 협약을 고무하는 데 도움을 주었다는 내용의 글이므로, 제목으로 ③ '전장을 바꾼 한 권의 책'이 가장 알맞다.

[문제] 글의 제목으로 가장 알맞은 것은?

① 대 전투를 시작시킨 이야기 　　　② 전장의 용감한 자원봉사자들

④ 더 나은 세상을 위해 협력하는 국가들 　　⑤ 부상자들을 위한 치료의 중요성

2 (1) 문장 ①-③에서 솔페리노 전투 후에 다친 군인에게 의료적 도움을 제공할 사람이 아무도 없었다고 했다.

(2) 문장 ⑩에서 1864년 제네바 협약은 전장에서의 적절한 행위에 대한 협약이라고 했다.

[문제] 글의 내용과 일치하면 T, 그렇지 않으면 F를 쓰시오.

(1) 솔페리노 전투 후에, Dunant은 다친 군인들을 치료했다.

(2) 1864 제네바 협약은 전장에 적용된다.

3 문장 ⑤에 언급되어 있다.

[문제] Dunant이 〈솔페리노의 회고〉를 쓴 이유는 무엇인가? 영어로 쓰시오.

4 [문제] 글의 단어를 이용하여 빈칸을 채우시오.

Dunant의 제안들		결과
국가들은 전투에서 다친 군인들을 (2) 돕는 자원봉사자들의 (1) 단체를 만들어야 한다.	→	국제 적십자 위원회
국가들은 전장에서 모든 (3) 국적의 다친 군인들을 치료하고 (4) 의료진들을 보호해야 한다.		1864년 제네바 협약

본 문
직 독
직 해

① In 1859, Henry Dunant, a Swiss businessman, / happened to see the battlefield /
1859년, 스위스 사업가인 Henry Dunant은　　　　　　우연히 전장을 보았다

after the Battle of Solferino had finished. / ② He saw / at least 40,000 soldiers lying dead
솔페리노 전투가 끝난 후에　　　　　　그는 보았다 최소 4만 명의 군인들이 죽거나 다쳐 누워 있는

or hurt / on the ground. / ③ Sadly, / nobody was there / to offer them any medical help. /
것을　　땅 위에　　　　불행히도 그곳에는 아무도 없었다 그들에게 의료적 도움을 제공할

④ Dunant could not stop thinking / about what he had seen. /
Dunant은 생각하는 것을 멈출 수 없었다   그가 봤던 것에 대해

⑤ To tell the world about the tragedy, / he wrote a book titled *A Memory of Solferino*.
그 비극을 세상에 알리기 위해   그는 〈솔페리노의 회고〉라는 제목의 책을 썼다

/ ⑥ In the book, / Dunant called for a national organization of volunteers / who would aid /
그 책에서   Dunant은 국가적인 자원봉사자들의 단체를 요구했다   도울

soldiers wounded in combat. / ⑦ This led to the creation / of the International Committee
전투에서 다친 군인들을   이것은 창설로 이어졌다   국제 적십자 위원회의

of the Red Cross. / ⑧ He also insisted / that doctors and nurses working on the battlefield
        그는 또한 주장했다   전장에서 일하는 의사와 간호사들이

/ should not be harmed. / ⑨ He wanted them to be able to treat / every wounded soldier,
다쳐서는 안 된다고   그는 그들이 치료할 수 있기를 원했다   모든 다친 군인을

/ regardless of nationality. / ⑩ This inspired an important international agreement / about
국적에 상관없이   이것은 한 중요한 국제 협약을 고무했다

proper behavior on the battlefield, / known as the 1864 Geneva Convention. / ⑪ It was just
전장에서의 적절한 행위에 대한   1864년 제네바 협약으로 알려진   그것은 단지

one book, / but it helped / make the terrible battlefield less tragic. /
한 권의 책이었다   하지만 그것은 도왔다   끔찍한 전장을 덜 비극적으로 만드는 것을

본문해석

1859년, 스위스 사업가인 Henry Dunant은 솔페리노 전투가 끝난 후에 우연히 전장을 보았다. 그는 적어도 4만 명의 군인들이 죽거나 다쳐 땅 위에 누워 있는 것을 보았다. 불행히도, 그곳에는 그들에게 의료적 도움을 제공할 사람이 아무도 없었다. Dunant은 그가 봤던 것에 대해 생각하는 것을 멈출 수 없었다.

그 비극을 세상에 알리기 위해, 그는 〈솔페리노의 회고〉라는 제목의 책을 썼다. 그 책에서, Dunant은 전투에서 다친 군인들을 도울 국가적인 자원봉사자들의 단체를 요구했다. 이것은 국제 적십자 위원회의 창설로 이어졌다. 그는 또한 전장에서 일하는 의사와 간호사들이 다쳐서는 안 된다고 주장했다. 그는 그들이 모든 다친 군인을 국적에 상관없이 치료할 수 있기를 원했다. 이것은 1864년 제네바 협약으로 알려진 전장에서의 적절한 행위에 대한 중요한 국제 협약을 고무했다. 그것은 단지 한 권의 책이었지만, 끔찍한 전장을 덜 비극적으로 만드는 것을 도왔다.

구문해설

③ Sadly, **nobody was** there *to offer* them any medical help.
➜ nobody는 '아무도 ~ 않다'의 의미로, 단수 취급한다.
➜ to offer는 nobody를 수식하는 형용사적 용법의 to부정사이다.

④ Dunant could not **stop thinking** about [*what* he had seen].
➜ 「stop + v-ing」는 '~하는 것을 멈추다'의 의미이다. (*cf.* 「stop + to-v」: ~를 하기 위해 멈추다)
➜ [ ]는 전치사 about의 목적어로 쓰인 명사절이다. what은 '~하는 것'의 의미인 선행사를 포함하는 관계사이다.
➜ had seen은 대과거(had + p.p.)로, 본 것(had seen)이 멈출 수 없었던 것(could not stop)보다 먼저 일어났음을 나타낸다.

⑧ He also **insisted** [*that* doctors and nurses {working on the battlefield} should not be harmed].
➜ that은 명사절을 이끄는 접속사로, [ ]는 동사 insisted의 목적어로 쓰였다.
➜ { }는 doctors and nurses를 수식하는 현재분사구이다.

Review Test

정 답 **1** ②   **2** ④   **3** ③   **4** insisted   **5** tilted   **6** organization   **7** judgment   **8** spot
9 regardless of   **10** come up with

문 제 해 설

1 ② switch(바꾸다)는 'to change to something different(다른 것으로 바꾸다)'의 의미이다.
  ① 치료하다: 환자를 다시 건강하게 만들려고 노력하다
  ③ 붙이다: 무언가를 다른 것에 붙이다
  ④ 고무하다, 격려하다: 누군가가 무언가를 하고 싶게 만들다
  ⑤ 나누어 주다: 어떤 것을 다른 사람들에게 나누어 주거나 전하다

2 private(사적인, 사유의)과 반대 의미의 단어는 ④ public(공공의)이다.
  > 이 수영장은 사적인 용도이다.
  ① 안전한   ② 깨끗한   ③ 적절한   ⑤ 편리한

3 ancient(아주 오래된, 고대의)와 반대 의미의 단어는 ③ modern(현대의)이다.
  > 그 박물관은 고대의 많은 그림을 보유하고 있다.
  ① 신성한   ② 훌륭한, 멋진   ④ 보통의, 평범한   ⑤ 자동의

4 그 남자는 그 자리가 자신의 것이라고 주장했다.

5 테이블이 약간 기울어서 펜이 굴러 떨어졌다.

[6-8]
> **보기** | 장소, 지점   전투   판단   단체

6 그 단체는 환경을 돕기 위해 일한다.

7 선수들은 심판의 판단을 받아들여야 한다.

8 이 장소는 나의 휴가를 보내기에 완벽한 장소이다.

9 ~에 상관없이: regardless of

10 ~를 떠올리다[생각해 내다]: come up with

퍼 즐 **1** aid – ⓑ **2** invent – ⓕ **3** temple – ⓖ **4** blind – ⓐ **5** offer – ⓓ **6** tragedy – ⓒ
  7 medical – ⓔ **8** nationality – ⓗ

ⓐ 보지 못하는 – 시각 장애인의   ⓑ 누군가를 돕다 – 돕다
ⓒ 슬픈 사건이나 상황 – 비극   ⓓ 누군가에게 무엇을 주다 – 제공하다
ⓔ 질병과 치료에 관련된 – 의료의   ⓕ 무언가를 처음으로 생각하거나 그것을 만들다 – 발명하다
ⓖ 종교적인 목적으로 사용되는 건물 – 신전, 사원
ⓗ 특정 나라 출신이거나 나라에 속한 특성 – 국적

본책 • pp. 68~69

1

정답　1 ②　2 ③　3 ②　4 (1) control (2) brain (3) Cure

문제
해설

1　한쪽 손이 통제되지 않는 질환인 외계인 손 증후군에 관한 글이므로, 제목으로 ② '스스로의 마음을 가진 신체 부위'가 가장 알맞다.
　① 외계인들이 지구에 살고 있는가?　　③ 고대 의학 치유법을 가진 질병들
　④ 한쪽 손이 야기하는 사회적 문제들　　⑤ 뇌가 우리 몸의 각 부분을 통제한다

2　외계인 손 증후군은 환자의 삶에 영향을 미치는 증상은 다양하지만, 정확한 원인과 치료법이 발견되지 않았다는 내용의 글이므로, 빈칸에는 ③ '여전히 미스터리이다'가 가장 알맞다.
　① 너무 드물다　　　　　　　② 치유법이 필요 없다
　④ 즉시 사라진다　　　　　　⑤ 치료하기에 매우 비싸다

3　ⓑ는 정상적인 손을 가리키고, 나머지는 모두 외계인 손 증후군에 걸린 손을 가리킨다.

4　　　　　　**외계인 손 증후군**

증상	한쪽 손을 (1) 통제할 수 없음 - 아무 물건이나 움켜쥐는 것 - 원치 않는 일을 하는 것
가능한 원인	(2) 뇌의 두 반쪽의 단절
(3) **치유법**	알려지지 않은

본문
직독
직해

① Modern medicine has cured many illnesses / and solved many problems. / ② Some
현대 의학은 많은 질병을 치유해 왔다　　　　그리고 많은 문제를 해결해 왔다　　몇몇
conditions, / however, / remain a mystery. / ③ One of these is something / called "alien
질환은　　그러나　　여전히 미스터리이다　　이것들 중 하나는 무언가이다　　'외계인 손
hand syndrome." /
증후군'이라 불리는

④ People / suffering from alien hand syndrome / feel / as though they can't control
사람들은　외계인 손 증후군으로 고통받는　　　　느낀다　마치 그들이 한쪽 손을 통제하지
one of their hands. / ⑤ The hand may grab at random objects / or perform unwanted tasks,
못하는 것처럼　　　　그 손은 아무 물건이나 움켜쥘지도 모른다　　　또는 원치 않는 일을 할지도 모른다
/ such as unbuttoning a shirt / that the other hand just buttoned. / ⑥ There have even
셔츠의 단추를 푸는 것과 같은　　다른 손이 방금 단추를 채운　　　심지어 경우도 있었다
been cases / where people were attacked by their own hand. / ⑦ When they do manage to
사람들이 그들 자신의 손에 의해 공격을 받은　　　그들이 정말 간신히 그 손을
control the hand, / movements are awkward. / ⑧ People with this syndrome / often hold
통제하게 되더라도　　움직임이 어색하다　　이 증후군을 가진 사람들은　　흔히 무언가를
something / in the troublesome hand, / such as a cane, / to prevent it from acting strangely. /
잡는다　그 골칫거리인 손으로　　지팡이 같은　　그것이 이상하게 행동하는 것을 막기 위해

⑨ Alien hand syndrome usually occurs / after a person has had a stroke / or
외계인 손 증후군은 대개 발생한다   어떤 사람이 뇌졸중을 겪은 후에   또는

developed a brain tumor. / ⑩ Doctors think / it is related to the two halves of the brain. /
뇌종양이 생긴 후에   의사들은 생각한다   그것이 뇌의 두 반쪽과 관련이 있다고

⑪ If they somehow become disconnected, / this strange condition can occur. /
그것들이 어찌 된 일인지 단절되면   이 이상한 질환이 발생할 수 있다

⑫ Unfortunately, / there is no known cure. /
안타깝게도   알려진 치유법은 없다

본 문
해 석

현대 의학은 많은 질병을 치유하고 많은 문제를 해결해 왔다. 그러나 몇몇 질환은 <u>여전히 미스터리이다.</u> 이것들 중 하나는 '외계인 손 증후군'이라 불리는 것이다.

외계인 손 증후군으로 고통받는 사람들은 마치 그들이 한쪽 손을 통제하지 못하는 것처럼 느낀다. 그 손은 아무 물건이나 움켜쥐거나, 다른 손이 방금 채운 셔츠 단추를 푸는 것과 같은 원치 않는 일을 할지도 모른다. 심지어 사람들이 그들 자신의 손에 의해 공격을 받은 경우도 있었다. 그들이 정말 간신히 그 손을 통제하게 되더라도, 움직임은 어색하다. 이 증후군을 가진 사람들은 그것이 이상하게 행동하는 것을 막기 위해 흔히 그 골칫거리인 손으로 지팡이 같은 무언가를 잡는다.

외계인 손 증후군은 대개 어떤 사람이 뇌졸중을 겪었거나 뇌종양이 생긴 후에 발생한다. 의사들은 그것이 뇌의 두 반쪽과 관련이 있다고 생각한다. 그것들이 어찌 된 일인지 단절되면, 이 이상한 질환이 발생할 수 있다. 안타깝게도, 알려진 치유법은 없다.

구 문
해 설

① Modern medicine **has cured** many illnesses **and** (has) **solved** many problems.
→ has cured와 solved가 접속사 and로 병렬 연결되어 있고, solved 앞에 has가 생략되었다.

④ **People** [suffering from alien hand syndrome] feel *as though* they can't control … hands.
→ [ ]는 People을 수식하는 현재분사구이다.
→ as though는 '마치 ~인 것처럼'의 의미이다.

⑤ …, such as unbuttoning **a shirt** [**that** the other hand just buttoned].
→ [ ]는 선행사 a shirt를 수식하는 목적격 관계대명사절이다.

⑥ **There have** even **been** *cases* [*where* people were attacked by their own hand].
→ 「there have[has] been」은 「there are[is]에 〈경험〉을 나타내는 현재완료(have[has] + p.p.)가 결합된 것으로, '~가 있었다'의 의미이다.
→ [ ]는 선행사 cases를 수식하는 관계부사절이다.

⑦ **When** they *do manage* to control the hand, movements are awkward.
→ When은 '~인데도 불구하고'의 의미인 접속사이다.
→ do는 동사 manage를 강조한다.

⑧ **People** [with this syndrome] often **hold** something in the troublesome hand, such as a cane, *to prevent* it from acting strangely.
→ 전치사구 [ ]의 수식을 받는 People이 주어, hold가 동사이다.
→ to prevent는 '막기 위해'의 의미로 〈목적〉을 나타내는 부사적 용법의 to부정사이다.
→ 「prevent + 목적어 + from + v-ing」는 '~가 …하는 것을 막다'의 의미이다.

2

정 답   1 ②   2 ④   3 ④   4 정확할 것, 책임감이 있을 것, 규정 적용을 잘할 것, 사람들과 나쁜 소식을 나누는 능력을 갖고 있을 것, 기꺼이 여행할 것

문 제   1 기네스 세계 기록 심판이 하는 일과 되기 위한 조건에 관한 글이므로, 제목으로 ② '기네스 심판: 흥미로운 직업'이
해 설   가장 적절하다.

① 세계에서 가장 빨리 아이스크림을 먹는 사람   ③ 기네스 세계 기록을 세우는 법

④ 기록 도전을 판정하기 위해 다른 나라들 다니기   ⑤ 기네스 세계 기록 심판이 되기 위한 공식 훈련

2 빈칸 앞 문장에서 판정해야 할 도전이 많다고 한 후 빈칸이 있는 문장 ③에서 아이스크림 빨리 먹기 기록 도전을 예
시로 들고 있으므로, 빈칸에 ④ '예를 들어'가 가장 적절하다.

① 하지만   ② 그러므로   ③ 결과적으로   ⑤ 게다가

3 아이스크림 빨리 먹기와 최다 토마토 품종 보유 기록을 판정하는 예시에 관한 내용이므로, '스페인은 전통적인 토마
토 축제로 유명한데, 그 축제는 매년 약 40톤의 토마토를 사용한다.'는 내용의 (d)는 흐름과 관계없다.

4 문장 ⑨-⑩에 기네스 세계 기록 심판으로서의 필요조건이 언급되어 있다.

본 문
직 독
직 해

① If you're fascinated by Guinness World Records, / being a world-record judge
당신이 기네스 세계 기록에 매료된다면   세계 기록 심판이 되는 것은
/ might be the perfect career. / ② There are many different kinds of record attempts /
완벽한 직업일지도 모른다   다양한 종류의 기록 도전들이 많이 있다
to judge. / ③ You might be sent / to watch / a man try to break the record / for fastest
판정할   당신은 보내질지 모른다   보기 위해   한 남자가 기록을 깨려고 애쓰는 것을   가장 빨리
ice-cream eating, / for example. / ④ You would have to weigh the bowl / and check the
아이스크림 먹기에 대한   예를 들어   당신은 그릇의 무게를 재야 할 것이다   그리고 아이스크림의
type of ice cream. / ⑤ Guinness's rules say / that ice cream with chunks is not allowed! /
종류를 확인해야 할 것이다   기네스의 규정에는 ~라고 되어 있다   덩어리가 있는 아이스크림은 허용되지 않는다고
⑥ Or you might be sent / to an event / that claims to have the largest number / of different
또는 당신은 보내질지도 모른다   행사에   가장 많은 수를 가지고 있다고 주장하는   각기 다른
tomato varieties / in a single place. / (⑦ Spain is famous for its traditional Tomato Festival,
토마토 품종의   단일 장소에서   스페인은 전통적인 토마토 축제로 유명하다
/ which uses about 40 tons of tomatoes / each year.) ⑧ You'd have to count those tomatoes
그리고 그것은 약 40톤의 토마토를 사용한다   매년   당신은 그 토마토들을 세야 할 것이다
/ and take a picture of each one. /
그리고 각 하나씩 사진을 찍어야 할 것이다
⑨ To become a Guinness World Records judge, / you need to be accurate, responsible,
기네스 세계 기록 심판이 되기 위해서   당신은 정확하고, 책임감이 있어야 한다
/ and good at applying rules. / ⑩ You must also have the ability / to share bad news
그리고 규정을 적용하는 것을 잘해야 한다   당신은 또한 능력이 있어야 한다   사람들과 나쁜 소식을
with people / who fail to set a record / and be willing to travel. / ⑪ If you meet these
나누는   기록 세우기에 실패하는   그리고 기꺼이 여행해야 한다   당신이 이런 필요조건을
requirements, / you might become a judge someday! /
충족시킨다면   당신은 언젠가 심판이 될지도 모른다

본 문
해 석

　　당신이 기네스 세계 기록에 매료된다면, 세계 기록 심판이 되는 것은 완벽한 직업일지도 모른다. 판정할 다양한 종류의 기록 도전들이 많이 있다. 예를 들어, 당신은 한 남자가 가장 빨리 아이스크림 먹기에 대한 기록을 깨려고 애쓰는 것을 보기 위해 보내질지 모른다. 당신은 그릇의 무게를 재고 아이스크림의 종류를 확인해야 할 것이다. 기네스 규정에는 덩어리가 있는 아이스크림은 허용되지 않는다고 되어 있다! 또는 당신은 단일 장소에서 가장 많은 수의 각기 다른 토마토 품종을 가지고 있다고 주장하는 행사에 보내질지도 모른다. (스페인은 전통적인 토마토 축제로 유명한데, 그 축제는 매년 약 40톤의 토마토를 사용한다.) 당신은 그 토마토들을 세고 각 하나씩 사진을 찍어야 할 것이다.

　　기네스 세계 기록 심판이 되기 위해서, 당신은 정확하고, 책임감이 있으며, 규정을 적용하는 것을 잘해야 한다. 당신은 또한 기록 세우기에 실패하는 사람들과 나쁜 소식을 나누는 능력이 있어야 하며, 기꺼이 여행해야 한다. 이런 필요조건을 충족시킨다면, 당신은 언젠가 심판이 될지도 모른다!

구 문
해 설

① … , [**being** a world-record judge] might be the perfect career.
➜ [ ]는 주어로 쓰인 동명사구이다.

② There are many different kinds of record attempts **to judge**.
➜ to judge는 many different kinds of record attempts를 수식하는 형용사적 용법의 to부정사이다.

③ You might be sent **to** *watch* a man *try* to break the record for fastest ice-cream eating, for example.
➜ to watch는 '보기 위해'의 의미로 〈목적〉을 나타내는 부사적 용법의 to부정사이다.
➜ 「watch + 목적어 + 동사원형」은 '~가 …하는 것을 보다'의 의미이다.
➜ 「try + to-v」는 '~하려고 애쓰다[노력하다]'의 의미이다.

⑥ Or you might be sent to **an event** [**that** claims to have *the* largest *number of different tomato varieties* in a single place].
➜ [ ]는 선행사 an event를 수식하는 주격 관계대명사절이다.
➜ 「the number of + 복수 명사」는 '~의 수'의 의미이다.

⑦ Spain is famous for **its traditional Tomato Festival, which** uses about 40 tons of tomatoes each year.
➜ 「, which」는 선행사 its traditional Tomato Festival을 부연 설명하는 계속적 용법의 주격 관계대명사로, '그리고 그것은'의 의미이다.

⑨ **To become** a Guinness World Records judge, you need to be … at applying rules.
➜ To become은 '되기 위해'의 의미로 〈목적〉을 나타내는 부사적 용법의 to부정사이다.

⑩ You **must** also **have** the ability *to share* bad news with people [who fail to set a record] **and be** willing to travel.
➜ have와 be는 조동사 must에 접속사 and로 병렬 연결되어 있다.
➜ to share는 the ability를 수식하는 형용사적 용법의 to부정사이다.
➜ [ ]는 선행사 people을 수식하는 주격 관계대명사절이다.

3

정 답 1 ② 2 ① 3 ② 4 (1) developing (2) limits (3) Internet[phone]

문 제
해 설

1 문장 ①-②에서 팝콘 브레인이 있는 Lena가 휴가 중에도 휴대전화를 계속 사용하고, 문장 ⑨-⑬에 언급된 팝콘 브레인을 방지하는 방법이 인터넷 사용 시간을 제한하고 다른 재미있는 활동을 하라는 것임을 볼 때, 빈칸에는 ② '항상 온라인상에 있으려는 욕구'가 가장 알맞다.

① 일을 마치는 데의 어려움 　　　　　③ 가능한 많은 소식을 알리는 욕구

④ 가족과 의사소통하는 문제 　　　　⑤ 빠르고 쉽게 정보를 찾는 능력

2 빈칸 앞뒤로 모두 팝콘 브레인이 야기할 수 있는 문제점에 대해 언급하고 있으므로, 빈칸에는 ① Also(또한)가 가장 자연스럽다.

② 요컨대　③ 하지만　④ 그러므로　⑤ 그럼에도 불구하고

3 ② 온라인상에서의 의사소통 문제에 대한 언급은 없다.

①은 문장 ①-②, ③은 문장 ⑤, ④는 문장 ⑥, ⑤는 문장 ⑦을 통해 알 수 있다.

① 그들은 그들의 가족과 친밀한 관계를 가지지 못할지도 모른다.

② 그들은 온라인상에서 의사소통하는 데 어려움을 겪을지도 모른다.

③ 그들은 다른 사람들의 감정을 이해하지 못할지도 모른다.

④ 그들은 집중하는 데 문제가 있을지도 모른다.

⑤ 그들의 사고력은 평균 이하일지도 모른다.

4 문장 ⑨-⑬에 언급되어 있다.

팝콘 브레인이 (1) 생기는 것을 피하는 방법
1. 당신이 온라인상에서 보내는 시간에 (2) 제한을 두어라.
2. (3) 인터넷[전화기]을 사용하는 대신 재미있는 무언가를 하도록 노력하라.

본 문
직 독
직 해

① Lena constantly surfs the Internet / and checks her messages / on her cell phone,
　　Lena는 끊임없이 인터넷을 검색한다 　　　그리고 그녀의 메시지를 확인한다 　 그녀의 휴대전화로

/ even when she is on vacation with her family. / ② She knows / she should spend time
　심지어 그녀가 그녀의 가족과 함께 휴가 중일 때에도 　　　　　　　그녀는 안다 　그녀가 그들과 함께 시간을 보내야

with them, / but she cannot stop using her phone. / ③ Lena has something called "popcorn
한다는 것을 　　하지만 그녀는 그녀의 전화를 사용하는 것을 멈출 수 없다 　Lena는 '팝콘 브레인'이라고 불리는 것을 가지고

brain," / which is the need to be online all the time. /
있다 　　　그리고 그것은 항상 온라인상에 있으려는 욕구이다

④ Actually, / popcorn brain is a negative effect / of recent developments in
　　사실 　　팝콘 브레인은 부정적인 결과이다 　　　　　최근의 기술 발전의

technology. / ⑤ People with popcorn brain / have difficulty reading human emotions. /
　　　　　팝콘 브레인을 가진 사람들은 　　　　사람들의 감정을 읽는 데 어려움을 겪는다

⑥ Popcorn brain even affects their ability / to focus. / ⑦ Also, / using the Internet
팝콘 브레인은 심지어 그들의 능력에도 영향을 미친다 　　집중하는 　　또한 　오랫동안 과도하게

excessively for a long time / causes / the part of the brain used for thought / to become
인터넷을 사용하는 것은 　　　~하게 한다 　사고에 이용되는 뇌의 부분이 　　　　　더 작아지게

smaller. /

⑧ But don't worry! / ⑨ There are ways / to keep popcorn brain from developing. /
하지만 걱정하지 마라   방법들이 있다   팝콘 브레인이 생기는 것을 막는

⑩ First, / put limits / on how long you use the Internet. / ⑪ Apps / that track and limit your
우선   제한을 두어라   당신이 얼마나 오랫동안 인터넷을 사용하는지에   앱은   당신의 전화 사용을 추적하고

phone usage / can help you. / ⑫ Second, / fill up your time / with other fun activities. /
제한하는   당신을 도울 수 있다   두 번째로   당신의 시간을 채워라   다른 재미있는 활동들로

⑬ You can find a new hobby / or spend time with your friends. /
당신은 새로운 취미를 찾을 수 있다   또는 당신의 친구들과 시간을 보낼 수 있다

본 문 해 석

Lena는 심지어 그녀의 가족과 함께 휴가 중일 때에도 끊임없이 그녀의 휴대전화로 인터넷을 검색하고 그녀의 메시지를 확인한다. 그녀는 그녀가 그들과 함께 시간을 보내야 한다는 것을 알지만, 그녀는 그녀의 전화를 사용하는 것을 멈출 수 없다. Lena는 '팝콘 브레인'이라고 불리는 것을 가지고 있는데, 그것은 <u>항상 온라인상에 있으려는 욕구</u>이다.

사실, 팝콘 브레인은 최근의 기술 발전의 부정적인 결과이다. 팝콘 브레인을 가진 사람들은 사람들의 감정을 읽는 데 어려움을 겪는다. 팝콘 브레인은 심지어 그들의 집중하는 능력에도 영향을 미친다. <u>또한</u>, 오랫동안 과도하게 인터넷을 사용하는 것은 사고에 이용되는 뇌의 부분이 더 작아지게 한다.

하지만 걱정하지 마라! 팝콘 브레인이 생기는 것을 막는 방법들이 있다. 우선, 당신이 얼마나 오랫동안 인터넷을 사용하는지에 제한을 두어라. 당신의 전화 사용을 추적하고 제한하는 앱이 당신을 도울 수 있다. 두 번째로, 당신의 시간을 다른 재미있는 활동들로 채워라. 당신은 새로운 취미를 찾거나 당신의 친구들과 시간을 보낼 수 있다.

구 문 해 설

⑤ People with popcorn brain **have difficulty reading** human emotions.
➔ 「have difficulty + v-ing」는 '~하는 데 어려움을 겪다'의 의미이다.

⑨ There are ways **[to keep popcorn brain from developing]**.
➔ [ ]는 ways를 수식하는 형용사적 용법의 to부정사구이다.
➔ 「keep + 목적어 + from + v-ing」는 '가 …하는 것을 막다'의 의미이다.

⑩ First, put limits **on** [how long you use the Internet].
➔ [ ]는 전치사 on의 목적어로 쓰인 간접의문문이다.

⑪ **Apps [that** track and limit your phone usage] can help you.
➔ [ ]는 선행사 Apps를 수식하는 주격 관계대명사절이다.

본책 ● pp. 74~75

4

정 답   1 ②   2 ②   3 (1) T (2) T   4 매운 음식을 좋아[갈망]하며, 도예 수업은 즐기지 않고, 잘 잊어버린다.

문 제 해 설

1 뇌 이외의 장기들에도 기억이 저장되어, 장기 이식을 받은 사람이 수술 후 기증자의 특성을 보일 수 있다는 내용의 글이므로, 제목으로는 ② '장기 이식이 당신의 특성을 변화시킬 수 있다'가 가장 적절하다.

[문제] 글의 제목으로 가장 알맞은 것은?

① 뇌에 관한 중요한 발견   ③ 이식으로 기억력 향상시키기

④ 무서운 이야기: 두 성격을 가진 여성   ⑤ 과학의 불가사의—기억은 어디에 저장되는가?

2 세포에 저장된 정보가 그 사람의 기억의 일부를 포함한다는 내용의 (A), 장기들이 옮겨지면 그 기억들(the memories)도 함께 간다는 내용의 (C), 이것(This)이 장기 이식 후 개인이 새로운 습관이나 생각을 형성하는 것을 가능하게 한다는 내용의 (B)의 흐름이 가장 자연스럽다. (B)의 This는 문장 (C)를 가리킨다.

[문제] 문장 (A)~(C)의 가장 알맞은 순서는?

3 (1) 문장 ②에서 Linda는 매운 음식을 싫어했었는데 수술 후에 갈망하기 시작했다고 했다.

(2) 문장 ⑦에서 몇몇 보고가 기억이 뇌에만 저장되는 것이 아니라 신장과 심장 같은 다른 장기들에도 저장된다는 것을 시사한다고 했다.

[문제] 글의 내용과 일치하면 T, 그렇지 않으면 F를 쓰시오.

(1) 이식 후에, Linda의 입맛이 변했다.

(2) 몇몇 보고에 따르면, 뇌는 기억을 저장하는 유일한 장기가 아니다.

4 문장 ②-④에서 Linda의 바뀐 특성을 언급하고 있고, 문장 ⑥-⑦에서 의사가 신장 이식 후 바뀐 Linda의 특성이 신장 기증자에게 동일하게 있었을지도 모른다고 말했다.

[문제] Linda의 기증자는 어떤 특성을 갖고 있을까? 우리말로 쓰시오.

본문
직독
직해

① After Linda got a kidney transplant, / something strange happened. / ② Although
　Linda가 신장 이식을 받은 후　　　　　　　　이상한 일이 벌어졌다　　　　　　　그녀는 항상

she had always disliked spicy foods, / she started to crave them. / ③ She also stopped
매운 음식을 싫어했었는데　　　　　　　그녀는 그것을 갈망하기 시작했다　　　그녀는 또한 도예 수업을

enjoying her pottery class, / which had been her favorite activity. / ④ Then she started
즐기던 것을 그만두었다　　　　　그런데 그것은 그녀의 가장 좋아하는 활동이었다　　게다가 그녀는 잘

becoming forgetful. / ⑤ Linda told her doctor, / who said something shocking. / ⑥ He said
잊어버리기 시작했다　　　　　Linda는 그녀의 의사에게 말했다　그리고 그는 충격적인 것을 말했다　　그는 말했다

/ that Linda's donor may have been someone / with these same traits! / ⑦ He explained
　Linda의 기증자는 사람이었을지도 모른다고　　　　　이러한 동일한 특성들을 가진　　　그는 설명했다

/ that some reports suggest / memory is not only stored in the brain / but also in other
　몇몇 보고가 시사한다고　　　　기억이 뇌에 저장될 뿐만 아니라　　　　　　다른 장기들에도

organs, / such as the kidneys and the heart. /
(저장된다는 것을)　신장과 심장 같은

　　　⑧ According to those reports, / living cells in these organs / store information about
　　　　　그 보고들에 의하면　　　　　　이러한 장기들 안에 살아 있는 세포들은　사람에 대한 정보를 저장한다

a person. / ⑨ This information includes parts / of the person's emotional, mental, and
　이 정보는 일부를 포함한다　　　　　　　사람의 감정적이고 정신적이며 신체적인 기억들의

physical memories. / ⑪ Whenever the organs are moved, / the memories go with them. /
　　　　　　　　　　그 장기들이 옮겨질 때마다　　　　　　기억들이 그것들과 함께 간다

⑩ This could make it possible / for someone to form new habits or thoughts / after
　이는 가능하게 할 수도 있다　　　　누군가가 새로운 습관이나 생각을 형성하는 것을

receiving an organ transplant. / ⑫ Thus, / Linda's changes may have been caused by her
　장기 이식을 받은 후에　　　　　　　그러므로　　Linda의 변화들은 그녀의 새 신장에 의해 야기되었을지도

new kidney, / which was acting / as if it were still inside the donor. /
모른다　　　그것은 행동하고 있었기 때문이다　마치 그것이 여전히 기증자 안에 있는 것처럼

본 문
해 석

Linda가 신장 이식을 받은 후, 이상한 일이 벌어졌다. 그녀는 항상 매운 음식을 싫어했었는데, 그녀는 그것을 갈망하기 시작했다. 그녀는 또한 도예 수업을 즐기던 것을 그만두었는데, 그것은 그녀의 가장 좋아하는 활동이었다. 게다가 그녀는 잘 잊어버리기 시작했다. Linda는 그녀의 의사에게 말했는데, 그는 충격적인 것을 말했다. 그는 Linda의 기증자가 이러한 동일한 특성들을 가진 사람이었을지도 모른다고 말했다! 그는 몇몇 보고가 기억이 뇌뿐만 아니라 신장과 심장 같은 다른 장기들에도 저장된다는 것을 시사한다고 설명했다.

그 보고들에 의하면, 이러한 장기들 안에 살아 있는 세포들은 사람에 대한 정보를 저장한다. (A) 이 정보는 사람의 감정적이고 정신적이며 신체적인 기억들의 일부를 포함한다. (C) 그 장기들이 옮겨질 때마다, 기억들이 그것들과 함께 간다. (B) 이는 누군가가 장기 이식을 받은 후에 새로운 습관이나 생각을 형성하는 것을 가능하게 할 수도 있다. 그러므로, Linda의 변화들은 그녀의 새 신장에 의해 야기되었을지도 모르는데, 그것은 마치 그것이 여전히 기증자 안에 있는 것처럼 행동하고 있었기 때문이다.

구 문
해 설

① After Linda got a kidney transplant, **something strange** happened.
  ➔ -thing으로 끝나는 대명사는 형용사가 뒤에서 수식한다.

⑥ He **said [that** Linda's donor *may have been* someone with these same traits]!
  ➔ that은 명사절을 이끄는 접속사로, [ ]는 said의 목적어로 쓰였다.
  ➔ 「may have + p.p.」는 '~였을지도 모른다'의 의미로 과거에 대한 추측을 나타낸다.

⑦ He **explained [that** some reports *suggest* {(that) memory is <u>not only stored in the brain but also (stored) in other organs</u>, such as the kidneys and the heart}].
  ➔ that은 명사절을 이끄는 접속사로, [ ]는 explained의 목적어로 쓰였다.
  ➔ { }는 suggest의 목적어로 쓰인 명사절로, 접속사 that이 생략되었다.
  ➔ 「not only A but also B」는 'A뿐만 아니라 B도'의 의미이다. A와 B에는 구와 구 또는 절과 절 같이 문법적으로 성격이 대등한 것이 오는데, 여기서는 반복을 피하기 위해 but also 뒤에 stored가 생략되었다.

⑪ **Whenever** the organs are moved, the memories go with them.
  ➔ Whenever는 '~할 때마다'의 의미인 관계부사이다.

⑫ Thus, Linda's changes **may have been caused** by *her new kidney, which* was acting <u>as if it were</u> still inside the donor.
  ➔ 「may have + p.p.」는 '~였을지도 모른다'의 의미로 과거에 대한 추측을 나타낸다.
  ➔ 「, which」는 선행사 her new kidney를 부연 설명하는 계속적 용법의 관계대명사로, 관계사절이 주절의 원인을 나타낸다고 볼 수 있다.
  ➔ 「as if + 주어 + were/일반동사의 과거형」은 가정법 과거로 '마치 ~인 것 처럼'의 의미이다.

Review Test

정 답 **1** awkward **2** accurate **3** responsible **4** ⑤ **5** ② **6** claim **7** fascinate
8 limit **9** am willing to **10** suffer from

**문 제
해 설**

[1–3]

> **보기** | 어색한   정확한   책임감 있는   최근의

1 '이상하거나 불편한'의 의미를 가진 단어는 awkward(어색한)이다.

2 '매우 상세한 정도로 정확한'의 의미를 가진 단어는 accurate(정확한)이다.

3 '무언가를 다룰 의무를 갖는'의 의미를 가진 단어는 responsible(책임감 있는)이다.

4 focus(집중하다)와 비슷한 의미의 단어는 ⑤ concentrate(집중하다)이다.

> 너는 네가 하고 있는 일에 집중해야 한다.

① 갈망[열망]하다   ② 추적하다   ③ 판단하다   ④ 영향을 미치다

5 condition(질환)과 비슷한 의미의 단어는 ② illness(병)이다.

> 그 질환은 나의 할아버지의 심장이 멈추게 했다.

① 장기   ③ 세포   ④ 지팡이   ⑤ 영향, 결과

[6–8]

> **보기** | 치유하다   제한하다   주장하다   매혹[매료]하다

6 Sam과 Kate는 모두 사실을 말하고 있다고 <u>주장한다</u>.

7 Anne의 크고 깊은 눈은 나를 <u>매혹한다</u>.

8 우리는 비닐봉지 사용을 <u>제한해야</u> 한다.

9 기꺼이 ~하다: be willing to-v

10 ~로 고통받다: suffer from

퍼 즐

❶ 느낌 – 감정
❷ 질병의 치료 방법에 대한 학문 – 의학, 의술
❸ 사람의 신체와 관련된 – 신체의
❹ 무언가를 하려고 노력하는 행위 – 시도, 도전
❺ 문제나 어려움을 야기하는 – 골칫거리인
❻ 명확하지 않은 이유로 – 어찌 된 일인지
❼ 사고 과정과 관련된 – 정신의
❽ 자신의 신체 일부나 혈액을 주는 사람 – 기증자
❾ 누군가나 무언가에 대한 의견을 형성하다 – 판단하다
❿ 무언가를 하도록 허락받기 위해 갖추어야 하는 것
  – 필요조건, 자격

본책 • pp. 80~81

정 답　1 ①　2 ②　3 (1) T　(2) F　4 (1) liquid　(2) glass　(3) normal solid　(4) molecules

문 제 해 설

1 유리의 분자 배열을 통해 유리가 고체인지 액체인지에 대해 설명하는 글로, 주제로 ① '유리는 실제로 무엇인가'가 가장 적절하다.

　② 유리창을 만드는 방법　　　　　　　　③ 고체와 액체의 차이점

　④ 어떻게 분자가 일상용품에 영향을 미치는가　　⑤ 왜 오래된 대성당은 형형색색의 창이 있는가

2 문장 ①과 ⑪에서 아래쪽 근처가 더 두껍다고 했으며, 문장 ⑨에서 분자가 고르지 않다고 했기 때문에 ②번이 적절하다.

3 (1) 문장 ⑤-⑥에 언급되어 있다.

　(2) 문장 ⑪-⑫에서 오래된 유리창의 아래쪽 근처가 더 두꺼운 이유는 당시 유리를 평평하게 만드는 기술이 부족했기 때문이라고 했다.

4

	(1) 액체	(2) 유리	(3) 일반 고체
(4) 분자들의 구조		곧지 않음	곧음
당신은 그것이 흐르는 것을 볼 수 있는가?	예	아니오	

본 문 직 독 직 해

① Glass in some windows / of old cathedrals / is thicker near the bottom. / ② Tour
몇몇 창문의 유리는　　　　오래된 대성당의　　아래쪽 근처가 더 두껍다　　　　여행

guides often say / that this happens / because glass is actually a type of liquid / that slowly
가이드는 흔히 말한다　이런 일이 생긴다고　유리가 사실은 액체의 한 종류이기 때문에　　천천히

flows downward / over hundreds of years. / ③ Is this true? /
아래로 흐르는　　수백 년에 걸쳐　　　　이것이 사실일까

④ Glass is not a liquid, / but a special type of solid. / ⑤ Normal solids, like gold, / have
유리는 액체가 아니라　특별한 종류의 고체이다　　금과 같은 일반적인 고체는

very straight and ordered molecules. / ⑥ If you heat gold, / it becomes a liquid like water, /
매우 곧고 질서 정연한 분자들을 가지고 있다　금을 가열하면　　그것은 물과 같은 액체가 된다

and the molecules move around. / ⑦ When gold cools down, / the molecules line up, / and
그리고 분자들은 여기저기 이동한다　　금이 식으면　　분자들은 줄을 선다　그리고

gold will become a perfectly straight solid again, / much like ice. / ⑧ When glass is heated
금은 다시 완전히 곧은 고체가 될 것이다　　마치 얼음처럼　유리가 가열되면

/ and becomes a liquid, / its molecules also move around. / ⑨ However, / when glass cools
그리고 액체가 되면　　그것의 분자들 또한 여기저기 이동한다　하지만　유리가 식어서

to become a solid, / its molecules still remain uneven. / ⑩ Even though these molecules are
고체가 될 때　　그것의 분자들은 여전히 계속 고르지 않다　이 분자들이 고르지 않음에도 불구하고

uneven, / they can't move freely / like a liquid's molecules. /
그것들은 자유롭게 이동할 수 없다　액체의 분자들처럼

⑪ So, / why are old windows thicker / near the bottom? / ⑫ It's simply because /
그렇다면   왜 오래된 창문은 더 두꺼울까   아래쪽 근처가   그것은 단지 ~ 때문이다

people had not yet learned / how to make perfectly flat glass! /
사람들이 아직 알지 못했었기   완전히 평평한 유리를 만드는 방법을

**본 문
해 석**

오래된 대성당의 몇몇 창문의 유리는 아래쪽 근처가 더 두껍다. 여행 가이드는 흔히 유리가 사실은 수백 년에 걸쳐 천천히 아래로 흐르는 액체의 한 종류이기 때문에 이런 일이 생긴다고 말한다. 이것이 사실일까?

유리는 액체가 아니라 특별한 종류의 고체이다. 금과 같은 일반적인 고체는 매우 곧고 질서 정연한 분자들을 가지고 있다. 금을 가열하면, 그것은 물과 같은 액체가 되고 분자들은 여기저기 이동한다. 금이 식으면, 분자들은 줄을 서고, 금은 마치 얼음처럼 다시 완전히 곧은 고체가 될 것이다. 유리가 가열되어 액체가 되면, 그것의 분자들 또한 여기저기 이동한다. 하지만, (액체 상태의) 유리가 식어서 고체가 될 때, 그것의 분자들은 여전히 계속 고르지 않다. 이 분자들이 고르지 않음에도 불구하고, 그것들은 액체의 분자들처럼 자유롭게 이동할 수 없다.

그렇다면 왜 오래된 창문은 아래쪽 근처가 더 두꺼울까? 그것은 단지 사람들이 완전히 평평한 유리를 만드는 방법을 아직 알지 못했었기 때문이다!

**구 문
해 설**

② Tour guides often **say [that** this happens because glass is actually *a type of liquid {that slowly flows downward over hundreds of years}]*.
  ➔ 첫 번째 **that**은 명사절을 이끄는 접속사로, [ ]는 **say**의 목적어로 쓰였다.
  ➔ { }는 선행사 **a type of liquid**를 수식하는 주격 관계대명사절이다.

⑨ However, when glass cools **to become** a solid, its molecules still remain uneven.
  ➔ **to become**은 '~가 된다'의 의미로, 〈결과〉를 나타내는 부사적 용법의 **to**부정사이다.

⑫ **It's** simply **because** people *had not yet learned* how to make perfectly flat glass!
  ➔ 「it is because」는 '그것이 ~한 이유이다'의 의미로 뒤에 원인에 해당하는 내용이 온다.
  ➔ **had not learned**는 '알지 못했었다'의 의미로 〈완료〉를 나타내는 과거완료(**had + p.p.**)이다.
  ➔ 「how + to-v」는 '~하는 방법'의 의미이다.

본책 • pp. 82~83

정 답   1 ①   2 ③   3 spin   4 ⑤

**문 제
해 설**

1 아이스 서클이 회전하는 물리학적 원리를 설명하는 글로, 제목으로 ① '아이스 서클은 어떻게 작용하는가'가 가장 적절하다.
  ② 물은 왜 가라앉으면서 회전하는가   ③ 결코 녹지 않는 불가사의한 얼음
  ④ 겨울에 강에 일어나는 일   ⑤ 숨겨진 위험: 회전목마 위의 얼음

2 빈칸 뒤에 각각 불가사의하지만 자연 형성물이고, 흐르는 물이 아이스 서클을 회전시킨다고 생각했던 것과 상반되게 흐르지 않는 곳에서도 회전한다는 내용이 나오므로, 빈칸에는 대조를 나타내는 접속사 ③ Although(비록 ~일지라도)가 가장 알맞다.

3 아이스 서클의 회전 원리를 설명하는 내용으로, 녹은 물이 가라앉았을 때 회전하면서 그 위의 얼음도 회전하게 하므로 빈칸에 spin(회전하다)이 적절하다.

4 문장 ⑤에서 최근에 밝혀진 것은 아이스 서클의 생성 조건이 아니라 그것이 회전하는 이유임을 알 수 있다.
①은 문장 ②, ②와 ③은 문장 ③, ④는 문장 ④를 통해 알 수 있다.

본 문
직 독
직 해

① In the middle of a cold river, / a circle of ice slowly spins / like a merry-go-round. /
차가운 강 가운데에 　　　　　　　　얼음으로 된 원이 천천히 회전한다 　　회전목마처럼

② Although it looks mysterious, / it is actually a natural formation / called an "ice circle." /
그것은 불가사의하게 보이지만 　　　　그것은 사실 자연 형성물이다 　　　　'아이스 서클'이라고 불리는

③ Ice circles, / which are usually found / in cold parts of North America and Europe, / can
아이스 서클은 　　주로 발견되는 　　　　　북아메리카와 유럽의 추운 지방에서

be as small as a CD / or as large as 17 meters across. / ④ Although people used to think /
CD만큼 작을 수 있다 　또는 직경 17미터만큼 크거나 　　　　　사람들은 생각했었지만

that flowing water caused ice circles to spin, / they also have been found in lakes / where
흐르는 물이 아이스 서클을 회전하게 했다고 　　　그것들은 호수에서도 발견되어 왔다

the water doesn't move. /
물이 움직이지 않는

⑤ Recently, / scientists figured out the real reason / why ice circles spin. / ⑥ First of
최근에 　　과학자들이 진짜 이유를 알아냈다 　　　　　아이스 서클이 회전하는 　　우선

all, / cold water is generally heavier / than warm water. / ⑦ Secondly, / water spins / as it
차가운 물은 일반적으로 더 무겁다 　　　따뜻한 물보다 　　둘째로 　　물은 회전한다 　그것이

sinks. / ⑧ Think of water / going down a drain. / ⑨ As an ice circle slowly melts, / it cools
가라앉을 때 　물을 생각해 보라 　　배수관을 내려가는 　　　　아이스 서클이 천천히 녹으면서 　　그것은

the water right under it. / ⑩ This water sinks / because it is heavier than the lake's warmer
그 바로 아래에 있는 물을 차갑게 한다 　이 물은 가라앉는다 　　그것이 호수의 더 따뜻한 물보다 더 무겁기 때문에

water. / ⑪ As it sinks, / it spins, / causing the ice above it to spin too! /
그것이 가라앉으면서 　그것은 회전한다 　그리고 그 위의 얼음도 회전하게 한다

본 문
해 석
　　차가운 강 가운데에 얼음으로 된 원이 회전목마처럼 천천히 회전한다. 그것은 불가사의하게 보이지만, 사실은 '아이스 서클'이라고 불리는 자연 형성물이다. 북아메리카와 유럽의 추운 지방에서 주로 발견되는 아이스 서클은, CD만큼 작거나 직경 17미터만큼 클 수 있다. 사람들은 흐르는 물이 아이스 서클을 회전하게 했다고 생각했었지만, 그것들은 물이 움직이지 않는 호수에서도 발견되어 왔다.

　　최근에, 과학자들이 아이스 서클이 회전하는 진짜 이유를 알아냈다. 우선, 차가운 물은 일반적으로 따뜻한 물보다 더 무겁다. 둘째로, 물은 가라앉을 때 회전한다. 배수관을 내려가는 물을 생각해 보라. 아이스 서클이 천천히 녹으면서, 그 바로 아래에 있는 물을 차갑게 한다. 이 물은 호수의 더 따뜻한 물보다 더 무겁기 때문에 가라앉는다. 그것이 가라앉으면서 회전하고, 그 위의 얼음도 회전하게 한다!

② Although it **looks mysterious**, it is actually *a natural formation* [*called an "ice circle"*]."
→ 「look + 형용사」는 '~하게 보이다'의 의미이다.
→ [ ]는 a natural formation을 수식하는 과거분사구이다.

③ **Ice circles**, [**which** are usually found in cold parts of North America and Europe], can be *as small as* a CD or *as large as* 17 meters across.
→ [ ]는 선행사 Ice circles를 부연 설명하는 계속적 용법의 주격 관계대명사절로 문장 중간에 삽입되었다.
→ 「as + 형용사의 원급 + as」는 '~만큼 …한'의 의미이다.

④ Although people **used to think** that flowing water caused ice circles to spin, they also *have been found* in lakes [where the water doesn't move].
→ 「used to + 동사원형」은 '(과거에) ~였다/~하곤 했다'의 의미로 과거의 상태나 습관을 나타낸다.
→ have been found는 '발견되어 왔다'의 의미로 〈계속〉을 나타내는 현재완료 수동태(have[has] been + p.p.)이다.
→ [ ]는 선행사 lakes를 수식하는 관계부사절이다.

⑤ Recently, scientists figured out **the real reason** [**why** ice circles spin].
→ [ ]는 선행사 the real reason을 수식하는 관계부사절이다.

⑪ **As** it sinks, it spins, *causing* the ice above it to spin too!
→ as는 '~할 때', '~하면서'의 의미인 접속사이다.
→ causing은 〈연속동작〉을 나타내는 분사구문으로, and it causes로 바꿔 쓸 수 있다.

본책 • pp. 84~85

정 답   **1** ②   **2** ④   **3** 모든 탄산음료 캔들이 원기둥과 같은 모양으로 만들어진 것
4 economical / material[aluminum] / soda

문 제
해 설

1 모든 탄산음료 캔이 원기둥 모양으로 만들어진 이유 중 하나가 원기둥 모양의 캔을 만드는 데 드는 재료의 양에 비해 상대적으로 많은 음료를 담을 수 있기 때문이라는 것을 수학적으로 설명하는 글이므로, 제목으로 ② '탄산음료 캔 모양 뒤에 숨은 수학'이 가장 적절하다.
① 재미있는 모양의 탄산음료 캔   ③ 원기둥 모양의 캔 대 구 모양의 캔
④ 가장 경제적인 탄산음료 캔 모양, 구!   ⑤ 표면적과 부피: 그것들은 왜 중요한가?

2 ⓓ는 several advantages를 가리키고, 나머지는 cylinders를 가리킨다.

3 문장 ①에 언급되어 있다.

4
> 탄산음료 캔으로 가장 경제적인 모양은 구인데, 그것은 가장 적은 양의 재료[알루미늄]를 사용하고 가장 많은 양의 탄산음료를 담는다.

본 문
직 독
직 해

① Have you ever noticed / that all of the soda cans in the supermarket / are shaped
당신은 알아차린 적이 있는가　슈퍼마켓의 모든 탄산음료 캔들이　　　원기둥과 같은

like cylinders? / ② Why do you think they are shaped this way? / ③ Is it because /
모양으로 만들어진 것을　당신은 왜 그것들이 이러한 모양으로 만들어졌다고 생각하는가　그것은 ~이기 때문인가

cylinders look good? / ④ Or / is it because / they are easy to hold? / ⑤ Actually, / they have
원기둥이 좋아 보이기　아니면　그것은 ~이기 때문인가　그것들이 잡기 쉽기　실제로　그것들은

several advantages. / ⑥ One of them is that they are economical! / ⑦ We can use math /
몇몇 이점들이 있다　　　그것들 중 한 가지는 그것들이 경제적이라는 것이다　　　우리는 수학을 이용할 수 있다

to show / how they help manufacturers save money. / ⑧ The amount of material / a shape
보여주기 위해　그것들이 제조자들이 돈을 아끼도록 돕는 방법을　　　재료의 양은　　　　　한 모양이

requires / is called its "surface area," / and the amount of soda / it can hold / is called its
필요로 하는　그것의 '표면적'이라고 불린다　　　그리고 탄산음료의 양은　　　그것이 담을 수 있는　그것의

"volume." / ⑨ So, / for the manufacturers, / the best shape would be / one with the lowest
'부피'라고 불린다　그래서　제조자들에게　　　최상의 모양은 ~일 것이다　　　가장 작은 표면적과

surface area and the highest volume. / ⑩ The sphere is the shape / with the lowest surface
가장 큰 부피를 가진 것　　　　　구(球)는 모양이다　　　가장 작은 표면적을 가진

area / compared to its volume. / ⑪ But imagine sphere-shaped soda cans! / ⑫ When you
그것의 부피 대비　　　하지만 구 모양의 탄산음료 캔들을 상상해 봐라　　　당신이

put them down, / they would roll away. / ⑬ Thus, / the cylinder, / which requires a little
그것들을 내려놓으면　그것들은 굴러갈 것이다　그래서　원기둥이　구보다 조금 더 많은

more aluminum than a sphere / but stays still, / is used! /
알루미늄을 필요로 하는　　　하지만 가만히 있는　사용된다

본 문
해 석

　　당신은 슈퍼마켓의 모든 탄산음료 캔들이 원기둥과 같은 모양으로 만들어진 것을 알아차린 적이 있는가? 당신은 왜 그것들이 이러한 모양으로 만들어졌다고 생각하는가? 원기둥이 좋아 보이기 때문일까? 아니면 그것들이 잡기 쉽기 때문일까? 실제로, 그것들은 몇몇 이점들이 있다. 그것들 중 한 가지는 그것들이 경제적이라는 것이다! 그것들이 제조자들이 돈을 아끼도록 돕는 방법을 보여주기 위해 우리는 수학을 이용할 수 있다. 한 모양이 필요로 하는 재료의 양은 그것의 '표면적'이라고 불리고, 그것이 담을 수 있는 탄산음료의 양은 그것의 '부피'라고 불린다. 그래서, 제조자들에게, 최상의 모양은 가장 작은 표면적과 가장 큰 부피를 가진 것일 것이다. 구(球)가 그것의 부피 대비 가장 작은 표면적을 가진 모양이다. 하지만 구 모양의 탄산음료 캔들을 상상해 봐라! 당신이 그것들을 내려놓으면, 그것들은 굴러갈 것이다. 그래서, 구보다 조금 더 많은 알루미늄을 필요로 하지만 가만히 있는 원기둥이 사용된다!

구 문
해 설

② **Why do you think they are shaped** this way?
→ 간접의문문(why they are shaped this way)이 의문문 「do you think … ?」의 목적어로 쓰인 것으로, 「의문사 + do you think + 주어 + 동사」의 어순이다.

⑧ **The amount of material** [(which[that]) a shape requires] is called its "surface area," and *the amount of soda* {(which[that]) it can hold} is called its "volume."
→ [ ]와 { }는 각각 선행사 The amount of material과 the amount of soda를 수식하는 목적격 관계대명사절로, 앞에 관계대명사 which[that]가 생략되었다.

⑬ Thus, **the cylinder**, [**which** *requires* a little more aluminum than a sphere *but stays* still], is used!

➔ [ ]는 선행사 the cylinder를 부연 설명하는 계속적 용법의 주격 관계대명사절로, 문장 중간에 삽입되었다.

➔ requires와 stays는 관계대명사절의 두 동사로, 접속사 but으로 병렬 연결되어 있다.

본책 ● pp. 86~87

정 답　**1** ①　**2** ②　**3** ③　**4** subtract

문 제
해 설

1 로마 숫자를 읽는 방법을 예시와 함께 설명하는 글이므로, 주제로 ① '로마 숫자를 읽는 방법'이 가장 알맞다.

[문제] 글의 주제로 가장 알맞은 것은?

② 로마 숫자의 역사　　　　　　③ 로마 숫자로 계산하기

④ 로마 숫자를 사용하는 이유들　⑤ 로마 숫자의 복잡성

2 CXLIV = 100 + (50 −10) + (5 −1) = 144

[문제] 빈칸에 들어갈 말로 가장 알맞은 것은?

3 (A) 문장 ⑥에서 I, X, C, M은 세 번까지 반복될 수 있다고 했다.

(B) 문장 ⑦에서 한 숫자가 더 큰 숫자 뒤에 오면 그것들을 더하라고 했다.

(C) 문장 ⑩-⑪에서 세 개 이상의 숫자들이 있다면, 더 큰 숫자들 앞에 있는 숫자들을 찾아서 뺄셈을 하고 그다음에 나머지를 더하라고 했다.

[문제] 글의 내용과 일치하는 것들은?

> (A) 숫자 X는 두 번 반복될 수 있다.
> (B) 한 숫자가 더 큰 것의 뒤를 이으면, 그것들을 더해라.
> (C) 세 개 이상의 숫자가 있으면, 숫자들을 모두 더해라.

4 문장 ⑨에 언급되어 있다.

[문제] 다음 빈칸에 알맞은 단어를 글에서 찾아 쓰시오.

> 당신은 더 큰 것에서 오직 한 개의 더 작은 수만을 뺄 수 있으므로 숫자 3은 III이지 IIV가 아니다.

본 문
직 독
직 해

① Do you know / what XIX means? / ② It is not a word / but the number 19. / ③ It looks
당신은 아는가　　XIX가 무엇을 의미하는지　그것은 단어가 아니라　숫자 19이다　　　　그것은

different / because it is a Roman numeral. / ④ Roman numerals may seem complicated, /
다르게 보인다　그것이 로마 숫자이기 때문에　　　　　로마 숫자는 복잡해 보일지도 모른다

but you only need to know three things / to read them! /
하지만 당신은 세 가지만 알면 된다　　　　　그것들을 읽기 위해

1. ⑤ Learn the seven numerals: / I=1, V=5, X=10, L=50, C=100, D=500, and M=1,000.
일곱 숫자들을 배워라   I=1, V=5, X=10, L=50, C=100, D=500 그리고 M=1,000이다

/ ⑥ Of these numerals, / I, X, C, and M can be repeated / up to three times, / and you
이 숫자들 중에   I와 X, C 그리고 M은 반복될 수 있다   세 번까지   그리고 당신은

need to add them. /
그것들을 더해야 한다

2. ⑦ If a numeral comes after a larger one, / add them. / ⑧ If a numeral comes before a
만약 한 숫자가 더 큰 것 뒤에 오면   그것들을 더해라   만약 한 숫자가 더 큰 것 앞에 오면

larger one, / subtract it from the larger one. / ⑨ However, / you can subtract only one
더 큰 것에서 그것을 빼라   그러나   당신은 오직 한 개의 수를 뺄 수 있다

number / from another, / so 3 is III, not IIV. /
또 다른 수로부터   그러므로 3은 III이지 IIV가 아니다

3. ⑩ If there are more than three numerals, / find any numerals / before larger ones /
만약 세 개 이상의 숫자들이 있다면   어떤 숫자든지 찾아라   더 큰 것들 앞에 있는

and do the subtraction. / ⑪ Then add the rest. /
그리고 뺄셈을 해라   그러고 나서 나머지를 더해라

⑫ Now you can read complicated Roman numerals! / ⑬ Try this one: / What does
이제 당신은 복잡한 로마 숫자를 읽을 수 있다   이것을 시도해 봐라   CXLIV가

CXLIV mean? / ⑭ The answer is 144. /
무엇을 의미하는가   정답은 144이다

본 문
해 석
당신은 XIX가 무엇을 의미하는지 아는가? 그것은 단어가 아니라 숫자 19이다. 그것은 로마 숫자이기 때문에 다르게 보인다. 로마 숫자는 복잡해 보일지도 모르지만, 당신은 그것들을 읽기 위해 세 가지만 알면 된다!

1. 일곱 숫자들을 배워라: I=1, V=5, X=10, L=50, C=100, D=500 그리고 M=1,000이다. 이 숫자들 중에, I와 X, C 그리고 M은 세 번까지 반복될 수 있고 당신은 그것들을 더해야 한다.

2. 만약 한 숫자가 더 큰 것 뒤에 오면, 그것들을 더해라. 만약 한 숫자가 더 큰 것 앞에 오면, 더 큰 것에서 그것을 빼라. 그러나, 당신은 또 다른 수로부터 오직 한 개의 수를 뺄 수 있으므로, 3은 III이지 IIV가 아니다.

3. 만약 세 개 이상의 숫자들이 있다면, 더 큰 것들 앞에 있는 어떤 숫자든지 찾아서 뺄셈을 해라. 그러고 나서 나머지를 더해라.
이제 당신은 복잡한 로마 숫자를 읽을 수 있다! 이것을 시도해 봐라. CXLIV가 무엇을 의미하는가? 정답은 144이다.

구 문
해 설
① Do you **know** [what XIX means]?
➜ [ ]는 「의문사 + 주어 + 동사」의 간접의문문으로, 동사 know의 목적어로 쓰였다.

② It is **not** a word **but** the number 19.
➜ 「not A but B」는 'A가 아니라 B'의 의미이다.

Review Test

정 답 **1** ⓒ **2** ⓑ **3** ⓐ **4** ③ **5** ① **6** liquid **7** still **8** shape
9 compared to **10** figure out

문 제 **1** spin(돌다, 회전하다) – ⓒ 중심점 주위를 빠르게 돌다
해 설
2 sink(가라앉다) – ⓑ 아래쪽으로 천천히 움직이다

3 repeat(반복하다) – ⓐ 무언가를 다시 하다

4 complicated(복잡한)와 반대 의미의 단어는 ③ simple(간단한)이다.

> 누가 이런 복잡한 상황을 해결할 수 있는가?

① 같은 ② 작은 ④ 다른 ⑤ 불가사의한

5 subtract(빼다)와 반대 의미의 단어는 ① add(합하다)이다.

> 100에서 10을 빼면, 90이 된다.

② 넣다 ③ (특정한 상태를) 유지하다 ④ 가져가다 ⑤ 뒤를 잇다

[6-8]

> 보기 | 모양 액체 가만히 있는, 정지한 고르지 않은

6 그 액체를 유리잔에 부을 때 조심해라.

7 아이들이 오랫동안 가만히 앉아 있는 것은 힘들다.

8 그 소년은 종이에 원과 하트 모양을 그렸다.

9 ~와 비교[대비]하여: compared to

10 ~를 알아내다: figure out

퍼 즐 **1** stay **2** volume **3** numeral **4** solid **5** normal **6** drain **7** manufacturer **8** economical
9 cylinder **10** flat
You only live once.

1

정 답   **1** ②   **2** ⑤   **3** ③   **4** optical illusions / trick[fool]

문 제   **1** 옵아트에 관해 설명하는 글이므로, 주제로는 ② '옵아트라고 불리는 예술 형태'가 가장 적절하다.
해 설   ① 옵아트에 대한 비평   ③ 우리의 눈이 사물을 보는 방법
         ④ 착시의 원인들   ⑤ 뉴욕의 독특한 예술 전시회들

2 '하지만, 대중은 그것들을 매우 좋아했고 그것들이 매우 재미있다고 생각했다.'는 주어진 문장은 비평가들의 의견과
상반되므로 문장 ③ 다음인 ⑤에 들어가는 것이 가장 적절하다.

3 ③ 문장 ⑩에서 옵아트 그림들은 빛나거나 휘는 것처럼 보인다고 했다.
①은 문장 ⑥-⑦에, ②는 문장 ⑦에, ④는 문장 ⑫에, ⑤는 문장 ⑭에 언급되어 있다.

4
> 옵아트는 착시를 포함하는 예술의 한 형태인데, 그것은 뇌를 속여 사물들이 빛나거나, 휘거나, 움직이거나, 숨겨진 이미
> 지들을 보여주는 것처럼 보이게 만든다.

본 문   ① What strange pictures! / ② They seem to be moving, / don't they? / ③ But that is
직 독   얼마나 이상한 그림들인가   그것들은 움직이고 있는 것처럼 보인다   그렇지 않은가   하지만 그것은
직 해
impossible. / ④ They are just fooling your eyes! / ⑤ How can this happen? / ⑥ Actually, /
불가능하다   그것들은 단지 당신의 눈을 속이고 있을 뿐이다   어떻게 이것이 발생할 수 있는가   사실

it is just a trick / called an optical illusion. / ⑦ This kind of art is called op art, / which is
그것은 단지 속임수이다   착시라고 불리는   이런 종류의 예술은 옵아트라고 불린다   그리고

short for optical art. /
그것은 옵티컬 아트(광학적 미술)의 줄임말이다

⑧ Optical illusions trick the brain / into seeing things differently / from the way they
착시는 뇌를 속인다   사물들을 다르게 보도록   그것들의 실제 모습과

really are. / ⑨ To make optical illusions, / artists use / contrasting colors, the repetition of
착시를 일으키기 위해   예술가들은 사용한다   대조적인 색상과 단순한 형태의 반복,

simple forms, and the rules of perspective. / ⑩ Op art paintings appear to glow, twist, or
원근법의 규칙들을   옵아트 그림들은 빛나거나 휘거나 또는 움직이는 것처럼

move. / ⑪ Some paintings even seem to show hidden images. /
보인다   몇몇 그림들은 심지어 숨겨진 이미지들을 보여 주는 것처럼 보인다

⑫ This art form was first introduced in 1965 / at an exhibition called "The Responsive
이 예술 형식은 1965년에 처음 소개되었다   '응답하는 눈'이라고 불리는 전시회에서

Eye" / at the Museum of Modern Art, New York. / ⑬ Critics thought / these works were
뉴욕 현대 미술관에서   비평가들은 생각했다   이 작품들이

nothing more than visual tricks. / However, / the public loved them / and thought they
시각적 속임수에 지나지 않는다고   하지만   대중은 그것들을 매우 좋아했다   그리고 그것들이 매우

were very fun. / ⑭ Today / op art is found in many places, / such as TV advertisements and
재미있다고 생각했다   오늘날   옵아트는 많은 곳에서 발견된다   TV 광고와 패션 디자인과 같은

fashion designs. /

얼마나 이상한 그림들인가! 그것들은 움직이고 있는 것처럼 보인다, 그렇지 않은가? 하지만 그것은 불가능하다. 그것들은 단지 당신의 눈을 속이고 있을 뿐이다! 어떻게 이것이 발생할 수 있는가? 사실, 그것은 단지 착시라고 불리는 속임수이다. 이런 종류의 예술은 옵아트라고 불리는데, 그것은 옵티컬 아트(광학적 미술)의 줄임말이다.

착시는 뇌를 속여서 사물들을 실제 모습과 다르게 보게 한다. 착시를 일으키기 위해, 예술가들은 대조적인 색상과 단순한 형태의 반복, 원근법의 규칙들을 사용한다. 옵아트 그림들은 빛나거나 휘거나 또는 움직이는 것처럼 보인다. 몇몇 그림들은 심지어 숨겨진 이미지들을 보여 주는 것처럼 보인다.

이 예술 형식은 1965년에 뉴욕 현대 미술관에서 '응답하는 눈'이라고 불리는 전시회에서 처음 소개되었다. 비평가들은 이 작품들이 시각적 속임수에 지나지 않는다고 생각했다. 하지만, 대중은 그것들을 매우 좋아했고 그것들이 매우 재미있다고 생각했다. 오늘날 옵아트는 TV 광고와 패션 디자인과 같은 많은 곳에서 발견된다.

① **What strange pictures!**
➜ 「What (a(n)) + 형용사 + 명사 (+ 주어 + 동사)!」는 '얼마나 ~한 …인가!'의 의미인 감탄문이다.

② They **seem to be moving**, *don't they*?
➜ 「seem + to-v」는 '~인 것 같다', '~처럼 보이다'의 의미이다.
➜ don't they는 '그렇지 않니?'의 의미로, 상대방에게 확인하거나 동의를 구할 때 쓰는 부가의문이다.

⑦ This kind of art is called **op art, which** is short for optical art.
➜ 「, which」는 선행사 op art를 부연 설명하는 계속적 용법의 주격 관계대명사로, '그리고 그것은'의 의미이다.

⑧ Optical illusions **trick the brain into seeing** things differently from *the way they* really *are*.
➜ 「trick + 목적어 + into + v-ing」는 '~를 속여서 …하게 하다'의 의미이다.
➜ 「the way + 주어 + be동사」는 '~가 있는 그대로', '실제 모습'의 의미이다.

⑭ Op art is **a form of art** [**that** includes *optical illusions, which* trick the brain and make things **appear** to glow, twist, move, or show hidden images].
➜ [ ]는 선행사 a form of art를 수식하는 주격 관계대명사절이다.
➜ 「, which」는 선행사 optical illusions를 부연 설명하는 계속적 용법의 주격 관계대명사로, '그리고 그것은'의 의미이다.
➜ 「make + 목적어 + 동사원형」은 '~가 …하게 하다[만들다]'의 의미이다.
➜ 「appear + to-v」는 '~하는 것처럼 보이다'의 의미로, to부정사인 to glow, (to) twist, (to) move, (to) show가 콤마(,)와 접속사 or로 병렬 연결되어 있다.

본책 • pp. 94~95

2

정 답   1 ③   2 ④   3 ②   **4** 현재는 존재하지 않는 매우 오래된 유럽의 집 내부에만 있었던 방이므로

문 제
해 설

1 인형의 집은 17-18세기 유럽에서 부유한 여성들의 취미로 여겨졌는데, 근래에는 역사적 가치까지 증명되었다는 내용의 글이므로 요지로는 ③이 적절하다.

2 문장 ⑥에서 소유자가 많은 돈을 들였다고 했고, 문장 ⑨에서 인형의 집이 사치스럽다고 했으므로, 빈칸에는 ④ wealthy(부유한)가 가장 적절하다.

① 약한　② 외로운　③ 어린애 같은　⑤ 아름다운

3 ② 현존하는 인형의 집의 개수에 대한 언급은 없다.

①은 문장 ①, ⑧에서 부유한 성인 여인들이 취미로 수집했다는 것을 알 수 있으며, ③은 문장 ②에서 2m까지 되었다고 했고, ④는 문장 ③, ⑤에서 작은 책, 가구, 접시, 작은 그림이 있었다고 했고, ⑤는 문장 ④에서 수제로 만들어졌다고 했다.

① 누가 그것들을 취미로 수집했나?　　　② 현재 얼마나 많이 존재하는가?

③ 그것들은 얼마나 컸었는가?　　　④ 그것들은 안에 무엇을 가졌나?

⑤ 그것들 안에 물건들은 어떻게 만들어졌나?

4 문장 ⑩-⑪에 언급되어 있다.

본 문
직 독
직 해

① In 17ᵗʰ and 18ᵗʰ century Europe, / some wealthy women had dollhouses / which
17, 18세기 유럽에서　　　　몇몇 부유한 여인들은 인형의 집들을 가지고 있었다　실제

looked exactly like real homes / but were smaller. / ② They were up to two meters tall / and
집과 똑같이 보이는　　　　그러나 더 작은　　　그것들은 높이가 2m까지 되었다　　그리고

open on one side. / ③ They also contained many objects / in each room, / including tiny
한쪽이 개방되어 있었다　　그것은 또한 많은 물건들이 들어 있었다　각 방에　　아주 작은 책과

books, furniture, and dishes. / ④ Each of the objects was hand-made / and decorated in
가구 그리고 접시들을 포함하여　　각각의 물건들은 수제였다　　그리고 아주 세밀하게

great detail. / ⑤ Some houses even had small paintings / done by famous artists! / ⑥ It is no
장식되었다　　몇몇 집들은 심지어 작은 그림들도 있었다　유명한 화가들에 의해 그려진　~는 조금도

wonder / that the owners spent a lot of money / on creating them. / ⑦ Interestingly, / these
놀랄 일이 아니다　소유자들이 많은 돈을 쓴 것은　　그것들을 만드는 데　　흥미롭게도　이 집들은

houses were not toys / to play with. / ⑧ Collecting them was considered a hobby / for adult
장난감이 아니었다　　가지고 놀　　그것들을 모으는 것은 취미로 여겨졌다　　　성인

women. /
여인들을 위한

⑨ In modern times, / these luxurious dollhouses / have turned out to have historical
현대에　　　이 사치스러운 인형의 집들은　　역사적 가치를 지닌 것으로 밝혀졌다

value / as well. / ⑩ Some of these dollhouses have special rooms / that only existed inside /
또한　　이 인형의 집들 중 몇몇은 특별한 방들이 있다　　내부에만 존재했던

of very old European houses. / ⑪ Since the real homes are no longer around, / we can look
매우 오래된 유럽의 집의　　실제 집들이 더 이상 주위에 없기 때문에　　우리는 이 오래된

at these old dollhouses / to see how people lived / at that time. /
인형의 집들을 살펴볼 수 있다　사람들이 어떻게 살았는지 알기 위해　그 당시에

본 문
해 석

17, 18세기 유럽에서, 몇몇 부유한 여인들은 실제 집과 똑같이 보이지만 더 작은 인형의 집들을 가지고 있었다. 그것들은 높이가 2m까지 되었고 한쪽이 개방되어 있었다. 그것들은 또한 각 방에, 아주 작은 책들과 가구 그리고 접시들을 포함하여 많은 물건들이 들어 있었다. 각각의 물건들은 수제였고 아주 세밀하게 장식되었다. 몇몇 집들은 심지어 유명한 화가들에 의해 그려진 작은 그림들도 있었다! 소유자들이 그것들을 만드는 데 많은 돈을 쓴 것은 조금도 놀랄 일이 아니다. 흥미롭게도, 이 집들은 가지고 놀 장난감이 아니었다. 그것들을 모으는 것은 성인 여인들을 위한 취미로 여겨졌다.

현대에, 이 사치스러운 인형의 집들은 역사적 가치 또한 지닌 것으로 밝혀졌다. 이 인형의 집들 중 몇몇은 매우 오래된 유럽의 집 내부에만 존재했던 특별한 방들이 있다. 실제 집들이 더 이상 주위에 없기 때문에, 우리는 그 당시에 사람들이 어떻게 살았는지 알기 위해 이 오래된 인형의 집들을 살펴볼 수 있다.

<table>
<tr><td>구 문
해 설</td><td>

⑥ **It is no wonder that** the owners *spent a lot of money on creating* them.
  ➜ 「it is no wonder that ~」은 '~는 조금도 놀랄 일이 아니다'의 의미이다.
  ➜ 「spend + 돈(+ on) + v-ing」는 '~하는 데 …를 쓰다'의 의미이다.
⑦ Interestingly, these houses were not toys **[to play** with].
  ➜ to play는 형용사적 용법의 to부정사로, [ ]는 앞의 명사 toys를 수식한다.
⑪ **Since** the real homes are no longer around, we can look at these old dollhouses *to see* [how people lived at that time].
  ➜ Since는 '~하기 때문에'의 의미인 접속사이다.
  ➜ to see는 '알기 위해'의 의미로, 〈목적〉을 나타내는 부사적 용법의 to부정사이다.
  ➜ [ ]는 「의문사 + 주어 + 동사」의 간접의문문으로, see의 목적어로 쓰였다.

</td></tr>
</table>

본책 • pp. 96~97

3

정 답   **1** ①   **2** comparing   **3** ①   **4** ②

문 제
해 설

1 노래 가사가 직유와 은유를 포함한 표현을 가르쳐 준다고 했으므로, 주제로 ① '노래에서 표현 배우기'가 가장 알맞다.
  ② 노래 가사를 그렇게 특별하게 만드는 것   ③ 두 종류의 노래를 비교하는 방법
  ④ 노래 가사를 쓰는 각기 다른 방법   ⑤ 직유와 은유로 수필 쓰기

2 가사 속에서 '가수 자신(I)'과 '당신(You)'을 각각 공통점을 가진 대상인 나방과 햇살에 '비유한다'는 내용으로 compare가 알맞다. 또한, 빈칸 앞에 be동사가 있으며, 주어인 The singer는 비유하는 주체이므로 수동태(be + p.p.)가 아니라 능동을 나타내는 진행형(be + v-ing)으로 써야 하므로 comparing이 되어야 한다.

3 방을 냉장고에 비유하고 있으므로 냉장고의 차가운 특성이 방에서도 느껴진다고 유추할 수 있으므로, 빈칸에는 ① '그 방이 매우 춥다'가 가장 적절하다.
  ② 그나 그녀가 감기에 걸렸다   ③ 그 방이 시원해야 한다
  ④ 그나 그녀가 냉장고를 원하다   ⑤ 그 방이 냉장고가 필요하다

4 metaphor(은유)는 like나 as 없이 대상을 비유한다. (B)는 직유이며, (E)는 그녀와 기린의 키를 직접 비교하여 과장하므로 비유법에 해당하지 않는다.

> (A) 인생은 롤러코스터이다.   (B) 당신은 꼭 우리 엄마 같아요.
> (C) 그 의사의 뇌는 컴퓨터이다.   (D) 태양은 빨간 풍선이다.
> (E) 그녀는 기린만큼 키가 크다.

본 문
직 독
직 해

① The lyrics of your favorite songs / can teach you many useful expressions, /
당신이 가장 좋아하는 노래의 가사는   당신에게 많은 유용한 표현을 가르쳐 줄 수 있다

including similes and metaphors. /
직유와 은유를 포함하여

② Similes compare things / using *like* or *as*. / ③ The song "Stitches" by Shawn Mendes
직유는 대상을 비유한다   *like*(~처럼)나 *as*(~처럼[같이])를 사용하여   Shawn Mendes의 노래

contains this simile: / ④ "Just like a moth / drawn to a flame / Oh, / you lured me in, /
'Stitches'에 이런 직유가 들어 있다   한 마리 나방처럼   불꽃에 이끌리는   오   그대는 나를 유혹했죠

I couldn't sense the pain." / ⑤ The singer is comparing himself to a moth / because he is
나는 고통을 느끼지 못했어요   가수는 그 자신을 나방에 비유하고 있다   자신이 누군가에

attracted to someone / in the same way / that a moth is attracted to a flame. /
끌리기 때문에   같은 방식으로   나방이 불꽃에 끌리는 것과

⑥ Metaphors compare things / without *like* or *as*. / ⑦ For example, / someone
은유는 대상을 비유한다   *like*나 *as* 없이   예를 들어   누군가는

might say, / "This room is a refrigerator." / ⑧ However, / it's not really a refrigerator! /
말할지도 모른다 "이 방은 냉장고예요."라고   그러나   그것은 실제로 냉장고는 아니다

⑨ The person is just saying / the room is very cold. / ⑩ The song "You Are My Sunshine"
그 사람은 그저 말하고 있다   그 방이 매우 춥다고   노래 'You Are My Sunshine'에

contains this metaphor: / ⑪ "You are my sunshine, / my only sunshine / You make me
이런 은유가 들어 있다   당신은 나의 햇살이에요   나의 유일한 햇살   당신은 나를 행복하게

happy / when skies are gray." / ⑫ The singer is comparing someone to sunshine / because
만들어요   하늘이 흐린데도 불구하고   가수는 누군가를 햇살에 비유하고 있다

they both make him feel good. /
그들 둘 다 그를 기분 좋게 만들기 때문에

⑬ Songs are full of similes and metaphors, / so listen to music / and learn some more! /
노래는 직유와 은유로 가득하다   그러니 음악을 들어라   그리고 좀 더 배워라

본 문
해 석

당신이 가장 좋아하는 노래의 가사는 당신에게 직유와 은유를 포함하여 많은 유용한 표현을 가르쳐 줄 수 있다.

직유는 *like*(~처럼)나 *as*(~처럼[같이])를 사용하여 대상을 비유한다. Shawn Mendes의 노래 'Stitches'에 이런 직유가 들어 있다. "불꽃에 이끌리는 한 마리 나방처럼 / 오, 그대는 나를 유혹했죠, 나는 고통을 느끼지 못했어요." 가수는 나방이 불꽃에 끌리는 것과 같은 방식으로 자신이 누군가에 끌리기 때문에 그 자신을 나방에 비유하고 있다.

은유는 *like*나 *as* 없이 대상을 비유한다. 예를 들어, 누군가는 "이 방은 냉장고예요."라고 말할지도 모른다. 그러나, 그것은 실제로 냉장고는 아니다! 그 사람은 그저 그 방이 매우 춥다고 말하고 있다. 노래 'You Are My Sunshine'에 이런 은유가 들어 있다. "당신은 나의 햇살이에요, 나의 유일한 햇살 / 하늘이 흐린데도 불구하고 당신은 나를 행복하게 만들어요." 가수는 그들 둘 다 그를 기분 좋게 만들기 때문에 누군가를 햇살에 비유하고 있다.

노래는 직유와 은유로 가득하니, 음악을 듣고 좀 더 배워라!

① The lyrics of your favorite songs can **teach you many useful expressions**, including … .
　➔ 「teach + 간접목적어 + 직접목적어」는 '~에게 …를 가르쳐 주다'의 의미이다.

② Similes compare things **using** *like* or *as*.
　➔ using은 '사용하면서'의 의미로 〈동시동작〉을 나타내는 분사구문이다.

⑤ The singer is **comparing himself to a moth** because he is attracted to someone in *the same way [that* a moth is attracted to a flame].
　➔ 「compare A to B」는 'A를 B에 비유하다'의 의미이다.
　➔ [ ]는 선행사 the same way를 수식하는 관계부사절이다. 선행사 the way와 how는 함께 쓰지 않기 때문에 how 대신 that을 썼다.

⑫ The singer is comparing someone to sunshine because they both **make him** *feel* good.
　➔ 「make + 목적어 + 동사원형」은 '~가 …하게 하다[만들다]'의 의미이다.
　➔ 「feel + 형용사」는 '~하게 느끼다'의 의미이다.

⑬ Songs are full of similes and metaphors, so **listen** to music **and learn** some more!
　➔ 명령문의 동사 listen과 learn이 접속사 and로 병렬 연결되어 있다.

4

정 답　1 ③　　2 ④, ⑤　　3 미켈란젤로의 그림 속 여성들의 모습이 부자연스러운 것[여성이라기엔 너무 근육질로 보이는 것]
　　　4 (1) muscular　(2) male　(3) female　(4) women

문 제
해 설

1　미켈란젤로의 그림 속 여성의 모습이 부자연스러운 이유에 관한 내용이므로, 그의 작품이 모두 아름다워서 하나를 선택하기 어렵다는 내용의 (c)는 흐름과 관계없다.
　　[문제] 글의 (a)~(e) 중, 전체 흐름과 관계 없는 것은?

2　④는 문장 ⑥에서 시스티나 성당의 천장에 그려진 그림이라는 것을 알 수 있고, ⑤는 문장 ④, ⑧-⑩을 통해 근육질이며, 어깨가 넓고 엉덩이가 좁은 남성 신체의 고유한 특징을 가졌다는 것을 알 수 있다.
　　[문제] 글에서 언급된 소재를 모두 고르시오.
　　① 미켈란젤로의 연구　　　　　　　　② 미켈란젤로가 선호한 종류의 모델들
　　③ 여성 모델들을 구하기 어려웠던 이유　　④ 연구에 사용된 미켈란젤로의 그림
　　⑤ 미켈란젤로가 그린 그림들의 여성들의 특징

3　문장 ③-④의 내용을 가리킨다.
　　[문제] 글의 밑줄 친 something strange가 가리키는 내용은 무엇인가? 우리말로 쓰시오.

4　[문제] 다음 빈칸에 알맞은 단어를 글에서 찾아 쓰시오.

미켈란젤로의 그림 속 여성들

그들은 어떻게 보이는가	그들은 남성만큼 (1) 근육질로 보인다. 그들은 넓은 어깨와 좁은 엉덩이, 긴 허벅지를 가진다.
왜 그런가	(3) 여성 모델들을 구하기 어려웠기 때문에, 미켈란젤로가 여성들을 그리기 위해 (2) 남성 모델들을 썼을 것이라고 믿는다.

그는 어떻게 그들을 그렸을까	그는 남성의 몸을 스케치하고 그 스케치 위에 ⁽⁴⁾ 여성의 옷을 그렸을지도 모른다.

본 문
직 독
직 해

① I am sure / you have heard / of the great Italian artist Michelangelo. / ② His
나는 확신한다　　당신이 들어본 적이 있을 것이라고　　위대한 이탈리아의 화가인 미켈란젤로에 대해　　그의

paintings are all amazing, / but if you look closely, / you might discover something strange. /
그림들은 모두 놀랍다　　　하지만 만약 당신이 자세히 살펴본다면　　당신은 이상한 점을 발견할지도 모른다

③ The appearances of the women / in many of his paintings / are unnatural. / ④ Many
여성들의 모습이　　　　　그의 많은 그림들 속　　부자연스럽다　　　많은

seem too muscular / to be women. / ⑤ Actually, / a study was conducted / on this subject.
이들이 너무 근육질로 보인다　여성이라기엔　　실제로　　한 연구가 시행되었다　　이 주제에 대해

/ ⑥ Researchers studied the women / painted on the ceiling of the Sistine Chapel, / one of
연구원들은 여성들을 연구했다　　　　시스티나 성당의 천장에 그려진　　　　하나인

Michelangelo's masterpieces. / (⑦ However, / all of his work is so beautiful / that it is hard /
미켈란젤로의 걸작들 중 하나인　　　하지만　　모든 그의 작품이 매우 아름답다　　그래서 어렵다

to choose one piece. /) ⑧ According to the study, / the women have many features / unique
하나의 작품을 고르기　　그 연구에 따르면　　그 여성들은 많은 특징들을 가진다　　남성

to the male body. / ⑨ They have broad shoulders and narrow hips. / ⑩ They also have long
신체에 고유한　　　그들은 넓은 어깨와 좁은 엉덩이를 가진다　　　그들은 또한 긴 허벅지를

thighs. / ⑪ This means / Michelangelo likely used male models / to draw the women. /
가진다　　이것은 의미한다　　미켈란젤로가 아마도 남성 모델들을 썼다는 것을　　여성들을 그리기 위해

⑫ No one knows for sure, / but it was probably difficult / to find female models / at that
아무도 확실히 알지 못한다　　하지만 아마 어려웠을 것이다　　여성 모델들을 찾는 것이　　그 당시에

time. / ⑬ So, / most likely, / Michelangelo made sketches of male models / and painted
　　그래서　아마도 틀림없이　미켈란젤로는 남성 모델들의 스케치들을 그렸다　　그리고 여성의

women's clothing / on top of them / to complete his paintings. /
옷을 그렸다　　　그 위에　　그의 그림들을 완성하기 위해

본 문
해 석
　　당신이 위대한 이탈리아의 화가인 미켈란젤로에 대해 들어본 적이 있을 것이라고 나는 확신한다. 그의 그림들은 모두 놀랍지만, 만약 당신이 자세히 살펴본다면, 당신은 이상한 점을 발견할지도 모른다. 그의 많은 그림들 속 여성들의 모습이 부자연스럽다. 많은 이들이 여성이라기엔 너무 근육질로 보인다. 실제로, 이 주제에 대해 한 연구가 시행되었다. 연구원들은 미켈란젤로의 걸작들 중 하나인 시스티나 성당의 천장에 그려진 여성들을 연구했다. (하지만, 모든 그의 작품이 매우 아름다워서 하나의 작품을 고르기 어렵다.) 그 연구에 따르면, 그 여성들은 남성 신체의 고유한 많은 특징들을 가진다. 그들은 넓은 어깨와 좁은 엉덩이를 가진다. 그들은 또한 긴 허벅지를 가진다. 이것은 미켈란젤로가 여성들을 그리기 위해 아마도 남성 모델들을 썼다는 것을 의미한다. 아무도 확실히 알지 못하지만, 그 당시에 여성 모델들을 찾는 것이 아마 어려웠을 것이다. 그래서, 아마도 틀림없이, 미켈란젤로는 남성 모델들의 스케치들을 그렸고 그의 그림들을 완성하기 위해 그 위에 여성의 옷을 그렸을 것이다.

④ Many seem **too muscular to be** women.

   ➔ 「too + 형용사 + to-v」는 '~하기엔 너무 …하다', '너무 …해서 ~할 수 없다'의 의미이다.

⑦ However, all of his work is **so beautiful that** *it* **is hard** *to choose one piece*.

   ➔ 「so + 형용사 + that」은 '매우 ~해서 …하다'의 의미이다.

   ➔ it은 가주어이고 to choose one piece가 진주어이다.

⑧ According to the study, the women have **many features** [unique to the male body].

   ➔ [ ]는 many features를 수식하는 형용사구이다.

⑪ This **means** [(that) Michelangelo likely used male models *to draw* the women].

   ➔ [ ]는 means의 목적어로 쓰인 명사절로, 접속사 that이 생략되었다.

   ➔ to draw는 '그리기 위해'의 의미로, 〈목적〉을 나타내는 부사적 용법의 to부정사이다.

⑫ **No one knows** for sure, but *it* was probably difficult *to find female models at that time*.

   ➔ no one은 '아무도 ~ 않다'의 의미로, 단수 취급하므로 단수 동사 knows가 쓰였다.

   ➔ it은 가주어이고, to find female models at that time이 진주어이다.

Review Test

정 답 **1** subject **2** masterpiece **3** flame **4** ② **5** ② **6** compare **7** complete
 8 conduct **9** is full of **10** no longer

문 제
해 설 [1–3]
 보기 | 불꽃 주제 가구 걸작

1 '논의나 연구되고 있는 것'의 의미를 가진 단어는 subject(주제)이다.

2 '극도로 좋은 예술품'의 의미를 가진 단어는 masterpiece(걸작)이다.

3 '타고 있는 무언가의 뜨겁고 밝은 빛'의 의미를 가진 단어는 flame(불꽃)이다.

4 fool(속이다)와 비슷한 의미의 단어는 ② trick(속이다)이다.

> 그 마술사는 모자와 지팡이로 청중을 속일 것이다.

① 끌어당기다 ③ 마음을 끌다 ④ 발견하다 ⑤ 장식하다

5 narrow(좁은)와 반대 의미의 단어는 ② broad(넓은)이다.

> 좁은 도로는 자동차 사고와 다른 문제들을 야기할 수 있다.

① 작은 ③ 고유의 ④ 부자연스러운, 이상한 ⑤ 복잡한

[6–8]
 보기 | 비유하다; 비교하다   (특정한 활동을) 하다, 시행하다   완료하다, 끝마치다   ~이 들어 있다

6 자신을 다른 사람들과 <u>비교하지</u> 마세요.

7 나는 프로젝트를 제시간에 <u>완료할</u> 수 있을 것이다.

8 우리는 수업 동안 역할극 활동을 <u>시행할</u> 것이다.

9 ~로 가득하다: be full of

10 더 이상 ~ 않다: no longer

퍼 즐 **1** glow **2** consider **3** sense **4** historical **5** luxurious **6** feature **7** critic **8** contrasting
 9 visual **10** repetition

1 고양이의 눈은 어둠 속에서 빛난다.
2 많은 사람들이 애완동물을 가족 구성원으로 <u>여긴다</u>.
3 나는 햇빛의 온기를 <u>느낄</u> 수 있었다.
4 그 소설은 <u>역사적</u>인 사건을 바탕으로 한다.
5 그 유명 배우는 <u>사치스러운</u> 차를 탄다.

6 이 음식의 특별한 <u>특징</u>을 설명하겠습니다.
7 그 영화는 <u>비평가</u>들로부터 훌륭한 평가를 받았다.
8 이 사안에 대해 <u>대조적인</u> 의견들이 있다.
9 그래프는 정보를 보여 주는 <u>시각적</u>인 방식이다.
10 그 연설은 같은 말의 <u>반복</u>으로 나를 지루하게 했다.

본책 • pp. 104~105

정 답 1 ④ 2 ① 3 ③ 4 (적이 메시지를 차단하지 못하도록) 무선 주파수를 빠르게 전환하는 방법

문 제
해 설

1 다양한 발명품을 만든 한 할리우드 여배우의 업적에 관한 글로, 제목으로 ④ '발명가이기도 했던 한 여배우'가 가장 적절하다.

　① 영화 기술이 전쟁에서의 승리를 돕는다　　② 와이파이: 제2차 세계 대전의 비밀 무기
　③ Hedy Lamarr: 여배우에서 군인으로　　　⑤ 할리우드 여배우의 지루한 삶

2 해당 문장에서 유명했다고 했으나, 대조를 나타내는 but이 있고, 문장 ③에서 여가에 발명품 개발에 공을 들였다고 언급했으므로, ⓐ의 exciting을 boring으로 바꿔야 한다.

3 ③ 문장 ⑤-⑦에서 전투를 위한 신기술을 발명하기 위해 작곡가와 작업했다고 했다.
　①은 문장 ①-②에, ②는 문장 ③에, ④는 문장 ⑧에, ⑤는 문장 ⑨에 언급되어 있다.
　① 그녀는 할리우드에서 유명한 여배우였다.　　　　② 그녀는 청량음료를 만들 수 있는 알약을 발명했다.
　③ 그녀는 라디오를 발명하기 위해 작곡가와 함께 작업했다.　　④ 그녀의 발명품은 미국 해군에 의해 사용되었다.
　⑤ 그녀는 1997년에 상을 받았다.

4 밑줄 친 Their invention은 문장 ⑥의 a way of quickly switching between radio frequencies를 가리킨다.

본 문
직 독
직 해

① Hedy Lamarr was a Hollywood actress. / ② She was very famous, / but she found
Hedy Lamarr는 할리우드 여배우였다　　　　　　　그녀는 매우 유명했다　　　　하지만 그녀는

acting boring. / ③ So in her free time, / she worked on a variety of inventions, / including
연기가 지루하다고 생각했다　　그래서 여가에　　　그녀는 다양한 발명품에 공을 들였다　　　　　개선된

an improved traffic light / and a tablet that changed water into a soft drink. /
신호등을 포함하여　　　　　　그리고 물을 청량음료로 바꾸는 알약을 포함하여

　④ During World War II, / Lamarr wanted to help America and its allies. / ⑤ She
제2차 세계 대전 동안　　　Lamarr는 미국과 그 연합국을 돕고 싶었다　　　　　　　　　그녀는

decided to invent new technology / that could be used to win battles. / ⑥ Working together
새로운 기술을 발명하기로 결심했다　　　전투에서 이기는 데 사용될 수 있는　　　　한 작곡가와 함께

with a composer / named George Antheil, / Lamarr invented / a way of quickly switching
작업하며　　　　　George Antheil이라는 이름의　　Lamarr는 발명했다　　무선 주파수를 빠르게 전환하는

between radio frequencies. / ⑦ It could be used / to stop the enemy from blocking
방법을　　　　　　　　　　　　그것은 사용될 수 있었다　　적이 메시지를 차단하는 것을 막는 데

messages. / ⑧ Although it was never used / during World War II, / the U.S. Navy began
그것은 한 번도 사용되지 않았지만　　　제2차 세계 대전 동안　　　미국 해군이 그것을 사용하기

using it / 20 years later. /
시작했다　　20년 후에

　⑨ In 1997, / Lamarr and Antheil were honored / for their work. / ⑩ Their invention
1997년에　　Lamarr와 Antheil은 상을 받았다　　　　그들의 노고로　　　　　그들의 발명은

had helped others develop important new technology, / including Bluetooth, Wi-Fi, and
다른 사람들이 중요한 신기술을 개발하는 것을 도와 왔다　　　　　블루투스와 와이파이, GPS를 포함하여

GPS. / ⑪ Today, / some people even refer to Lamarr as "the mother of Wi-Fi." /
오늘날 어떤 사람들은 심지어 Lamarr를 '와이파이의 어머니'라고 부른다

**본 문
해 석**

Hedy Lamarr는 할리우드 여배우였다. 그녀는 매우 유명했지만, 연기가 지루하다고(← 흥미롭다고) 생각했다. 그래서 여가에, 그녀는 개선된 신호등과 물을 청량음료로 바꾸는 알약을 포함하여 다양한 발명품에 공을 들였다.

제2차 세계 대전 동안, Lamarr는 미국과 그 연합국을 돕고 싶었다. 그녀는 전투에서 이기는 데 사용될 수 있는 새로운 기술을 발명하기로 결심했다. George Antheil이라는 이름의 한 작곡가와 함께 작업하며, Lamarr는 무선 주파수를 빠르게 전환하는 방법을 발명했다. 그것은 적이 메시지를 차단하는 것을 막는 데 사용될 수 있었다. 그것은 제2차 세계 대전 동안 한 번도 사용되지 않았지만, 미국 해군이 20년 후에 그것을 사용하기 시작했다.

1997년에, Lamarr와 Antheil은 그들의 노고로 상을 받았다. 그들의 발명은 다른 사람들이 블루투스와 와이파이, GPS를 포함하여 중요한 신기술을 개발하는 것을 도와 왔었다. 오늘날, 어떤 사람들은 심지어 Lamarr를 '와이파이의 어머니'라고 부른다.

**구 문
해 설**

② She was very famous, but she **found acting boring**.
  ➜ 「find + 목적어 + 형용사」는 '~를 …하다고 생각하다'의 의미이다.

⑤ She decided to invent **new technology [that** could *be used to win* battles].
  ➜ [ ]는 선행사 new technology를 수식하는 주격 관계대명사절이다.
  ➜ 「be used + to-v」는 '~하는 데 사용되다'의 의미이다.

⑥ **Working** together with *a composer* [named George Antheil], Lamarr invented a way of quickly switching between radio frequencies.
  ➜ Working은 '작업하면서'의 의미로 〈동시동작〉을 나타내는 분사구문이다.
  ➜ [ ]는 a composer를 수식하는 과거분사구이다.

⑦ It could be used to **stop the enemy from blocking** messages.
  ➜ 「stop + 목적어 + from + v-ing」는 '~가 …하는 것을 막다'의 의미이다.

본책 • pp. 106~107

정 답 1 ⑤   2 ③   3 ②   4 collapses / gather / help

**문 제
해 설**

1 로봇 뱀의 크기에 대해 설명하는 (C)가 먼저 오고, '그것의 몸체(Its body)'로 시작하는 (B)가 그다음에, (B)의 내용을 가리키는 '이 때문에(Because of this)'로 시작하는 (A)의 흐름이 가장 알맞다.

2 건물이 붕괴되면 로봇 뱀이 그 안으로 들어가 갇힌 사람들을 발견하고 그들을 구하는 데 도움이 되는 일을 할 수 있다는 내용의 글이므로, 빈칸에는 ③ '수많은 생명을 구하는 것을 도울'이 가장 알맞다.
  ① 어디든지 갈   ② 부상을 입은 사람들을 치료할
  ④ 기술자들과 의사소통할   ⑤ 건물이 붕괴되는 것을 막을

3 ② 무게에 관해서는 언급되지 않았다.
  ①은 문장 ⑥에서 몸체를 구부리고 돌리며 회전하는 방식으로 움직인다고 했고, ③은 문장 ⑦에서 길이가 약 90cm

이고 폭이 5cm라고 했고, ④는 문장 ⑧에서 건물이 붕괴된 상황에서 사용될 수 있음을 알 수 있고, ⑤는 문장 ⑩에서 카메라와 스피커, 마이크, 조명이라고 했다.

4 건물이 붕괴되면, 로봇 뱀이 그 안으로 들어갈 수 있다. 그것은 상황에 대한 정보를 <u>모으고</u> 그것을 기술자에게 전달할 수 있다. 기술자는 또한 갇힌 사람들에게 <u>도움이</u> 오고 있다고 말해주기 위해 그 로봇을 사용할 수 있다.

본 문
직 독
직 해

① After a terrible earthquake, / a building has collapsed! / ② Are there people trapped
　끔찍한 지진 후에　　　　　　한 건물이 붕괴되었다　　　　안에 갇힌 사람들이 있는가

inside? / ③ How can we find them? / ④ This is a job for a robotic snake! /
　　　우리는 어떻게 그들을 발견할 수 있을까　이것은 로봇 뱀의 일이다

⑦ A robotic snake is about 90 centimeters long / and only 5 centimeters wide. /
　로봇 뱀은 길이가 약 90cm이다　　　　　　그리고 폭이 5cm밖에 되지 않는다

⑥ Its body consists of 16 separate sections, / so it can move in many different ways / by
　그것의 몸체는 16개의 서로 다른 부분으로 구성되어 있다　그래서 그것은 많은 다양한 방식으로 움직일 수 있다

twisting, turning, and rotating. / ⑤ Because of this, / it can go places / where people and
(몸체를) 구부리고 돌리며 회전함으로써　　이 때문에　　　그것은 장소들에 갈 수 있다　사람들과

other robots cannot. /
다른 로봇들이 갈 수 없는

⑧ When a building collapses, / the robot can be put inside it / with a rope. / ⑨ An
　건물이 붕괴되면　　　　그 로봇은 그 안에 놓일 수 있다　　밧줄을 단 채

engineer can then use a remote control / to make it move through pipes and other small
그러면 기술자가 리모컨을 사용할 수 있다　　　그것이 배관과 다른 작은 공간들을 통해 움직이게 하기 위해

spaces. / ⑩ It has a light on its head, / as well as a camera, a speaker, and a microphone. /
　그것은 머리에 조명을 가지고 있다　카메라와 스피커, 마이크뿐만 아니라

⑪ Therefore, / it can gather important information / about the situation inside. / ⑫ The
　그러므로　　　그것은 중요한 정보를 모을 수 있다　　　내부 상황에 대한

engineer can even communicate with trapped people, / assuring them / that help is on the
기술자는 심지어 갇힌 사람들과 의사소통할 수 있다　　　그들에게 확언하며　도움이 오고 있다고

way. /

⑬ Hopefully, / the robotic snake will help save many lives / in the future! /
　바라건대　　로봇 뱀은 수많은 생명을 구하는 것을 도울 것이다　　미래에

본 문
해 석
　　끔찍한 지진 후에, 한 건물이 붕괴되었다! 안에 갇힌 사람들이 있는가? 우리는 어떻게 그들을 발견할 수 있을까? 이 것은 로봇 뱀의 일이다!

　　(C) 로봇 뱀은 길이가 약 90cm이고 폭이 5cm밖에 되지 않는다. (B) 그것의 몸체는 16개의 서로 다른 부분으로 구성되어서, 그것은 (몸체를) 구부리고 돌리며 회전함으로써 많은 다양한 방식으로 움직일 수 있다. (A) 이 때문에, 그것은 사람들과 다른 로봇들이 갈 수 없는 장소들에 갈 수 있다.

　　건물이 붕괴되면, 그 로봇은 밧줄을 단 채 그 안에 놓일 수 있다. 그러면 기술자는 그것이 배관과 다른 작은 공간들을 통해 움직이게 하기 위해 리모컨을 사용할 수 있다. 그것은 머리에 카메라와 스피커, 마이크뿐만 아니라 조명도 가지고 있다. 그러므로, 그것은 내부 상황에 대한 중요한 정보를 모을 수 있다. 기술자는 심지어 갇힌 사람들에게 도움이 오고 있다고 확언하며, 그들과 의사소통할 수 있다.

　　바라건대, 로봇 뱀은 미래에 <u>수많은 생명을 구하는 것을</u> 도울 것이다!

구문
해설

⑤ Because of this, it can go **places** [**where** people and other robots cannot].

→ [ ]는 선행사 places를 수식하는 관계부사절이다.

⑫ The engineer can even communicate with trapped people, **assuring** *them* [that help is on the way].

→ assuring은 '확언하며'의 의미로 〈동시동작〉을 나타내는 분사구문이다.

→ them은 앞에 언급된 trapped people을 가리킨다.

→ that은 명사절을 이끄는 접속사로, [ ]는 assuring의 직접목적어로 쓰였다.

3

본책 • pp. 108~109

정답 **1** ① **2** ④ **3** ⑤ **4** (전기가 없는 지역의 사람들이) 집을 밝히기 위해 비싸고 위험한 등유를 사용해야만 하는 것

문제
해설

1 발로 차는 힘으로 전기를 만들어 내는 sOccket에 관한 글이므로, 제목으로 ① '에너지를 만드는 축구공'이 가장 적절하다.

② 어려움에 처한 사람들을 돕는 축구 선수들 ③ 전기가 없는 국가들의 문제들

④ 전기를 만들어 내는 것의 어려움 ⑤ 축구가 특히 아프리카에서 인기 있는 이유

2 sOccket의 특징에 관해 설명하는 부분이므로, LED 전구 사용으로 가정 내 전기를 적게 쓸 수 있다는 내용의 (d)는 글의 흐름과 관계없다.

3 ⑤ 문장 ⑫에서 전 세계 사람들이 sOccket으로 축구를 한다면 엄청난 양의 전기를 생산할 수 있다고 했다.
①은 문장 ②-③으로 보아 유추할 수 있고, ②는 문장 ④로 보아 발로 차기만 하면 되고, ③은 문장 ⑥, ⑨, ⑫에서 알 수 있고, ④는 문장 ⑩에 언급되어 있다.

4 문장 ①-②에 언급되어 있다.

본문
직독
직해

① Although we can just flip a switch / to turn on a light, / people in some places do
우리는 그저 스위치만 누르면 되지만 불을 켜기 위해 몇몇 지역의 사람들은 전기가 없다
not have electricity. / ② They must use kerosene / to light their homes, / which is expensive
그들은 등유를 사용해야 한다 그들의 집을 밝히기 위해서 그리고 그것은 비싸고
and dangerous. /
위험하다
　③ Now, / an invention called the "sOccket" / could change this. / ④ It is a soccer ball /
이제 'sOccket'이라고 불리는 한 발명품이 이를 바꿀 수 있다 그것은 축구공이다
with a special device inside / that uses the force of kicks / to generate electricity. /
특별한 장치가 안에 든 차는 힘을 이용하는 전기를 만들어 내기 위해
⑤ This energy can be used / to charge electric devices. / ⑥ In fact, / by playing with the
이 에너지는 사용될 수 있다 전기 장치들을 충전하는 데 실제로 sOccket을 10분 동안
sOccket for ten minutes, / you could power an LED light / for three hours! / (⑦ By using
가지고 노는 것으로 당신은 LED 조명을 켜 놓을 수 있다 세 시간 동안 LED 조명을

LED lights, / homes can use less electricity. /) ⑧ Besides lighting homes, / there are other
사용함으로써   가정들은 더 적은 전기를 쓸 수 있다   집을 밝히는 것 이외에   다른 의미 있는

meaningful ways / in which it can be used. / ⑨ For example, / students can play with it /
방법들이 있다   그것이 사용될 수 있는   예를 들어   학생들은 그것을 가지고 놀 수 있다

after school. / ⑩ Then they can use it / as a desk lamp at home, / and it can help them study
방과 후에   그리고 나서 그들은 그것을 사용할 수 있다   집에서 책상 등으로   그리고 그것은 그들이 밤에

at night. /
공부하는 것을 도울 수 있다

⑪ It may be the perfect product, / as soccer is popular worldwide. / ⑫ If people
그것은 완벽한 제품일지도 모른다   축구가 전 세계적으로 인기 있기 때문에   전 세계

around the world use the sOccket / when they play soccer, / it will create an enormous
사람들이 sOccket을 사용한다면   그들이 축구를 할 때   그것은 엄청난 양의 전기를 만들어 낼

amount of electricity. /
것이다

본문 해석

우리는 불을 켜기 위해 그저 스위치만 누르면 되지만, 몇몇 지역의 사람들은 전기가 없다. 그들은 그들의 집을 밝히기 위해서 등유를 사용해야 하는데, 그것은 비싸고 위험하다.

이제, 'sOccket'이라고 불리는 한 발명품이 이를 바꿀 수 있다. 그것은 전기를 만들어 내기 위해 차는 힘을 이용하는 특별한 장치가 안에 든 축구공이다. 이 에너지는 전기 장치들을 충전하는 데 사용될 수 있다. 실제로, sOccket을 10분 동안 가지고 노는 것으로, 당신은 LED 조명을 세 시간 동안 켜 놓을 수 있다! (LED 조명을 사용함으로써, 가정들은 더 적은 전기를 쓸 수 있다.) 집을 밝히는 것 이외에, 그것이 사용될 수 있는 다른 의미 있는 방법들이 있다. 예를 들어, 학생들은 방과 후에 그것을 가지고 놀 수 있다. 그리고 나서 그들은 집에서 그것을 책상 등으로 사용할 수 있고, 그것은 그들이 밤에 공부하는 것을 도울 수 있다.

그것은 축구가 전 세계적으로 인기 있기 때문에 완벽한 제품일지도 모른다. 전 세계 사람들이 축구를 할 때 sOccket을 사용한다면, 그것은 엄청난 양의 전기를 만들어 낼 것이다.

구문 해설

② They must use **kerosene** *to light* their homes**, which** is expensive and dangerous.

→ 「, which」는 선행사 kerosene을 부연 설명하는 계속적 용법의 주격 관계대명사로, '그리고 그것은'의 의미이다.

→ to light는 '밝히기 위해'의 의미로, 〈목적〉을 나타내는 부사적 용법의 to부정사이다.

④ It is a soccer ball with **a special device** inside [**that** uses the force of kicks *to generate* electricity].

→ [ ]는 선행사 a special device를 수식하는 주격 관계대명사절이다.

→ to generate는 '만들어 내기 위해'의 의미로, 〈목적〉을 나타내는 부사적 용법의 to부정사이다.

⑧ Besides lighting homes, there are **other meaningful ways** [**in which** it can be used].

→ [ ]는 선행사 other meaningful ways를 수식하는 「전치사 + 관계대명사」절이다. 이때 관계대명사 which는 전치사 in의 목적어이므로, it can be used in other meaningful ways의 의미이다.

⑫ **If** people around the world **use** the sOccket **when** they **play** soccer, it will create an enormous amount of electricity.

→ 조건이나 시간을 나타내는 부사절에서는 미래시제를 현재시제로 대신하므로, 각각 use와 play가 쓰였다.

4 정답 1④ 2④ 3③ 4 resembles / records

문제
해설

1 실제 야생에서의 펭귄들의 행동을 기록하기 위해 사용되는 로봇 펭귄에 관한 글로, 주제로는 ④ '실제 펭귄을 연구하기 위한 로봇 펭귄의 사용'이 가장 알맞다.

[문제] 글의 주제로 가장 알맞은 것은?

① 야생 동물 연구의 어려움　　　② 로봇 펭귄 사용에 관한 도덕적 문제

③ 로봇과 실제 동물의 차이점　　　⑤ 로봇 펭귄의 장단점

2 '이 발상은 다른 생물들에게도 적용되어 왔다.'는 주어진 문장은 로봇 돌고래와 거북이가 예시로 언급되는 문장 ⑨ 앞인 ④에 들어가는 것이 가장 알맞다.

[문제] 다음 문장이 들어갈 위치로 가장 알맞은 곳은?

3 ③ 로봇 펭귄이 어떻게 걷는지에 대한 언급은 없다.

①은 문장 ④에서 실물 크기라고 했고, ②는 문장 ④에서 눈 속에 카메라가 있음을 알 수 있으며, ④는 문장 ⑦에서 훔볼트 펭귄이라고 했고, ⑤는 문장 ⑨에서 현재 로봇 돌고래와 거북이가 있다고 했다.

[문제] 글에 근거하여 답할 수 없는 것은?

① 로봇 펭귄은 얼마나 큰가?　　　② 로봇 펭귄은 눈 안에 무엇을 가지고 있는가?

③ 로봇 펭귄은 어떻게 걷는가?　　　④ 어떤 펭귄이 가장 수줍음이 많은가?

⑤ 어떤 다른 로봇 동물들이 있는가?

4 문장 ④-⑤에 언급되어 있다.

[문제] 글의 단어를 이용하여 빈칸을 채우시오.

> 로봇 펭귄은 실제 펭귄을 닮았고 야생에서의 펭귄들의 행동을 기록한다.

본문
직독
직해

① A spy in disguise / silently sneaks into a flock of penguins. / ② For months, / it
한 변장한 스파이가　　조용히 한 무리의 펭귄에 잠입한다　　수개월 동안

watches the penguins / as they eat, sleep, lay eggs, and raise their babies. / ③ What is the
그것은 펭귄들을 지켜본다　그들이 먹고, 자고, 알들을 낳고, 그들의 새끼를 기르는 동안　　그 스파이는

spy trying to do? / ④ This spy is a life-size, robotic penguin / whose mission is / to use the
무엇을 하려고 애쓰는 중인가　이 스파이는 실물 크기의 로봇 펭귄이다　　그것의 임무가 ~인　그것의 눈 속의

cameras in its eyes / to record the behavior of real penguins / in their natural habitat. /
카메라를 이용하는 것　실제 펭귄들의 행동을 기록하기 위해　　그들의 자연 서식지에서의

⑤ It looks just like a real penguin, / and it can walk / and get back up / after it has
그것은 꼭 실제 펭귄처럼 보인다　　그리고 그것은 걸을 수 있다　그리고 다시 일어날 수 있다　그것이

fallen over. / ⑥ In addition, / its "brain" stores more than 75 preprogrammed penguin
넘어진 후에　게다가　그것의 '뇌'는 미리 프로그램화된 75가지 이상의 펭귄 움직임을 기억한다

motions / that resemble real ones. / ⑦ With these features, / the robot can even get
실제 것들과 비슷한　이러한 특징들로　그 로봇은 심지어 훔볼트

close to Humboldt penguins, / which are the shyest / of all penguins. / ⑧ They are so
펭귄에게도 접근할 수 있다　그리고 그들은 가장 수줍음이 많다　모든 펭귄 중에서　그들은 너무

timid / that they have hardly been filmed. / This idea has been applied to other creatures,
소심해서　거의 촬영된 적이 없다　　이 발상은 다른 생물들에게도 적용되어 왔다

too. / ⑨ For example, / there are now robotic dolphins and turtles. / ⑩ Thanks to this
　　　예를 들어　　　　　　현재 로봇 돌고래와 거북이가 있다　　　　　　　　　　　이 기술 덕분에

technology, / humans can get to know wild creatures better / than ever before. /
　　　　　　인간은 야생 생물들을 더 잘 알게 될 수 있다　　　　　　　그 어느 때보다

본 문
해 석
한 변장한 스파이가 조용히 한 무리의 펭귄에 잠입한다. 수개월 동안, 그것은 펭귄들이 먹고, 자고, 알들을 낳고, 그
들의 새끼를 기르는 동안 그들을 지켜본다. 그 스파이는 무엇을 하려고 애쓰는 중인가? 이 스파이는 임무가 그들의 자
연 서식지에서의 실제 펭귄들의 행동을 기록하기 위해 그것의 눈 속의 카메라를 이용하는 것인 실물 크기의 로봇 펭귄
이다.

그것은 꼭 실제 펭귄처럼 보이며, 그것은 걸을 수 있고 넘어진 후에 다시 일어날 수 있다. 게다가, 그것의 '뇌'는 실제
펭귄의 움직임과 비슷한 미리 프로그램화된 75가지 이상의 움직임을 기억한다. 이러한 특징들로, 그 로봇은 심지어 훔
볼트 펭귄에게도 접근할 수 있는데, 그들은 모든 펭귄 중에서 가장 수줍음이 많다. 그들은 너무 소심해서 거의 촬영된
적이 없다. 이 발상은 다른 생물들에게도 적용되어 왔다. 예를 들어, 현재 로봇 돌고래와 거북이가 있다. 이 기술 덕분에,
인간은 그 어느 때보다 야생 생물들을 더 잘 알게 될 수 있다.

구 문
해 설
④ This spy is **a life-size, robotic penguin [whose** mission is *to use* the cameras in its eyes
to record the behavior of real penguins in their natural habitat].
　→ [ ]는 선행사 a life-size, robotic penguin을 수식하는 소유격 관계대명사절이다.
　→ to use는 '사용하는 것'의 의미로, 주격 보어로 쓰인 명사적 용법의 to부정사이다.
　→ to record는 '기록하기 위해'의 의미로, 〈목적〉을 나타내는 부사적 용법의 to부정사이다.
⑥ In addition, its "brain" stores **more than 75 preprogrammed penguin motions [that**
resemble real *ones*].
　→ [ ]는 선행사 more than 75 preprogrammed penguin motions를 수식하는 주격 관계대명사절이다.
　→ ones는 앞에 언급된 penguin motions를 가리킨다.
⑧ They are **so timid that** they *have* hardly *been filmed*.
　→ 「so + 형용사 + that」은 '너무 ~해서 …하다'의 의미이다.
　→ have been filmed는 〈경험〉을 나타내는 현재완료 수동태(have[has] been + p.p.)이다.
　→ hardly는 '거의 ~ 않다'의 의미인 부사이다.

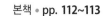

Review Test

정 답   **1** ⓒ   **2** ⓑ   **3** ⓐ   **4** ①   **5** ②   **6** section   **7** collapse   **8** mission
9 refer to / as   **10** consist of

문 제
해 설

1 trap(가두다) – ⓒ 누군가나 무언가가 움직이거나 도망가지 못하도록 막다

2 assure(장담하다, 확언하다) – ⓑ 무언가가 확실히 사실이라고 또는 일어날 거라고 말하다

3 generate(만들어 내다) – ⓐ 무언가를 생산하거나 창조하다

4 enormous(엄청난, 거대한)와 비슷한 의미의 단어는 ① huge(거대한)이다.

> 그 영화는 엄청난 성공이었다.

　　② 아주 작은　③ 분명한　④ 약간의　⑤ 끊임없는

5 shy(수줍음이 많은)와 비슷한 의미의 단어는 ② timid(소심한)이다.

> 당신의 감정을 공유하는 것을 수줍어하지 마라.

　　① 작은　③ 유명한　④ 자연스러운　⑤ 의미 있는

[6-8]

| 보기 | 붕괴되다　　구분, 구획　　임무　　기록하다 |

6 그 잡지는 여행 구획에서 찾을 수 있습니다.

7 건물이 심하게 훼손되어서 지붕이 붕괴될지도 모른다.

8 경찰은 그들의 임무를 완수하기 위해 밤을 샜다.

9 A를 B라고 부르다: refer to A as B

10 ~로 구성되다: consist of

퍼 즐   **Across**   **1** hardly   **5** lay   **6** improved   **7** resemble   **10** composer
　　　　Down   **2** rotate   **3** habitat   **4** charge   **8** enemy   **9** motion

Across
❶ 거의 ~ 않다 – 거의 ~ 않다
❺ 알을 낳다 – (알을) 낳다
❻ 더 좋게 만들어진 – 개선된, 향상된
❼ 비슷하게 보이다 – 닮다, 비슷하다
❿ 음악을 쓰는 사람 – 작곡가

Down
❷ 중심점 주위로 원으로 움직이다 – 회전하다
❸ 식물이나 동물이 자연적으로 자라거나 사는 지역 – 서식지
❹ 어떤 장치 안에 전기를 넣다 – 충전하다
❽ 당신을 싫어하거나 해치려고 하는 누군가 – 적(군/국)
❾ 움직이는 행동 – 움직임

1

본책 • pp. 116~117

정 답 1④   2①   3⑤   **4** 한쪽 팔이 없으면 서핑[운동]하기 힘들[어려울] 거라는 편견

**문 제
해 설**

1 서퍼 Bethany Hamilton이 한쪽 팔을 잃고도 불굴의 의지로 서핑을 계속했다는 내용의 글이므로, 제목으로 ④ '멈
춰질 수 없었던 서퍼'가 가장 적절하다.

① 서핑 중에 안전을 유지하는 방법   ② 서핑 부상에서 회복하기

③ 서핑: 가장 위험한 스포츠   ⑤ 아이들이 서핑하도록 허락되어야 하는가?

2 빈칸 앞에서 Bethany가 한쪽 팔을 잃고도 다시 서핑하러 돌아와서 거의 매일 바다에 있었다고 했으므로, 한쪽 팔
없이 서핑 연습을 했다는 내용이 자연스럽다. 따라서 빈칸에 ① '서핑하는 것을 익히며'가 가장 적절하다.

② 포기하고 싶어 하며   ③ 수영 연습을 하며

④ 자신이 어떻게 보일지 걱정하며   ⑤ 위험에 처한 사람들을 구하며

3 ⑤ 문장 ⑩-⑪에서 결혼 후에도 여전히 프로 서퍼로 활동한다고 했다.

①은 문장 ①에, ②는 문장 ③에, ③은 문장 ⑦에 언급되어 있고, ④는 문장 ④, ⑧-⑨에서 알 수 있다.

4 '대부분의 사람들은 Bethany가 결코 다시는 서핑을 하지 않을 거라고 믿었다.'는 밑줄 친 문장 앞에 그녀가 왼쪽 팔
을 잃었다고 언급되어 있으므로, 한쪽 팔이 없는 것이 서핑하는 것에 영향을 미칠 거라는 편견을 유추할 수 있다.

**본 문
직 독
직 해**

① Bethany Hamilton grew up / in Hawaii, / where she began surfing / as a little girl. /
Bethany Hamilton은 자랐다   하와이에서   그리고 그곳에서 그녀는 서핑을 시작했다 어린 소녀일 때

② Her dream was to grow up to be a professional surfer. / ③ However, / when Bethany was
그녀의 꿈은 자라서 프로 서퍼가 되는 것이었다   하지만   Bethany가 열세 살이었을 때

13, / a shark attacked her / and bit her left arm. / ④ She was taken to a hospital, / where
상어가 그녀를 공격했다   그리고 그녀의 왼쪽 팔을 물었다   그녀는 병원에 이송되었다   그리고 그곳에서

doctors saved her life, / but she lost her arm. / ⑤ Most people believed / that Bethany
의사들이 그녀의 목숨을 구했다   하지만 그녀는 그녀의 팔을 잃었다   대부분의 사람들은 믿었다   Bethany가 결코

would never surf again. / ⑥ Bethany, / however, / had no intention of giving up. / ⑦ One
다시는 서핑을 하지 않을 거라고   Bethany는   하지만   포기할 의사가 없었다

month after leaving the hospital, / Bethany was back to surfing. / ⑧ She was in the ocean
퇴원 한 달 뒤에   Bethany는 서핑으로 돌아왔다   그녀는 바다에 있었다

/ almost every day, / learning to surf / without her left arm. / ⑨ Less than a year after her
거의 매일   서핑하는 것을 익히며 왼쪽 팔 없이   공격 후 일 년이 채 되지 않아

attack, / Bethany entered a surfing competition. /
        Bethany는 서핑 대회에 참가했다

⑩ Bethany is now married / and has two children. / ⑪ Still, / she competes as a
Bethany는 현재 결혼을 한 상태이다   그리고 두 아이가 있다   여전히   그녀는 프로 서퍼로 시합에

professional surfer. / ⑫ Bethany knew / when she was a little girl / that she wanted to be a
참가한다   Bethany는 알았다   그녀가 어린 소녀였을 때   그녀는 서퍼가 되고 싶다는

surfer, / and nothing could stop her. / ⑬ Not even a shark! /
것을   그리고 아무것도 그녀를 막을 수 없었다   심지어 상어조차도

본 문
해 석

　　Bethany Hamilton은 하와이에서 자랐고, 그곳에서 그녀는 어린 소녀일 때 서핑을 시작했다. 그녀의 꿈은 자라서 프로 서퍼가 되는 것이었다. 하지만, Bethany가 열세 살이었을 때, 상어가 그녀를 공격해 그녀의 왼쪽 팔을 물었다. 그녀는 병원에 이송되었고, 그곳에서 의사들이 그녀의 목숨을 구했지만, 그녀는 그녀의 팔을 잃었다. 대부분의 사람들은 Bethany가 결코 다시는 서핑을 하지 않을 거라고 믿었다. 하지만, Bethany는 포기할 의사가 없었다. 퇴원 한 달 뒤에, Bethany는 서핑으로 돌아왔다. 그녀는 왼쪽 팔 없이 서핑하는 것을 익히며 거의 매일 바다에 있었다. 공격 후 일 년이 채 되지 않아, Bethany는 서핑 대회에 참가했다.

　　Bethany는 현재 결혼을 해서 두 아이가 있다. 여전히, 그녀는 프로 서퍼로 시합에 참가한다. Bethany는 그녀가 어린 소녀였을 때 자신은 서퍼가 되고 싶다는 것을 알았고, 아무것도 그녀를 막을 수 없었다. 심지어 상어조차도!

구 문
해 설

① Bethany Hamilton grew up in **Hawaii, where** she began surfing *as* a little girl.
　➡ 「, where」는 선행사 Hawaii를 부연 설명하는 계속적 용법의 관계부사로 '그리고 그곳에서'의 의미이다.
　➡ as는 '~일 때'의 의미를 나타내는 전치사로 쓰였다.
② Her dream was [**to grow up** *to be* a professional surfer].
　➡ [ ]는 보어로 쓰인 명사적 용법의 to부정사구로, to grow up은 '자라는 것'의 의미이다.
　➡ to be는 '(그 결과) ~되다'의 의미로 〈결과〉를 나타내는 부사적 용법의 to부정사이다.
④ She was taken to **a hospital, where** doctors saved her life, but she lost her arm.
　➡ 「, where」는 선행사 a hospital을 부연 설명하는 계속적 용법의 관계부사로 '그리고 그곳에서'의 의미이다.
⑧ She was in the ocean almost every day, **learning** *to surf* without her left arm.
　➡ learning은 '배우면서'의 의미로 〈동시동작〉을 나타내는 분사구문이다.
　➡ to surf는 learning의 목적어로 쓰인 명사적 용법의 to부정사이다.
⑫ Bethany **knew** when she was a little girl [**that** she wanted to be a surfer], ...
　➡ that은 명사절을 이끄는 접속사로, [ ]는 knew의 목적어로 쓰였다.

2

본책 ● pp. 118~119

정 답　1 ⑤　　2 ③　　3 ②, ③　　4 term / sports / fields

문 제
해 설

1　빈칸 뒤에 주요 골프 선수권 대회를 모두 이겼을 때나, 야구에서 선수들이 모든 루에 있는 상태에서 타자가 홈런을 치는 경우 그랜드 슬램을 달성한다고 했으므로, 빈칸에는 ⑤ '위대한 것들을 성취했을'이 적절하다.
　　① 갑자기 두각을 나타냈을　　　　　　　② 자신의 기록을 깼을
　　③ 그들의 숨겨진 기술을 보여 주었을　　④ 자신의 첫 금메달을 땄을

2　그랜드 슬램이라는 용어가 다양한 스포츠 분야에서 어떤 의미로 사용되는지에 대해 설명하고 있으므로, 한 경기에서 두 번의 그랜드 슬램을 친 메이저리그 야구선수의 수에 대해 언급하는 (c)는 글의 흐름과 관계없다.

3　②는 문장 ④에서 그것이 원래 카드 게임에서 사용되었음을 알 수 있고, ③은 문장 ⑤에서 테니스 경기에서 최초로 사용되었음을 알 수 있다.

4　'그랜드 슬램'이라는 용어는 원래 한 카드 게임에서 왔고 이제 스포츠에서 흔하다. 요즘 그것은 많은 다양한 분야에서 쓰인다.

① Winning feels great. / ② But / do you know / what is better than winning? /
이기는 것은 기분 좋다   그런데   당신은 알고 있는가 무엇이 이기는 것보다 더 좋은지

③ Winning a grand slam! / ④ The term "grand slam" was originally used / to refer to
그랜드 슬램을 얻는 것이다   '그랜드 슬램'이라는 용어는 원래 사용되었다   두드러지는

an outstanding victory / in the card game bridge. / ⑤ A sports reporter first used the
승리를 지칭하는 데   카드 게임인 bridge에서   한 스포츠 기자가 처음 그 용어를 사용했다

term / when a tennis player won all four major tennis events. / ⑥ Later, / "grand slam"
      한 테니스 선수가 네 개의 주요 테니스 대회를 모두 이겼을 때   후에   '그랜드 슬램'은

became a term / used / when players in other sports accomplished great things, / too. /
용어가 되었다   사용되는 다른 스포츠의 선수들이 위대한 것들을 성취했을 때   역시

⑦ For example, / a golfer achieves a grand slam / when he or she wins all of the major golf
예를 들어   골프 선수는 그랜드 슬램을 달성한다   그나 그녀가 주요 골프 선수권 대회를 모두 이길 때

championships. / ⑧ When it comes to baseball, / a grand slam is / when a batter hits a
              야구에 관해서라면   그랜드 슬램은 ~이다   타자가 홈런을 칠 때

home run / with players on all the bases. / (⑨ However, / only 13 Major League Baseball
선수들이 모든 루에 있는 상태에서   하지만   오직 열세 명의 메이저리그 야구 선수들만이

players / have hit two grand slams / in one game.) ⑩ The term is also used / in many
두 번의 그랜드 슬램을 쳤다   한 경기에서   그 용어는 또한 사용된다   많은

other sports, / such as track and field, figure skating, and mountain climbing. / ⑪ These
다른 스포츠에서   육상 경기와 피겨 스케이팅, 등산과 같은   오늘날

days, / "grand slam" is even used / for great achievements in other fields, / such as online
      '그랜드 슬램'은 심지어 사용된다   다른 분야에서의 위대한 업적에   온라인 게임과 같은

games. /

이기는 것은 기분 좋다. 그런데 무엇이 이기는 것보다 더 좋은지 당신은 알고 있는가? 그랜드 슬램을 얻는 것이다!
'그랜드 슬램'이라는 용어는 원래 카드 게임인 bridge에서 두드러지는 승리를 지칭하는 데 사용되었다. 한 테니스 선수
가 네 개의 주요 테니스 대회를 모두 이겼을 때 한 스포츠 기자가 처음 그 용어를 사용했다. 후에, '그랜드 슬램'은 다른
스포츠의 선수들이 위대한 것들을 성취했을 때에도 사용되는 용어가 되었다. 예를 들어, 골프 선수는 그나 그녀가 주요
골프 선수권 대회를 모두 이길 때 그랜드 슬램을 달성한다. 야구에 관해서라면, 그랜드 슬램은 선수들이 모든 루에 있는
상태에서 타자가 홈런을 칠 때이다. (하지만, 오직 열세 명의 메이저리그 야구 선수들만이 한 경기에서 두 번의 그랜드
슬램을 쳤다.) 그 용어는 또한 육상 경기와 피겨 스케이팅, 등산과 같은 많은 다른 스포츠에서도 사용된다. 오늘날, '그랜
드 슬램'은 심지어 온라인 게임과 같은 다른 분야에서의 위대한 업적에도 사용된다.

---

① **Winning** *feels* *great*.
➡ Winning은 주어로 쓰인 동명사로, 단수 취급한다.
➡ 「feel + 형용사」는 '~하게 느끼다'의 의미이다.

② But do you **know** [what is better than winning]?
➡ [ ]는 「의문사 + 동사」 어순의 간접의문문으로, know의 목적어로 쓰였다.

④ The term "grand slam" **was** originally **used to refer to** an outstanding victory in . . . .
➡ 「be used + to-v」는 '~하는 데 사용되다'의 의미이다. (*cf.* 「used to + 동사원형」은 '(과거에) ~였다/하곤 했다'
의 의미로 과거의 상태나 습관을 나타내며, 「be used to + (동)명사」는 '~하는 데 익숙하다'의 의미이다.)

3

정 답　**1** overcome　**2** ④　**3** ④　**4** 장애를 가진 사람들을 치료하고 장애인들을 위한 스포츠를 장려한 것

문 제
해 설

1 장애인 선수들이 대회에 참가하기 위해 장애를 극복하는(overcome) 것이 자연스럽고, 빈칸 앞의 have로 보아 현재완료 시제이므로 과거분사인 overcome을 써야 한다.

2 문장 ⑧에서 그 상이 그녀의 노고를 인정하여 만들어졌다는 언급이 있을 뿐, ④ '황연대는 황연대 성취상을 만들기를 원했다.'에 대한 것은 알 수 없다. ①은 문장 ③, ②는 문장 ③, ⑤, ③은 문장 ⑥, ⑤는 문장 ⑨에 언급되어 있다.
① 장애인 올림픽은 4년마다 열린다.　　　　② 특별한 상이 장애인 올림픽에서 수여된다.
③ 황연대는 장애가 있는 의사이다.　　　　⑤ 황연대 성취상은 두 명의 선수에게 수여된다.

3 ⓓ는 수상자들이 보여 준 진정한 올림픽의 정신을 가리키는 반면, 나머지는 모두 the Whang Youn Dai Achievement Award를 가리킨다.

4 문장 ⑦에 언급되어 있다.

본 문
직 독
직 해

① A skier whose leg is made of metal / speeds across the finish line / and wins the
　다리가 금속으로 만들어진 한 스키 타는 사람이　　결승선을 빠르게 가로지른다　　　　그리고 경주에서
race. / ② This man is an athlete in the Paralympic Games! /
우승한다　이 남자는 장애인 올림픽에 출전한 운동선수이다
③ The Paralympic Games are held / soon after the Olympic Games / every four years. /
　장애인 올림픽은 개최된다　　　　　　올림픽 직후에　　　　　　　　4년마다
④ Disabled athletes come from across the globe / to compete in a variety of sports. /
　장애를 가진 운동선수들은 전 세계에서 온다　　　　여러 운동 종목에 참가하기 위해
⑤ At the closing ceremony, / a special award is given out. / ⑥ It is called the Whang Youn
　폐막식에서는　　　　　　한 특별한 상이 수여된다　　　　그것은 황연대 성취상이라고 불린다
Dai Achievement Award, / and it was named after a Korean woman / who overcame her
　　　　　　　그리고 그것은 한 한국인 여성의 이름을 따서 이름 지어졌다　자신의 장애를 극복한
disability / to become a medical doctor. / ⑦ Whang dedicated herself to / treating people
　의사가 된　　　　　　　　　황은 헌신했다　　　　　　장애를 가진 사람들을
with disabilities / and promoting sports for the disabled. / ⑧ The award was created / in
치료하는 것에　　　그리고 장애인들을 위한 스포츠를 장려하는 것에　　　그 상은 만들어졌다
recognition of her hard work. /
그녀의 노고를 인정하여
⑨ Today, / the honor is given to one man and one woman. / ⑩ The recipients are
　오늘날　　그 영예는 남성 한 명과 여성 한 명에게 수여된다　　그 수상자들은 운동선수들이다
athletes / who have overcome obstacles / to compete. / ⑪ They must have shown / the true
　　　　장애를 극복한　　　　　　(시합에) 참가하기 위해　그들은 보여 주었음이 틀림없다
spirit of the Paralympic Games. / ⑫ No honor is more meaningful / than this one. /
장애인 올림픽의 진정한 정신을　　　어떤 영예도 더 의미 있지 않다　　　이보다

본 문
해 석
　　　다리가 금속으로 만들어진 한 스키 타는 사람이 결승선을 빠르게 가로지르고 경주에서 우승한다. 이 남자는 장애인 올림픽에 출전한 운동선수이다!
　　　장애인 올림픽은 4년마다 올림픽 직후에 개최된다. 장애를 가진 운동선수들은 여러 운동 종목에 참가하기 위해 전

세계에서 온다. 폐막식에서는, 한 특별한 상이 수여된다. 그것은 황연대 성취상이라고 불리는데, 그것은 자신의 장애를 극복하고 의사가 된 한 한국인 여성의 이름을 따서 이름 지어졌다. 황은 장애를 가진 사람들을 치료하고 장애인들을 위한 스포츠를 장려하는 것에 헌신했다. 그 상은 그녀의 노고를 인정하여 만들어졌다.

오늘날, 그 영예는 남성 한 명과 여성 한 명에게 수여된다. 그 수상자들은 (시합에) 참가하기 위해 장애를 극복한 운동선수들이다. 그들은 장애인 올림픽의 진정한 정신을 보여 주었음이 틀림없다. 어떤 영예도 이보다 더 의미 있지 않다.

<table>
<tr><td>구 문
해 설</td><td>

① **A skier [whose** leg is made of metal] *speeds* across the finish line *and wins* the race.
 ➜ [ ]는 선행사 A skier를 수식하는 소유격 관계대명사절이다.
 ➜ speeds와 wins는 주어 A skier의 동사로, 접속사 and로 병렬 연결되어 있다.
⑦ Whang **dedicated herself to *treating*** people with disabilities *and **promoting*** sports for the disabled.
 ➜ 「dedicate oneself to + v-ing」는 '~에 헌신[전념]하다'의 의미이다.
 ➜ treating과 promoting은 전치사 to의 목적어인 동명사로, 접속사 and로 병렬 연결되어 있다.
 ➜ 「the + 형용사」는 '~한 사람들'의 의미이다.
⑪ They **must have shown** the true spirit of the Paralympic Games.
 ➜ 「must have + p.p.」는 '~했음이 틀림없다'의 의미로 과거에 대한 강한 추측을 나타낸다.
⑫ **No honor is more meaningful than** this one.
 ➜ 「no + 명사 + … + 비교급 + than ….」은 '어떤 ~도 …보다 더 …하지 않다'의 의미로, 최상급의 의미를 나타낸다.

</td></tr>
</table>

본책 • pp. 122~123

4

정 답   1 ④   2 ③   3 ④   4 (1) addicted (2) attach (3) movements (4) help

문 제
해 설

1 실제 스포츠를 온라인 게임처럼 보이게 하여 사람들이 운동하도록 동기를 부여하는 장치에 대한 글이므로, 주제로는 ④ '운동을 더 재미있게 만드는 발명품'이 가장 알맞다.
 [문제] 글의 주제로 가장 알맞은 것은?
 ① 온라인 게임의 나쁜 영향   ② 온라인 게임에 운동을 더하는 방법들
 ③ 사람들을 움직이게 하는 다양한 장치들   ⑤ 실제 스포츠 같은 온라인 스포츠 게임

2 온라인 게임에 중독되었던 남자가 스스로 운동하도록 동기를 부여하기 위해 발명품을 만든 것으로 보아, ③ unhealthy(건강하지 못한) 삶을 살고 있었다는 것을 유추할 수 있다.
 [문제] 빈칸에 들어갈 말로 가장 알맞은 것은?
 ① 특이한   ② 불확실한   ④ 인기 없는   ⑤ 불행한

3 [ ]의 작동에 관한 설명 부분으로, 그것을 붙인 물체가 움직일 때 소리를 낸다는 내용의 (C), 이 소리들(These sounds)은 선수들의 움직임에 따라 바뀐다는 내용의 (A), 더 나은 움직임은 더 역동적인 소리를 낸다는 내용의 (B)의 흐름이 알맞다.
 [문제] 문장 (A)~(C)의 가장 알맞은 순서는?

4 [문제] 다음 빈칸에 알맞은 단어를 상자에서 골라 쓰시오.

> 돕다   붙이다   평   움직임   운동하다   중독된

온라인 게임에 (1) <u>중독된</u> 한 남자가 그것을 발명했다.	선수들은 그것을 스포츠용품에 (2) <u>붙인</u>다.

'[ ]'

그것은 선수들의 (3) <u>움직임</u>에 따라 다른 소리를 낸다.	그 발명가는 그의 발명품이 온라인 게임 중독이 있는 사람들을 (4) <u>돕기</u>를 바란다.

본 문
직 독
직 해

① One day, / a man realized / that he was addicted to online games / and was
어느 날   한 남자는 깨달았다   그가 온라인 게임에 중독되었다는 것을   그리고 매우

living a very unhealthy lifestyle. / ② So he tried to find things to do / in the real world. /
건강하지 못한 생활방식으로 살고 있다는 것을   그래서 그는 할 일을 찾으려고 노력했다   현실 세계에서

③ Nothing, however, seemed / as fun as the virtual world. /
하지만 아무것도 ~하게 보이지 않았다   가상 세계만큼 재미있게

④ To solve this, / he created a device / that makes real sports seem like online
이를 해결하기 위해   그는 한 장치를 만들었다   실제 스포츠를 온라인 게임처럼 보이게 하는

games. / ⑤ He named it "[ ]," / which is pronounced "tchk tchk." / ⑥ It can be attached /
            그는 그것을 '[ ]'라고 이름 붙였다   그리고 그것은 'tchk tchk'으로 발음된다   그것은 붙여질 수 있다

to hockey sticks, basketball shoes, or other sports equipment. / ⑨ Then, / as these objects
하키 스틱이나 농구화 또는 다른 스포츠용품에   그러면   이 물체들이 움직일 때

move, / [ ] makes sounds just like a computer game. / ⑦ These sounds change / according
            [ ]은 꼭 컴퓨터 게임처럼 소리를 낸다   이 소리들은 바뀐다

to the movements of the players. / ⑧ Better movements create more dynamic sounds. /
그 선수들의 움직임에 따라   더 나은 움직임은 더 역동적인 소리를 만든다

⑩ The device rates a player's movements / and allows him or her to move to higher levels.
그 장치는 선수의 움직임을 평가한다   그리고 그나 그녀가 더 높은 레벨로 갈 수 있게 한다

/ ⑪ Other players can also hear these sound effects / and comment on them. / ⑫ This
다른 선수들도 이 효과음들을 들을 수 있다   그리고 그것들에 대해 의견을 말할 수 있다   이는

encourages the player to improve. /
그 선수가 더 나아지도록 격려한다

⑬ The man hopes / his invention will motivate / other people addicted to online
그 남자는 바란다   그의 발명품이 동기를 부여하기를   온라인 게임에 중독된 다른 사람들이

games / to spend more time exercising. /
운동하는 데 더 많은 시간을 보내도록

본 문
해 석

어느 날, 한 남자는 그가 온라인 게임에 중독되어서 매우 <u>건강하지 못한</u> 생활방식으로 살고 있다는 것을 깨달았다. 그래서 그는 현실 세계에서 할 일을 찾으려고 노력했다. 하지만, 아무것도 가상 세계만큼 재미있어 보이지 않았다.

이를 해결하기 위해, 그는 실제 스포츠를 온라인 게임처럼 보이게 하는 한 장치를 만들었다. 그는 그것을 '[ ]'라고 이름 붙였고, 그것은 'tchk tchk'으로 발음된다. 그것은 하키 스틱이나 농구화 또는 다른 스포츠용품에 붙여질 수 있다. (C) 그러면, 이 물체들이 움직일 때, [ ]은 꼭 컴퓨터 게임처럼 소리를 낸다. (A) 이 소리들은 그 선수들의 움직임에 따라 바뀐다. (B) 더 나은 움직임은 더 역동적인 소리를 만든다. 그 장치는 선수의 움직임을 평가하고 그나 그녀가 더 높은 레벨로 갈 수 있게 한다. 다른 선수들도 이 효과음들을 듣고 그것들에 대해 의견을 말할 수 있다. 이는 그 선수가 더 나아

지도록 격려한다.

　　그 남자는 그의 발명품이 온라인 게임에 중독된 다른 사람들이 운동하는 데 더 많은 시간을 보내도록 동기를 부여하기 바란다.

구 문
해 설

② So he **tried to find** things *to do* in the real world.

→ 「try + to-v」는 '~하려고 애쓰다[노력하다]'의 의미이다. (*cf.* 「try + v-ing」는 '시험 삼아 ~해보다'의 의미이다.)

→ to do는 things를 수식하는 형용사적 용법의 to부정사이다.

③ Nothing, however, **seemed** *as fun as* the virtual world.

→ 「seem + 형용사」는 '~하게 보이다'의 의미이다.

→ 「as + 형용사의 원급 + as」는 '~만큼 …한'의 의미이다.

⑬ The man **hopes** [(that) his invention will *motivate other people* {addicted to online games} *to spend* more time exercising].

→ [ ]는 hope의 목적어로 쓰인 명사절로 접속사 that이 생략되었다.

→ 「motivate + 목적어 + to-v」는 '~가 …하도록 동기를 부여하다'의 의미이다.

→ { }는 other people을 수식하는 과거분사구이다.

→ 「spend + 시간 + v-ing」는 '~하는 데 시간을 보내다'의 의미이다.

Review Test

정 답 **1** term **2** victory **3** recipient **4** compete **5** addiction **6** field **7** equipment
8 intention **9** dedicate himself to **10** in recognition of

문 제
해 설   **[1-3]**

> **보기** | 용어   공격, 습격   승리   수령인

1 '특정 단어나 표현'의 의미를 가진 단어는 term(용어)이다.

2 '전쟁이나 시합에서의 성공'의 의미를 가진 단어는 victory(승리)이다.

3 '무언가를 받는 사람'의 의미를 가진 단어는 recipient(수령인)이다.

4-5 achieve(달성하다, 성취하다)와 achievement(업적)는 동사와 명사의 관계이므로, competition(대회, 시합)
의 동사형인 compete((시합 등에) 참가하다)가, addict(중독시키다)의 명사형인 addiction(중독)이 알맞다.

[6-8]

> **보기** | 분야   부상   의사, 의도   도구, 용품

6 많은 사람들이 Jason을 그의 분야에서 선구자로 생각한다.

7 그 체육관은 최첨단 운동 도구들로 가득 차 있다.

8 계획을 바꿀 의사가 있나요?

9 ~에 헌신[전념]하다: dedicate oneself to

10 ~를 인정하여: in recognition of

퍼 즐 **1** honor **2** ceremony **3** obstacle **4** promote **5** motivate **6** overcome **7** major
8 outstanding **9** disabled **10** spirit

1 그 상을 받게 되어 큰 영예이다.
2 나는 Jack의 결혼식에 참석하지 못할 것이다.
3 돈이 부족한 것은 내 인생에 장애가 될 수 없다.
4 이 프로그램은 어린이들 사이에서 독서를 장려하기 위해 만들어졌다.
5 장난감과 같은 상은 어린아이들이 공부하도록 동기를 부여할 수 있다.
6 Susan은 어려움을 극복하고 마침내 해냈다.
7 황사로 인해, 공기 오염은 주요한 문제가 되었다.
8 Louise는 뛰어난 운동선수로 여겨진다.
9 그 회사는 장애를 가진 사람들을 위한 제품들을 만든다.
10 너는 몸은 여기에 있지만 정신은 아닌 것 같다.